# 环境资源法研究专论

HUANJING ZIYUAN FA YANJIU ZHUANLUN

童光法◎著

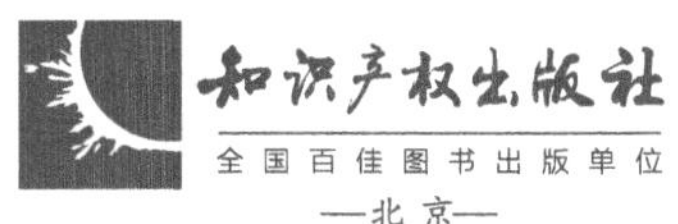


—北京—

**图书在版编目（CIP）数据**

环境资源法研究专论/童光法著．—北京：知识产权出版社，2020.8

ISBN 978-7-5130-6958-8

Ⅰ.①环… Ⅱ.①童… Ⅲ.①环境保护法—研究—中国②自然资源保护法—研究—中国 Ⅳ.①D922.680.4②D922.604

中国版本图书馆 CIP 数据核字（2020）第 091218 号

**内容提要**

在当前我国生态环境资源保护的形势下，本书研究了我国企业环境守法情况、环境侵害的归责原则与因果关系证明、未来世代的环境权益以及森林生态补偿等问题，并从法律视角去解释、解读我国环境资源保护现状。

**策划编辑：** 蔡　虹　　**责任校对：** 谷　洋

**责任编辑：** 高志方　　**责任印制：** 孙婷婷

**封面设计：** 回归线（北京）文化传媒有限公司

## 环境资源法研究专论

童光法　著

| | | | |
|---|---|---|---|
| **出版发行：** | 知识产权出版社有限责任公司 | **网　　址：** | http://www.ipph.cn |
| **社　　址：** | 北京市海淀区气象路 50 号院 | **邮　　编：** | 100081 |
| **责编电话：** | 010-82000860 转 8512 | **责编邮箱：** | 15803837@qq.com |
| **发行电话：** | 010-82000860 转 8101/8102 | **发行传真：** | 010-82000893/82005070/82000270 |
| **印　　刷：** | 北京建宏印刷有限公司 | **经　　销：** | 各大网上书店、新华书店及相关专业书店 |
| **开　　本：** | 787mm×1092mm　1/16 | **印　　张：** | 12.25 |
| **版　　次：** | 2020 年 8 月第 1 版 | **印　　次：** | 2020 年 8 月第 1 次印刷 |
| **字　　数：** | 280 千字 | **定　　价：** | 45.00 元 |

ISBN 978-7-5130-6958-8

# 自　序

从2008年开始研究外来物种入侵所涉及的法律问题至今，已经十年有余。但笔者真正从事环境资源法律问题的研究是从2011年秋入燕园学习开始。在尊敬的汪劲教授引导下，我渐渐明白了环境资源法不是或者不仅仅是解决私法益问题，而更多的是去关注和解决环境资源公法益问题。这大大扩展了我过去所从事的民商法研究视域。相应地，研究方法也由法解释学方法向实证研究等多种方法拓展。

除了研究外，我还为法学本科生讲授《环境与自然资源保护法学》，以及为研究生讲授《农业环境与自然资源保护法律制度》。在教学过程中，尤其是在研究生的教学过程中，我会通过论文讲授来与同学们探讨法治思想与法律问题的研究方法，以及通过案例分析来传授环境资源保护法律知识。为了促进教学，我感觉很有必要对笔者近年来的论文进行整理，以供同学们批判性学习，或者供同行们批判，以助于本人研究视角和方法的改进。于是，本书诞生了。

本书收录了笔者八篇文章，它们分别是《未来世代的环境权》《环境侵权因果关系的法哲学基础》《环境损害概念辨析》《环境侵害的归责原则》《我国环境侵权因果关系的证明责任》《企业环境守法的进展与问题分析》《企业环境守法状况：171家样本企业的实证分析》《北京市森林生态补偿法政策实践及其问题剖析》。其中，从事实证研究的有三篇。

未来世代的环境权理论主要有代际公平和信托理论、社会契约理论、人类共同体理论等。这些理论提出之后受到国内外不少学者的质疑。研究发现，国内批判论者对这些理论的假定条件或限界条件存在一定的误读，因此并没有驳倒这些理论。或者说，未来世代环境权理论并没有因为批判论者的批判而被否认或被否定。其实，这些理论在论述未来世代的权利时，只是将其界定为整体权利、群体权利或集体权利，而没有将其转化为个人权利甚至具体某一代人的权利。倘若我们固守既有私法上的权利概念，去论断或者衡量未来世代整体性环境权利，不是一种良好的解决当今环境问题之道，也必将会制约或阻碍社会文明的进步。

唯理论哲学在因果关系问题上注重逻辑理性，崇尚事物之间的必然、客观、全面联系，并运用这种普遍规律性演绎某一事物与其他事物的联系并获取相关知识。经验论哲学注意到我们人类在认识客观世界时存在永远趋近但又不那么容易亲近、亲密的过程规律，在因果关系的研究上注重人们的社会生活经验和思维习惯，发现因果关系是经验现象之间的恒常结合以及事物之间的盖然性联系。经验哲学上有关因果关系的盖然性理论等，是环境侵权因果关系乃至所有法律上的因果关系之哲学基础。

环境侵权、环境侵害、环境损害概念困扰着青年学子，因此很有必要予以澄清。2014 年修订的《中华人民共和国环境保护法》采用了环境损害术语。学者在探讨环境侵害概念时，已经游离于环境侵权这一私法概念之外。环境侵害包括环境侵权和纯环境损害。依照《中华人民共和国民法典》第 1229 条的规定，环境侵权采取无过错归责原则。纯生态环境损害的归责原则法律没有规定，系法律漏洞。学者试图通过环境权或生态权理论的建构或者通过“纯经济损失”的法律解释方法将纯环境损害纳入传统私法救济的路径并不可行。可行的路径应为借鉴欧盟环境责任指令，制定我国《环境责任法》，规定一定目录的企业、行业、场地、设施、装置等的所有者、经营者、持有者或占有者对其运营所致的生态环境损害承担无过错责任，此外的承担过错责任归责。

《中华人民共和国民法典》第 1230 条的规定，学者对环境侵权因果关系是举证责任倒置还是因果关系推定存在不同看法。举证责任倒置倡导者是从字面解释等角度去分析，认为环境侵权因果关系完全倒置于加害方；因果关系推定的主张者则从立法政策等方面论证，认为受害人仍需要承担基础事实的举证责任。环境侵权因果关系证明责任分配需要平衡受害人与加害方之间的利益，本着受害人权益保护与加害人一定的行为自由一体考量的价值目标，科学配置他们之间的证明责任。

环境质量的改善与否，很大程度上依赖企业是否遵守环境法。作为负责任的社会一员，企业遵守各种污染物排放标准和相关的环境保护法，不仅是法律对其的强制性要求，也是其履行环保社会责任义务的体现。通过运用统计抽样与问卷调查等方法，研究百余家样本企业遵守《中华人民共和国环境保护法》所规定的义务情况，并对其进行一定的评价。

生态补偿是笔者2011年初入燕园即进行研究的环境法律问题之一。北京市自2012年开始大力推行平原造林以来，郊区居民和农村村民获得了相应的补偿。作为首都高校教师，实证研究首都北京森林生态补偿法政策及其实践成效是很有价值的。通过实证调查分析研究，发现北京市森林生态补偿法政策调整能够在一定程度上体现森林生态服务付费，但存在补偿范围过窄、补偿主体与受偿主体单一、补偿标准偏低、补偿资金来源渠道有限、森林管护人员存在年龄偏大等问题，指出平原造林应当纳入北京市森林生态补偿范围，并提出了构建和完善北京市森林生态补偿的相应法律制度。

在恩师汪劲教授六十大寿之际，学生将过去几年学习的心得和习作的体会汇编成书，以报师恩！是为序。

童光法

2020年6月16日于回龙观

# CONTENTS
# 目 录

# 未来世代的环境权

## 一、引言

在中国，Future Generations 有时翻译为未来人、未来世代，有时翻译为后代人。汉语中的后代人存在着不同的理解，比如，我们说后代、下一代、子孙后代既可以包括在世的还可以包括未出生的。大家常说的“四代同堂”里的“代”就是一个辈分；“我们可不是一代人”“现在可是三年一代了”中的“代”是指时代，说的是“时代变化快”“我们好像不在一个时代”。再比如，“古代、现代或当代、后代”是指不同的历史时期。正是由于对“后代”一词有不同的理解，所以为了避免分歧和不必要的争论，笔者不太主张翻译为“后代人”，而比较赞同使用未来世代、未来人类或未来人这类翻译。若未作特别说明，下文在使用未来世代时，即与未来人、未来人类意思相同，常常会三者相互指代；当然，为了引证国内学者的观点和阐释的需要，下文也时常会使用“后代人”一词。不过，若“后代人”仅指“和现在的世代没有重叠的那些世代”，[1] 或“那些将生活在未来，但是直到现在最后一个活着的人死亡以后还没有出生的未来世代”，[2] 即只是指现在尚没有出生的未来人或未来人类的话，那么此时的后代人与“未来世代”一词含义相同。因此，文中除了引述国内学者对后代人理论的研究（含批判性研究）文献外，有

[1] Clayton Hubin. Justice and Future Generations, Philosophy and Affairs, Vol. 6, No. 1, 1976, p. 70.

[2] See Lawrence B. Solum. To Our Children's Children's Children's: the Problems of Intergenerational Ethics, Loyola of Los Angeles Law Review, Vol. 35, 2001, p. 171.

时还套用“后代人”这一概念，但它仅指未出生的后代人（Unborn Future Generations）。

未出生的后代人或未来世代将粉墨登场，也要像我们一样成为这个世界、这个地球的主角。在粉墨登场之前，他（她）们能否享有权利或者利益、是否享有环境权利或利益、能否成为“权利主体”，以及可否获得某种程度上的法律保护等问题，学界存在着不同看法。在国内，有学者主张后代人有权利，并认为后代人的权利包括享有获得基因自然遗传的权利、享有继承物质文明和精神文明成果的权利、继承制度文明成果的权利、享有获得和平环境的权利、享有“被代表”的权利等；[1] 也有学者认为，后代人所享有的权利与当代人享有的权利内容并不一致，后代人无法享有当代人拥有的政治经济上的一切权利，其享有的只是局限于环境权一类的权利内容。[2] 也有学者质疑、批判和否定后代人拥有权利。[3]

1971 年，美国著名哲学家约尔·范伯格（Joel Feinberg）在其论文《动物与未来世代的权利》（*The Rights of Animals and Future Generations*）中率先明确提出“未来世代”的权利。他认为，如果一个存在物“将”成为一个逻辑上合理的“权利主体”，那么它必须拥有一定的“利益”；我们的后代虽然现在不能够主张一个“适合生存”的世界作为他们的“权利”，但是他们中的任何一个人都将对“生存空间、肥沃的土壤、清新的空气等诸如此类的事物享有利益”。[4] 基于“利益”的标准，约尔·范伯格将权利主体扩大到未来人和动物。此后，尽管批评声不绝于耳，但是仍有许多著名学者纷纷撰文赞同未来人权利主张，并从伦理学、政治学、法学等不同视角探讨可以支撑该主张的理论基础和制度构建。

本书首先探讨未来世代环境权利或权益的不同基础理论，并据此分析相关法律机制的建构，其次介绍后代人对权益理论的质疑、批判观点

---

[1] 吴优：《后代人权利保障法律问题研究》，广州大学 2011 年硕士学位论文。

[2] 王舒：《代际公平与后代人的权利主体地位》，华东政法学院 2007 年硕士学位论文。

[3] 刘卫先：《后代人权利论批判》，法律出版社 2012 年版。

[4] Joel Feinberg. The Rights of Animals and Future Generations. http://site.voila.fr/biblio-droitsanimaux/pdf/FeinbergTheRightsofAnimalsandFutureGenerations.pdf.

并加以回应，最后梳理、再现未来世代环境权理论的全貌，期待能够全面且深入地阐释未来世代的环境权理论。在此，需要提醒的是，本书所分析探讨的未出生的后代人或未来世代的环境权利、环境权益，是一个个广义的概念。它不仅包括环境资源方面的权利，如享有洁净的水、清新的空气、适宜的气候以及免遭有毒物质和疾病的伤害权利等；而且还包括继承整个地球的权利，即享有承继不那么糟糕的地球的权利，如保持和继承基因多样性的权利等。

## 二、未来世代环境权的基础理论

### （一）代际公平和信托理论

美国著名国际法学家爱蒂丝·布朗·魏伊丝（Edith Brown Weiss）教授全面阐述了针对未来人的代际公平和信托理论。❶ 她认为，我们必须处理好两种关系，即“我们与我们物种的其他各代之间的关系和我们与我们作为其中一个部分的自然系统之间的关系”。❷ 后一种关系是人类与地球其他自然生态系统的关系。自然生态系统是一个整体，我们人类身在其中，既影响该系统，又受其影响。作为整体的一员，尽管人类最有能力去改造和重塑大自然，但是为了可持续发展和避免资源环境的退化，我们有一个特殊的义务，即作为地球受托人的义务，尽量不去破坏其整体性来照管和使用地球这一行星。前一种关系即代际公平关系，现分述如下：

第一，人类共同拥有地球这一行星资源，所有世代都有权使用并获得受益。每一代“既是受托人又是受益人”，❸ 作为受托人，他“不仅

---

❶ 相关论文和著作见 Edith Brown Weiss. The Planetary Trust：Conservation and Intergenerational Equity，1984. In Fairness to Future Generations：International Law，Common Patrimony and Intergenerational Equity，1989. Our Rights and Obligations to Future Generations for The Environment，1990. A Reply to Barresi's Beyond Fairness to Future Generations，1997.

❷ Edith Brown Weiss. Our Rights and Obligations to Future Generations for the Environment，84. Am J. Int'l. L.

❸ Edith Brown Weiss. The Planetary Trust：Conservation and Intergenerational Equity，Ecology Law Quarterly，1984，NO. 4. p. 507.

是为了邻近世代的利益，而且是为了所有未来世代的利益”。[1] 为了每一代人的福祉，我们各代人在享受使用地球资源利益的同时，都必须尽受托人的责任，经营好、照顾好这个行星；当代人应当将一个更加美好的，至少是不差于前代的地球家园传递给未来人。

第二，代际公平理论要求，每一代人负有两项代际义务：一是将与接手时同样好的地球传递给下一代；二是弥补由前一代没能这样做所造成的任何损害。与此相关联，代际公平应当遵循三个基本原则：“保护选择、保护质量和保护获得。”[2] 但是，并非所有的国家、地区都较为富裕，能去践行这些原则。此时，代际公平理论还要求一个代内的义务，即较富裕的国家、地区和组织有义务资助较贫穷的国家、地区和组织去履行他们的代际义务。

第三，代际公平理论主张，“每一代接受一个不比前一代更差条件的行星的权利、继承自然与文化基础中同样的多样性的权利、拥有平等获得遗产的使用与利益的机会的权利”。[3] 这些权利把讨论集中于各代的福利，每一代人能够享有和享受的利益。这种强调代际权利的主张比强调当代人的义务似乎更有利于保护我们的地球和未来世代的利益。纵使当代人的义务不与权利相连，当代人也有一种将那些义务转化为有利于自己的权利的强烈动机和偏好。代际权利为保护在一个健康、强壮的行星中所有世代的利益提供了一个基础。[4]

第四，作为信托人的当代人，我们应当如何代表未来人来照管好地球？魏伊丝教授主张设立代表未来人利益的组织机构。她指出，虽然我们今天的决策会影响未来世代的利益，但是这些未来世代的人们在决策过程中并没有“代表”，以至于无法表达他们的“要求”。我们应该使未来世代利益的代表在“司法或行政程序”中获得一席之地，或者设立一

---

[1] Edith Brown Weiss. The Planetary Trust：Conservation and Intergenerational Equity，Ecology Law Quarterly，1984，NO. 4. p. 505.

[2] ［美］爱蒂丝·布朗·魏伊丝：《公平地对待未来人类：国际法、共同遗产与世代间衡平》，汪劲等译，法律出版社 2000 年版，第 41—42 页。

[3] Edith Brown Weiss. Our Rights and Obligations to Future Generations for the Environment，84. Am J. Int'l. L.

[4] ［美］爱蒂丝·布朗·魏伊丝：《公平地对待未来人类：国际法、共同遗产与世代间衡平》，汪劲等译，法律出版社 2000 年版，第 104—105 页。

个职责为“保证保护资源的实体法的实施”“调查违法申诉”并“对存在的问题提出警告”且“由公众资金支持”的机关。❶

### （二）社会契约理论

克里斯汀·西沙德－弗莱切特（K. S. Shrader-Frechette）教授在《环境伦理学》（1981年）一书中从社会契约理论角度论证了未来人的权利。通过论证，她认为：

第一，当代人和后代人处于一种实质性的社会契约关系之中。“如果我们承认未来人的权利，作为回报，我们将获得更大程度的幸福和自我实现。”她引用瓦格纳的话，认为“主动关心我们遥远后代的利益，能够增强我们的同情心，从而对我们个人有利”。❷

第二，当代人和后代人之间的契约不是常见对等的、共时的互换契约，而是代际的、接力的恩惠契约。我们不是把先人的恩惠直接还给他们，而是像传递接力棒那样，将恩惠留给后人。此时，契约的互换性是通过跨越时间范围的“A→B、C、D……”的代际“接力链式”结构加以体现的。例如，东方文化中的“报恩”就体现了这种代际接力链式互换性，即后人就好像前人的代理人，对后代的抚育就等于报答了前人。❸

第三，即使不通过相互性，我们也可以通过人的理性、自我利益、正义等要素达成社会契约。她指出：“如果人类的所有成员都处于假说中的原始状态，谁也不知道自己是哪个世代的成员。由于无知，人们会把所有世代都应拥有相等的权利当作任何人遵循的唯一的合理的道德原理”，❹“我们不依据有关社会契约的个别方式，即相互性，而依据合理性、自我利益、正义这一社会契约方式也可以获得肯定未来后代人权利

---

❶ ［美］爱蒂丝·布朗·魏伊丝：《公平地对待未来人类：国际法、共同遗产与世代间衡平》，汪劲等译，法律出版社2000年版，第125页。

❷ ［美］克里斯汀·西沙德－弗莱切特：《后代人及社会契约》，［美］维西林、冈恩：《工程、伦理与环境》，吴晓东、翁端译，清华大学出版社2002年版，第201页。

❸ 韩立新：《环境价值论》，云南人民出版社2005年版，第198页。

❹ K. S. Shrader-Frechette. Technology, the Environment, and lntergenerational Equity, in her (ed), op cit. pp. 77. 转引自韩立新：《环境价值论》，云南人民出版社2005年版，第200页。

的契约论基础”。❶ 弗莱切特教授在此借助罗尔斯的“原初状态”假设和“无知之幕”理论，❷ 认为社会契约的形成并不一定以基于回报的相互性为前提，以合理性、自我利益、正义为前提同样可以达成社会契约。她进而引用丹尼尔·卡拉汉（Daniel Callahan）的观点，认为“某些形式的契约之所以能够形成，不是因为达成了预先安排好互惠利益的协议，而只是因为契约的一方主动选择了接受义务”。❸ 此时，如同父母与孩子之间的关系一样，父母主动选择了抚育孩子的义务。他们之间的关系，“可以作为理解当代人和后代人的权利的一个模型”。❹

第四，在这种非互惠性社会契约中，承认后代人的权利主要是一种否定性的权利。也就是说，承认后代人的权利，我们至少可以通过规定后代人享有不受当代人采取积极行动伤害的权利来保护他们的利益。换句话说，“尽管我们确实不（明确地）知道代表未来人们应当做什么，我们仍有大量的信息知道自己不该做什么”。❺

### （三）人类共同体理论

埃德蒙·柏克（Edmund Burke）在《法国革命论》中有这么一段文字：“社会确实是一项契约。对于那些单纯以偶然的利益为目标的各种附属性的契约，是可以随意解除的，但是国家却不可被认为只不过是一种为了一些诸如胡椒或咖啡、布匹或烟草的生意，或某些其他无关重要的暂时利益而缔结的合伙协定，可以由缔结者的心血来潮而加以解除的。我们应当怀着另一种崇敬之情来看待国家，因为它并不是以单只服从属于暂时性的、过眼烟云的赤裸裸的动物生存那类事物为目的的一种合伙关系。它乃是一切科学的合伙关系，一切艺术的一种合伙关系，一

---

❶ K. S. Shrader-Frechette. Technology, the Environment, and lntergenerational Equity, in her (ed), op cit. pp. 72. 转引自韩立新：《环境价值论》，云南人民出版社 2005 年版，第 200 页。

❷ 韩立新：《环境价值论》，云南人民出版社 2005 年版，第 199 页。

❸ ［美］克里斯汀·西沙德 - 弗莱切特：《后代人及社会契约》，［美］维西林、冈恩：《工程、伦理与环境》，吴晓东、翁端译，清华大学出版社 2002 年版，第 204 页。

❹ ［美］克里斯汀·西沙德 - 弗莱切特：《后代人及社会契约》，［美］维西林、冈恩：《工程、伦理与环境》，吴晓东、翁端译，清华大学出版社 2002 年版，第 204 页。

❺ ［美］克里斯汀·西沙德 - 弗莱切特：《后代人及社会契约》，［美］维西林、冈恩：《工程、伦理与环境》，吴晓东、翁端译，清华大学出版社 2002 年版，第 207 页。

切道德的和一切完美性的一种合伙关系。由于这样一种合伙关系的目的无法在许多代人中间达到，所以国家就变成了不仅仅是活着的人之间的合伙关系，而且也是在活着的人、已经死了的人和将要出世的人们之间的一种合伙关系。每一个特定国家的每一项契约，都只是永恒社会的伟大初始契约中的一款……”[1] 这段论述经常被视为人类共同体理论的经典阐释。美国著名宪法学者乔治·赖特（R. George Wright）教授曾对其进行如下三个方面的解释，以作为未来人享有权利的理论依据。[2]

第一，“永恒社会的伟大初始契约”即上帝和全人类之间的契约关系，是埃德蒙·柏克主张的当代人对未来世代负有义务的核心理论基础。[3] 根据这一约束人类各世代的契约，我们各代人都负有上帝交付的照顾好地球的义务以及不得牺牲未来人利益的义务。实践表明，一个社会中宗教信仰的衰弱是由于当代人对后代利益的关心逐渐衰弱或牺牲导致的。在许多国家的宪法中，明确规定当代人对后代肩负一定的义务。

第二，人类文化事业具有的连续无止境进步的特征产生出一个保护和保障未来世代能够存在与生存的义务。正如格雷戈里·卡夫卡（Gregory Kavka）所证明的一样：人类在智力、艺术、科学领域里的成就与进步给我们一个希望人类生存的重要理由。因为如果我们物种的生命消失，这些集体的事业也将结束；而如果它继续，在这些领域中壮观的成就是很有可能的。由于这种壮观成就很有可能，所以每一代人都必须去努力增加物质、经济、文化的积累并将其传递给他们的继承人。因此，采取停滞、分解甚至破坏的方式传递前代的成就是不被许可和授权的。

第三，埃德蒙·柏克依据文化事业进步的品质，进而主张国家（或整个地球）是代际关系中的合伙关系。在合伙关系中，各合伙人之间互负最大诚信义务；除非其他合伙人明确同意，任何合伙人不得独自占有合伙机会并从中获利，也不得通过任何有损于合伙事务或其他合伙人利

---

[1] ［英］柏克：《法国革命论》，何兆武等译，商务印书馆 1998 年版，第 129 页。

[2] R. George Wright. The Interests of Posterity in The Constitutional Scheme, 59. U. Cin. L. Rev.

[3] 《圣经》《创世纪》第 9 章第 8—10 节记载：“神晓谕挪亚和他的儿子说，我与你们和你们的后裔立约，并与你们这里的一切活物，就是飞鸟、牲畜、走兽，凡从方舟里出来的活物立约。”

益的方式获利。在代际合伙关系中，存在一定的独特性。由于缺乏特殊代表制度机制，未来世代不能明确地同意前一代所实施的任何行为，尽管他们可以以某种方式事后批准那些行为。但是，这种独特性并没有表明代际合伙关系理论没有用。为了我们的目标，这种建立在代际合伙关系上的人类共同体理论可以避免每一代的自私与自我交易。任何人，无论是哪一代人，无权为了他们自己的利益而加重合伙人或人类共同体的负担。

赖特教授根据上述剖析，承认"把权利赋予尚不存在的未来世代仍然是逻辑两难的事情"，关键问题是"一个假设现在的权利而没有一个现在的权利拥有者"，但他同时认为"利用功利主义的关怀而不提权利"的办法来避免这一难题不能让人满意。"扩展权利的概念或把它用于非传统的范围中，在特定类型的案件中很可能是合理的"，因为，"也许正是权利概念本身应当被修正以适合我们不断增长的作用代际损害的能力和倾向"，"也许我们不应该保持我们以前的以未来人的实体利益牺牲为代价的权利理论"。[1] 他进而主张，由于"面临与立法者不同的报酬与激励结构"，法官自身虽然可能不比立法者"更渴望后代的利益"，但他们由于公平地考虑未来各代的利益而不必担心受到报复。[2] 所以，与立法途径相比，我们用来诉讼的司法途径更能有效地保护未来世代的利益。

综上，我们可以得出，人类共同体理论是一种从整个人类进化和人类文明发展的意义上讨论当代人和未来人关系的理论。它的核心观点为：对人类整体来说，不断的繁衍和进化是任何一个世代的义务。[3] 在这种理论中，人类社会的一个世代和另一个世代之间是一种承接的关系，彼此承担义务又享有权利。现在的世代从前代那里获得了生存和发展的物质和精神条件，然后通过自己的努力使其价值保持或增长，最后传递给下一个世代。这种连续不断的世代更替就是整个人类共同体的文

---

[1] R. George Wright. The Interests of Posterity in The Constitutional Scheme, 59. U. Cin. L. Rev.

[2] R. George Wright. The Interests of Posterity in The Constitutional Scheme, 59. U. Cin. L. Rev.

[3] 刘雪斌：《论未来世代权利的法哲学基础》，载《内蒙古社会科学（汉文版）》，2007年第1期。

明维持和进步的过程。



## 三、对未来世代环境权理论的质疑及其回应

未来世代环境权理论或者未出生的后代人环境权理论一经提出，就遭遇到不少质疑和批判。在国内，反对和批判的声音持续不断，最具代表性的人物是刘卫先博士。他在介绍了后代人权利论的由来和影响之后，将后代人环境权理论的逻辑内涵归纳为以下四点：第一，后代人环境权理论是借后代人之名行环境保护之实；第二，后代人环境权利理论把人与自然的关系定性为一种占有、拥有的支配控制关系；第三，后代人环境权利理论把整个人类人为地划分成相互对立的两个部分：当代人和后代人；第四，后代人环境权理论是权利主体扩展理论的组成部分与必然结果，与自然体权利理论一脉相连。[1]

罗伯特·阿列克西教授指出，一个法律命题要想得到证成，必须从内部和外部两个层面进行论证，即内部证成和外部证成。[2] 批判论者认为，若要否定一个法律命题或一个法律理论应该从内部和外部两个方面对其进行全面的否定，否则就有可能达不到彻底否定的效果。于是，他认为后代人环境权理论及其论据和论证过程属于后代人权利论的“内部（证成）”，后代人环境权理论赖以成立的假设性前提属于后代人权利论的“外部（证成）”。因此，批判论者用了大量笔墨对后代人权利论进行了内部批判和外部批判。内部批判就是对后代人环境权理论即代际公平理论、社会契约理论和人类共同体理论的批判；外部批判就是针对后代人环境权理论赖以成立的两个假设前提进行批判。

批判论者对后代人环境权理论的归纳和内外部批判很有深度，也很有说服力。但是，后代人权利理论会不会因为批判论者的批判而变得毫无价值并销声匿迹了呢？当然不会。因为任何一种理论都不是真理，都存在可批驳之处，所以从这个意义上看，批判论者的批判性论述还是很

[1] 刘卫先：《后代人权利论批判》，法律出版社2012年版，第61—73页。

[2] “内部证成处理的问题是：判断是否从为了证立而引述的前提中逻辑地推导出来；外部证成的对象是这个前提的正确性问题。”参见罗伯特·阿列克西：《法律论证理论——作为法律证立理论的理性论辩理论》，舒国滢译，中国法制出版社2002年版，第274页。

有价值的。

任何科学理论都可能包含着错误，科学本身只能是一个无限接近真理的过程。因此，在波普尔看来，科学理论是很难通过逻辑实证得到证实的，他进而提出了著名的证伪主义。[1] 同时，波普尔也强调，“不能复制的个别偶发事例对于科学是没有意义的，因此少数偶然的与理论矛盾的基础陈述不会促使我们把理论作为证伪而被摒弃。只有当我们发现一个反驳理论的可复制效应时，我们才认为它已被证伪。换句话说，只有当描述这样一种效应的一个低水平的经验假说被提出和确认时，我们才接受这个证伪。”[2]

每一种理论都有其假设条件，正如库恩所言：“任何一个理论都必须配备相应的‘限界条件’。只有明确阐述限界条件，一个理论定律才能真正被放到社会现实中与……‘限界条件’所限定的社会事实相碰撞，由此接受社会事实的检验。”[3] 而且，库恩等人将“限界条件”理论与波普尔的证伪主义相结合，明确指出一个理论定律的限界条件越窄、越严格，则越难于被证伪。

因此，当我们去批判一个理论时，首先一定要去寻找该理论所赖以依存的限界条件，发现该限界条件所存在的问题并对其进行批判，从而推翻该理论或者提出该理论新的限界条件。对一个理论的具体内容进行表述及对其论证过程的批判固然有其价值，但是很难令人信服该理论就没有存在价值。在本书中，笔者要尽力去探究后代人权利理论的“限界条件”或限定条件，并拟运用波普尔的证伪主义和库恩等人的“限界条件”理论对批判论者就后代人环境权理论的内外部批判进行反思性回应。

---

[1] 波普尔认为，借助其他过去已被接受的陈述，从理论中演绎出的某些单称陈述称作“预见”，特别是那种易检验或易应用的预见。从这些陈述中，选取那些从现行理论中不能推导出的，特别是那些与现行理论相矛盾的。然后我们将它们与实际应用和实验的结果相比较，对这些推导出的陈述作出判决。假如这判决是肯定的，就是说，这些单称结论证明是可被接受或被证实的，那么这个理论眼下通过了检验，我们没有舍弃它的理由。但是，假如这判决是否定的，换句话说，假如这结论被证伪，那么也就证伪了它们从之合乎逻辑地演绎出来的那个理论。参见波普尔：《科学发现的逻辑》，查汝强、邱仁宗译，沈阳出版社 1999 年版，第 10 页。

[2] 波普尔：《科学发现的逻辑》，查汝强、邱仁宗译，沈阳出版社 1999 年版，第 73 页。

[3] 哈威廉：《关于社会学定律的“限界条件”》，载《社会学研究》，1997 年第 3 期。

### （一）未来世代环境权理论的两个假设前提问题

批判论者认为，无论是代际平等中的代际信托、代际契约、跨代共同体中的资源共享，还是个别立法与司法实践的主张，都揭示了后代人环境权理论的两个必不可少的预设前提，即把人与自然之间的关系定性为一种占有拥有的支配关系和把人类整体人为地分割为当代人和后代人这两个相互独立且对立的主体。[1]

爱蒂丝·布朗·魏伊丝（Edith Brown Weiss）教授在其著作《公平地对待未来人类：国际法、共同遗产与世代间衡平》第一编前言引用印第安部落酋长的话："我们认为：不是地球属于人类，而是人类属于地球。……所有的物种像一个具有血缘关系的大家庭一样紧密联系……地球和她的子民血脉相通，同呼吸，共命运。人类并非生命之网的编织者，他只是生命之网的一根丝。人类在这个网中的一举一动都将作用于他自身。"[2] 接下来，她写道我们人类仍是地球这颗行星上的新居民——大约只有三百万年，这与有一亿六千万年历史的恐龙相比，仅仅是短暂的一瞬间。从这一表述上看，我们很难得出魏伊丝教授的代际公平理论和行星托管或信托理论是建立在"把人与自然之间的关系定性为一种占有拥有的支配关系"之上。魏伊丝教授在该书中并没有像批判论者一样强化作为主体的人类对作为客体的自然的占有和支配关系，相反地，她更强调的是地球义务或者说是人类的行星托管义务。因此，批判论者的第一个假定前提并不适用于代际公平理论和信托理论。

所谓第二个假设前提是指"把人类整体人为地分割为当代人和后代人"。概念根据其所指向的是集合体本身还是集合体中的每一个成员，可以分为集合概念和非集合概念（或称类概念）。批判论者认为，"人类"这一概念即可以指作为集合体的人类，也可以指地球上所有具体的个人。前者是强调整体利益，是一个时间永续且从未间断的组织体；后者是从个体出发，强调个体利益，并据此认为"只有在类概念的意义

[1] 刘卫先：《后代人权利论批判》，法律出版社2012年版，第153页。

[2] 爱蒂丝·布朗·魏伊丝：《公平地对待未来人类：国际法、共同遗产与世代间衡平》，汪劲等译，法律出版社2000年版，第1页。

上，人类才可能用代进行划分”。[1] 在笔者看来，批判论者这一推论是建立在具体“代”的认识上发生的，而当代人也好，后代人也罢，均应当属于集合概念而非批判论者所主张的类概念。批判论者基于上述认识，认为作为类概念的人类的环境利益已经由现存法律提供了保护其的依据；而作为集合概念的人类的整体环境利益传统法律无法提供保护，其自身不可分割成存在利益冲突的当代人和后代人两个独立主体。为了澄清后代人与当代人区分的事实，我们很有必要去追溯后代人或未来世代到底是如何被提出的。

魏伊丝教授认为，各国在里约作出的可持续发展承诺一开始就是世代间的；基本的可持续发展义务是建立在当今世代对未来世代的高尚义务基础之上的，但该观念存在当今世代会不履行其对未来世代的高尚义务的危险，原因在于当今世代对其自身利益具有天生的偏好。[2] 同时，“那些控制政府的领导者和官僚们，他们继续掌握着确保长远利益的资源的分配，他们在全球范围内攫取人类的共同财产，甚至连国际组织的功能也在很大程度上取决于政治家的意愿”。[3] 为了谋求解决影响人类生存、发展和福祉的全球性问题，魏伊丝教授受到联合国大学研究项目资助，[4] 开创性地把未来世代作为“一个整体”加以保护并进行了系统化研究。[5]

以往的研究项目多是从宏观的空间角度开展研究，所谓“宏观的空间角度”可以用“宇航员看地球”来形象描述，人们从太空可以看到一幅新的地球景象：地球是一个世界，是一个不可分割的整体。[6] 传统的

---

[1] 刘卫先：《后代人权利论批判》，法律出版社 2012 年版，第 179 页。

[2] ［美］爱蒂丝·布朗·魏伊丝：《公平地对待未来人类：国际法、共同遗产与世代间衡平》，汪劲等译，法律出版社 2000 年版，中文版序言第 15 页。

[3] ［美］爱蒂丝·布朗·魏伊丝：《公平地对待未来人类：国际法、共同遗产与世代间衡平》，汪劲等译，法律出版社 2000 年版，英文版序言第 3 页。

[4] 该项目为“国际法、共同遗产和世代间的公平”，资助方为联合国大学地球学部。参见爱蒂丝·布朗·魏伊丝：《公平地对待未来人类：国际法、共同遗产与世代间衡平》，汪劲等译，法律出版社 2000 年版，作者致谢第 1 页。

[5] ［美］爱蒂丝·布朗·魏伊丝：《公平地对待未来人类：国际法、共同遗产与世代间衡平》，汪劲等译，法律出版社 2000 年版，英文版序言第 3 页。

[6] ［美］爱蒂丝·布朗·魏伊丝：《公平地对待未来人类：国际法、共同遗产与世代间衡平》，汪劲等译，法律出版社 2000 年版，英文版前言第 2 页。

国际法只是从空间上看问题，而很少从“宏观”上看问题。随着科技的发展，人类影响、干预、左右和改变环境、天气、气候等的能力越来越强。由于水、空气、海洋、气候、臭氧层、外层空间、基因等全球性资源易受到某个国家单方面行动的损害，所以国际法和我们人类必须采取全球性、整体性的长期行动。对于这些被誉为“全球共同财产”或“人类共同遗产”的保护若仅从空间的维度看，不论如何扩大范围都是不充分的。正因如此，魏伊丝教授采取了开创性的以时间维度为视角的研究。

传统的时间维度，主要是将现在与过去相联系，在国际法上的意义就是领土的要求；而魏伊丝教授则将现在和未来有条理地联系了起来，从时间的跨度发展国际法。至于未来具体有多长，是几十年还是几百年？似乎不太好确定但又需要一个判断标准。她注意到一个实践原则，即无论是一个家庭还是个人，都无一例外地践行着当今世代与子孙后代或未来世代的关联。而在保护自然和文化遗产方面，国家在不断贯彻当今世代与未来世代的密切相连，强调当今世代对未来世代的责任。基于此，魏伊丝教授将未来世代作为一个“整体”进行研究，探讨其享有的权益，从而强化当今世代的责任。因此，我们发现魏伊丝教授并没有将未来世代作为类概念，也没有将人类整体环境利益进行人为的割裂，也就是说并没有触及批判论者所批判的作为类概念的“代”意义上的狭窄的环境利益问题。相反，魏伊丝教授一直坚持对人类整体环境利益的保护。

魏伊丝教授在对未来世代权益和代际公平进行研究过程中，没有摈弃国际法学界以往所运用的主要以空间的维度进行研究的视角。可以这么说，魏伊丝教授采取了时间和空间或全球性的维度进行了研究，她的理论有一个基本的假定，即人类之间的平等（或称公平——笔者注）不受时空的限制。[1] 这正是代际公平理论的限界条件。遗憾的是，批判论者在对后代人环境权理论进行批判时并没有提及和批驳这一限界条件，也就没法对这一理论进行证伪。

---

[1] ［美］爱蒂丝·布朗·魏伊丝：《公平地对待未来人类：国际法、共同遗产与世代间衡平》，汪劲等译，法律出版社 2000 年版，英文版序言第 4 页。

## （二）对代际公平理论的批判及其回应

批判论者从如下几个方面批驳了魏伊丝教授的代际公平和信托理论。首先，他们经过分析论证认为，后代人无法做出委托的意思；如果当代人违反信托义务，后代人无法取消信托关系和追究受托人的责任；委托人委托事务须有委托权，基于此去论证后代人权利，会出现循环论证的逻辑悖论。基于此，他们认为后代人与当代人之间的信托关系是一种虚构。针对这些，批判论者反问道："我们真的对后代人负有义务吗?""世界上一些国家的法律和宗教传统表面上对后代人的关注能否作为后代人权利制度的基础?""有关国际人权公约确认代际平等原则了吗?""后代人的权利比当代人的环境义务更能保护后代人的利益吗?"，并且他们认为魏伊丝教授所建议的代际、代内群体权利与义务与当今世界被各民族、各国家分而治之的事实不相符。第四个质问涉及"权利安排"与"义务安排"哪种是更优的价值判断和制度选择，从宏观的角度说就是"环境权选项"好还是"环境保护义务选项"优的问题，笔者拟留待最后与批判论者所坚持的"环境保护义务论"一同予以回应。除此之外，笔者将对批判论者上述质疑和反问一一进行回应。

关于代际信托问题，魏伊丝教授认为，我们必须处理好两种关系，即"我们与我们物种的其他各代之间的关系和我们与我们作为其中一个部分的自然系统之间的关系"。[1] 后一种关系即为人类与地球其他自然生态系统的关系。自然生态系统是一个整体。我们人类身在其中，既影响该系统，又受其影响。作为整体的一员，尽管人类最有能力去改造和重塑大自然，但是为了可持续发展和避免资源环境的退化，我们有一个特殊的义务，即作为地球受托人的义务，尽量不去破坏其整体性来照管和使用地球这一行星。所以，在后一种关系中，人类与地球、自然生态系统之间在某种意义上是一种信托关系。

在前一种关系中，主要是代际公平关系和代际信托关系，具体表述如下：

---

[1] Edith Brown Weiss. Our Rights and Obligations to Future Generations for the Environment, 84. Am J. Int'l. L.

第一，人类和其他物种一道共同拥有地球这一行星资源，所有世代都有权使用并受益。每一代“既是受托人又是受益人”，❶ 作为受托人，“不仅是为了邻近世代的利益，而且为了所有未来世代的利益”。❷ 为了每一代人的福祉，我们各代人在享受使用地球资源的同时，都必须尽受托人的责任经营好、照顾好这颗行星；当代人应当将一个更加美好的，至少是不差于前代的地球家园传递给后代人。由此，我们首先能够看到魏伊丝教授所谈到的信托关系，不仅限于人类的代际之间，而且还包括人类与地球这颗行星上的其他物种之间。❸ 这再一次证明了魏伊丝教授的代际公平和信托理论并非像批判论者所指“人与自然之间的关系定性为一种占有拥有的支配关系”。其次，魏伊丝教授所指的“委托人”和“受托人”是一组相对概念，每一代既是委托人和受益人，同时又是受托人。由此可见，批判论者从抽象意义上谈“后代人作为委托人欠缺委托意思、当代人违反信托义务后代人无法取消信托关系和追究受托人的责任以及出现循环论证问题”与魏伊丝教授的具体论证表述不完全吻合，因此不能够得出所谓“人类各代之间的信托关系是一种虚构”的结论。

魏伊丝教授从国际法的角度讨论人类的代际公平问题时，的确是从国内法、普通法和民法传统、非洲习惯法、宗教传统和自然哲学，甚至无神论等方面寻找依据。批判论者提出“世界上一些国家的法律和宗教传统表面上对后代人的关注能否作为后代人权利制度的基础?”这一质疑，并认为这些传统不能够为当代人履行环境义务与保障后代人的权利

---

❶ Edith Brown Weiss. The Planetary Trust：Conservation and Intergenerational Equity，Ecology Law Quarterly，1984，NO. 4. p. 507.

❷ Edith Brown Weiss. The Planetary Trust：Conservation and Intergenerational Equity，Ecology Law Quarterly，1984，NO. 4. p. 505.

❸ 魏伊丝教授说：“作为一个物种，我们和当今世代其他成员（包括其他物种成员——笔者注）以及与过去和将来世代的成员一道，共同拥有地球的自然和文化环境。”参见爱蒂丝·布朗·魏伊丝：《公平地对待未来人类：国际法、共同遗产与世代间衡平》，汪劲等译，法律出版社 2000 年版，第 16—17 页。她在第 17 页注释①中明确指出：我们还同其他物种共有这些。人类是生物圈的一部分。作为所有生物的唯一的有智慧的代言人，我们对它们有一种特殊的责任。但是，关于这些世代间问题的意义，我们留待下文讨论。此处集中从国家和人民的国际法的角度讨论人类的世代间的关系问题。可见，魏伊丝教授所说的世代间不能望文生义地仅理解为人类的世代之间，其还包括整个地球生物圈的世代间；作为唯一智慧的代言人，人类负有一种信托关系中的受托人责任来照管它们和整个地球。

提供可靠的基础，也不能够为减轻环境威胁提供很多帮助。魏伊丝教授援引如下例证：①承租人虽然有合理使用财产的权利，但在返还时应当保持财产的良好状态以适于将来承租人使用；②普通法中善意信托的受益人有权利享受信托利益，但是为了未来世代的利益，他有义务不浪费信托本金；③伊斯兰教认为，人类继承了生命和自然的一切资源，在利用它们的时候对神负有某些宗教上的义务；④犹太－基督教认为，上帝将地球交给他的子民和他们的子孙后代，让他们照顾好地球并将其传给后代；⑤在民法传统中，私人拥有财产所有权，但本身必须履行固有的社会义务；⑥非洲习惯法认为，地球资源为群体共有，我们可以使用但应负管理责任，同时也认为我们人类只不过是地球的房客而已，对过去和未来世代都负有义务；⑦无神论强调尊重自然和人与自然的和谐，人类负有保护自然和对未来世代的责任。❶ 从魏伊丝教授所引证的实例来看，她一直试图说明的是：不论是法律、宗教或其他传统都认为，作为受益人享有权利的同时，也负担一定的义务和责任。换句话说，作为受托人和受益人的当代人，负有为后代人保护地球的义务。虽然没有回应批判论者“世界上一些国家的法律和宗教传统表面上对后代人的关注能否作为后代人权利制度的基础?”这一质疑，但是，魏伊丝教授列举上述实例证明了各个世代既是未来世代的受托人和管理人，又是地球所有成果的受益人。或者说，她还是在论述代际公平和信托理论。单从信托理论权利的承继来看，当代人作为过去世代遗产的受益人，有继承和享有这一遗产成果的权利，魏伊丝教授据此推论，未来世代人也同样享有这样的权利。❷

第二，代际公平理论要求，每一代人负有两项代际义务：一是将与接手时同样好的地球传递给下一代；二是弥补由前一代没能这样做所造成的任何损害。与此相关联，代际公平应当遵循三个基本原则：“保护

---

❶ ［美］爱蒂丝·布朗·魏伊丝：《公平地对待未来人类：国际法、共同遗产与世代间衡平》，汪劲等译，法律出版社2000年版，第17—21页。

❷ ［美］爱蒂丝·布朗·魏伊丝：《公平地对待未来人类：国际法、共同遗产与世代间衡平》，汪劲等译，法律出版社2000年版，第21页。

选择、保护质量和保护获得。”❶ 这三个原则是针对与后代人利益攸关的地球质量下降、自然与文化资源消耗、当代人继承地球并获益的可能性等问题提出来的。但是，当今世界并非所有的国家、地区都有较为富裕，有能力去践行这些原则。此时，代际公平理论还要求一个代内的义务，即较富裕的国家、地区和组织有义务资助较贫穷的国家、地区和组织去履行他们的代际义务。从保护地球的质量和生物多样性的角度上看，肯定和支持当代人对后代人具有义务可以在某种程度上约束当代人，改变其过去的“无所不为”“肆意乱为”地盲目开发、破坏和污染生态环境的行为。❷ 这一积极意义难道不可以很好地回应批判论者的第一个质问（即“我们真的对后代人负有义务吗?”）吗?❸ 魏伊丝教授所论及的代际公平不仅仅包括当代人对后代人的代际义务，而且还包括当代人之间的代际义务，即发达国家和地区对不发达、欠发达的国家和地区的义务，这也是国际环境法上经常涉及的“共同担有区别责任原则”

❶ “保护选择”原则：要求各世代保护自然和文化遗产的多样性，这样便不会对后代人解决自身需要与自身需要与自身价值观造成不适当的限制，而且未来世代有权享有同以前世代相当的多样性；“保护质量”原则：要求各世代维持地球的质量，从而使地球质量留传给未来世代时状态不比其从前代继承时差，并且其有权享有与前世代所享有的相当的地球质量；“保护获取”原则：各世代的每个成员都有权公平地获取其从前代继承的遗产，并应当保护后代人的获取权。魏伊丝教授进一步认为，获取和公平利用的权利缓冲了环保主义模式，保护地球质量和多样性的义务又限制了利用主义模式。这将保证每一世代所继承的环境条件都不差于以前的世代，并有机会利用所继承的环境推进其经济和社会福利。参见爱蒂丝·布朗·魏伊丝：《公平地对待未来人类：国际法、共同遗产与世代间衡平》，汪劲等译，法律出版社 2000 年版，第 42、50 页。

❷ 世代间公平问题产生于不可更新资源的耗竭和可更新资源的减少，产生于诸如空气、水、土壤等环境资源质量的下降，产生于自然资源环境功能的丧失，产生于文化资源的丧失，产生于缺乏利用自然和文化资源的有效途径。而且，我们今天的行为对地球的健康和文化资源的基础带来长远的影响，而在这些方面当代人不可能对后代人进行补偿。参见爱蒂丝·布朗·魏伊丝：《公平地对待未来人类：国际法、共同遗产与世代间衡平》，汪劲等译，法律出版社 2000 年版，第 5 页。

❸ 其实，批判论者的这一质问很难回应魏伊丝教授所论及的如下问题：“当我们开发利用地球的自然和文化资源时，会遇到在现代和后代人之间产生的财富分配问题。由于后代人的利益在今天的这些决策过程中得不到体现，当代人和后代人的偏好之间潜在的权衡经常被忽略。所以，当代人在利用资源并从中获益时，有可能以后代人的利益为代价。灾难性的环境事件，如核爆炸和有毒化学物品的泄漏，也会引起世代间的问题。虽然这类事件通常会给当代人和后代人都带来不幸，但是后代人是在没有从事件发生前的活动中得到任何好处的情况下承担巨大的损失的。”参见爱蒂丝·布朗·魏伊丝：《公平地对待未来人类：国际法、共同遗产与世代间衡平》，汪劲等译，法律出版社 2000 年版，第 4 页。

的体现。国际公约特别是国际人权公约所确认的代际公平原则其实包括代内公平[1]和代际公平两个方面。国际社会通过公约的形式明确代际公平不仅仅有助于我们为后代人的利益保护地球环境、生态品质，而且也有助于让曾经严重污染和破坏地球生态环境的发达国家和地区承担更多的国际义务和责任。这不正是中华人民共和国长期以来团结广大第三世界朋友与发达国家进行有策略、有智慧的斗争成果的有力体现吗？其实，为了论证国家、地区之间的代内公平问题，魏伊丝教授主张将所有的国家当作一个与国籍无关的集团，[2] 让富裕的集团、地区、社会给予贫穷的集团、地区、社会以经济、技术援助，以保护整个地球环境质量不再恶化。

第三，代际公平理论主张，“每一代接受一个不比前一代更差条件的行星的权利、继承自然与文化基础中同样的多样性的权利、拥有平等获得遗产的使用与利益的机会的权利”。[3] 这些权利把讨论集中于各代的福利，每一代人能够获得和享受的利益。这种强调代际权利的主张比强调当代人的义务似乎更有利于保护我们的地球和未来世代的利益。因为，纵使当代人的义务不与权利相连，当代人也有一种将那些义务转化为有利于自己权利的强烈动机和偏好。代际权利为保护在一个健康、强壮的行星中所有世代的利益提供了一个基础。[4] 魏伊丝教授分析出了后代人权利模式比当代人义务模式更优的一个重要的原因，即当代人或者说我们都有一种趋利的癖好，很容易规避掉自己肩上的义务和责任，进而使“义务论者”所吹捧的当代人义务落空，其后果是出现我们当今司

---

[1] 代内公平问题不仅会发生在不同国家、地区之间，而且会发生在同一国家、同一地区的不同人之间。由于一些人基于利益考虑会将其成本外部化由其他人来承担，于是在陌生人之间如何促使外部性内部化、实现公平问题一直是学界、政界颇为关注和有待解决的问题。有关外部性问题可参见庇古的《福利经济学》、科斯的《社会成本问题》等。

[2] 这种将国家比作无国籍的集团，是作为国际法学者的魏伊丝教授最大胆的设想，是为了后代人的利益而使国家承担世代间和世代内的义务，并以时间尤其是现在与未来沟通联系的时间为视角来扩展国际法的研究新视角和方法。参见爱蒂丝·布朗·魏伊丝：《公平地对待未来人类：国际法、共同遗产与世代间衡平》，汪劲等译，法律出版社 2000 年版，第 28 页。

[3] Edith Brown Weiss. Our Rights and Obligations to Future Generations for the Environment, 84. Am J. Int'l. L.

[4] ［美］爱蒂丝·布朗·魏伊丝：《公平地对待未来人类：国际法、共同遗产与世代间衡平》，汪劲等译，法律出版社 2000 年版，第 104—105 页。

空见惯的逃避义务和责任的、损人利己，甚至损人也不利己的、体现人性弱点的现象或行为。实际上，魏伊丝教授从人性的角度对批判论者所提的“后代人的权利比当代人的环境义务更能保护后代人的利益吗?”这一问题做了肯定的回答。此外，我们能够从魏伊丝教授的表述中看出，她在阐述代际权利、代内权利时的确是坚持从整体上来谈权利，而没有分出所谓第一代后代人权利、第二代后代人权利……第 n 代后代人权利。至于批判论者所论述的群体权利和义务与当今世界被各民族国家分而治之的事实不相符的问题，笔者认为，魏伊丝教授所主张的代内公平和代内权利试图解决的正是这种地球资源被分而治之的局面；代内权利与代际权利的主张与践行就是落实生态系统的整体性、捍卫和保护我们唯一的地球这一神圣使命。

第四，代际公平理论的核心是在利用地球自然文化遗产时，各世代人与其他世代人具有内在的关联。这一理论的出发点是各世代人既是自然文化遗产的管理人，负有对未来世代的照管义务；又是利用人，有继承并享有自然文化遗产的权利。[1] 所以，保护后代人的权利是其必然结果。同时，魏伊丝教授认为，将代际公平理论只限于世代间的地球权利和地球义务是不够的，还应当包括世代内的地球权利和地球义务。为了更好地限定代际公平的范围，她反对两种极端的做法：一种是为了后代人保持地球质量和全部资源，当代人什么也不消费的保守主义模式；另一种指的是由于是否存在后代人目前不能完全确证，为了满足当代人所有的消费欲望而产生的富裕主义，或者他们主张纵使确证后代人，当代人的最大化消费也是为了后代人富裕最大化的最好方法。[2] 由此可见，魏伊丝教授在论证代际公平时，不提倡当代人为了后代人的利益而不食人间烟火，退回到原始自然的生活状态，也反对不顾生态环境保护和后代人利益而过度消费的所谓“富裕生活模式”。

第五，作为信托人的当代人，我们应当如何去代言未来人来照管好地球？魏伊丝教授主张设立代表未来人利益的组织机构。她指出，虽然

---

[1] ［美］爱蒂丝·布朗·魏伊丝：《公平地对待未来人类：国际法、共同遗产与世代间衡平》，汪劲等译，法律出版社 2000 年版，第 21 页。

[2] ［美］爱蒂丝·布朗·魏伊丝：《公平地对待未来人类：国际法、共同遗产与世代间衡平》，汪劲等译，法律出版社 2000 年版，第 22—23 页。

我们今天的决策会影响未来世代的利益，但是未来世代的人们在决策过程中并没有“代表”，以至于无法表达他们的“要求”。我们应该使未来世代利益的代表在“司法或行政程序”中获得一席之地，或者设立一个职责为“保证保护资源的实体法的实施”“调查违法申诉”并“对存在的问题提出警告”且“由公众资金支持”的机关。[1] 尽管魏伊丝教授发现有些国家的法律和世界某些宗教传统体现了对后代人及其利益的关注，但是她并没有满足于此，而是进一步去探究了后代人权利的长期策略、组织建立、资金支持等制度设计，从而使后代人权利主张在充分的理论论证后具备了实际操作上的可行性。批判论者认为，魏伊丝教授所主张的代际、代内群体权利与当今世界被各民族国家分而治之的事实不符。笔者想提醒的是，正是由于整体性的生态环境利益不能够或者说不太可能为当前分而治之的国家、地区所保护，它们或其政治家更关注短期问题、短期效益而宁愿采取看得见成果的短视措施，所以魏伊丝教授才提出代际群体权利、长远策略和远见措施。[2]

### （三）对代际契约理论的批判及其回应

批判论者首先从西方传统的社会契约理论所存在的异议展开论述，认为社会契约是建立在个人理性主义之上的合意，并基于此合意而构建政治权威合法性基础；而休谟认为，现实中的政府不是建立在篡夺的基础上就是建立在征服的基础上，并没有建立在被统治者预先的同意或合意之上；黑格尔认为，人是特定文化决定的社会历史存在，妄图从差异中提取固定不变的人类本质即社会契约是纯粹的主观臆断；社会契约论

---

[1] ［美］爱蒂丝·布朗·魏伊丝：《公平地对待未来人类：国际法、共同遗产与世代间衡平》，汪劲等译，法律出版社2000年版，第125页。

[2] 她所主张的策略包括：（1）在决策的过程中应当有未来世代利益的代表；（2）可更新资源的可持续利用；（3）维持包括保护自然与文化资源、信息、收集、储存和恢复在内的设备与服务；（4）自然与文化资源的多样化和环境质量的监管；（5）对我们的行为给自然与文化资源造成的长远效果进行评价；（6）进行科学研究和技术创新以理解我们行为的影响、开发替代资源、增加我们利用自然与文化资源的效率；（7）将地球权利、义务相应的对于特殊的资源与生态功能的国际法律义务法典化；（8）发展全球性和宣传教育以提高所有民族所有年龄段的人对为未来世代而保护我们的地球和文化资源的意识。参见爱蒂丝·布朗·魏伊丝：《公平地对待未来人类：国际法、共同遗产与世代间衡平》，汪劲等译，法律出版社2000年版，第125页。

的逻辑起点是理性抽象的人，而这一假设前提在现实中是不真实的。据此，批判论者认为“代际契约理论以上述这种遭受众异的社会契约理论作为根源和基础在某种程度上就已经向人们展示了其自身的不可靠性、可疑性和易受批判性”。[1] 笔者不想泛泛而谈社会契约理论的局限性，因为任何一种理论若脱离其限界条件就会漏洞百出，甚至就会变成谬误；我也无意去讨论社会契约理论的限界条件，只是对批判论者以一种理论存在缺陷去质疑另一种理论的可靠性的思维方法和研究路径存有疑问，尽管他自认为代际契约理论是以社会契约理论为根源和基础的。社会契约（或者说是合同）等政治法律制度的安排通常只在同一个时代、在特定的主体或共同体之间发生效力；而且，缔约主体之间的权利义务具有互换性，也就是通过“交换正义”来实现社会财富的流转和当事人之间权益的互换。由于社会契约这种“共时性”和“互换性”特征阻碍了代际伦理的构建，所以迫使许多环境伦理学者纷纷对其进行批判并主张以新的“责任”“义务”等原理作为代际伦理的基础。然而，克里斯汀·西沙德－弗莱切特（Kristin Shrader-Frechette）等学者并没有拒绝社会契约理论，而是开创性地从社会契约理论中引申出代际伦理和后代人的权利，并提出了自己的代际契约理论。

弗莱切特教授认为，当代人和后代人之间虽然不存在常见对等的、共时的互换性，但却存在着代际的、接力的互换性。我们不是把先人的恩惠直接还给他们，而是像传递接力棒那样，将恩惠留给后人。此时，契约的互换性是通过跨越时间范围的“A→B、C、D……”的代际“接力链式”结构加以体现的。例如，日本等东方文化中的“报恩”就包含了这种代际接力链式互换性，即后人就好像前人的代理人，对后代的抚育就等于报答了前人。[2] 沃尔特·瓦格纳（Walter Wagner）认为，如果我们承认未来人们的权利，作为回报，我们将获得最大限度的幸福和自我实现；主动关心我们遥远后代的利益，能够增强我们的同情心，这对

[1] ［美］爱蒂丝·布朗·魏伊丝：《公平地对待未来人类：国际法、共同遗产与世代间衡平》，汪劲等译，法律出版社 2000 年版，第 94—98 页。

[2] 韩立新：《环境价值论》，云南人民出版社 2005 年版，第 198 页。

我们个人是有利的。[1] 所以可以说，未来人们间接地与现在的人们形成了一种互惠关系。彼特·福克纳（Peter Faulkner）也说，我们这一代人对于子孙应表现出与祖先对我们同等质量和程度的关心，我们祖先把自己奉献给所有后代，使得我们当前的幸福成为可能。[2] 弗莱切特教授认为，如果我们接受瓦格纳、福克纳以及日本等东方人关于代际互惠的观念，也许会承认现在和未来的人们作为道德共同体可以共享同一个社会契约，进而承认未来人们拥有权利。[3]

针对戈尔丁（M. P. Golding）认为显式互惠是建立在利己主义基础上的道德共同体的必然条件，弗莱切特教授对此提出质疑，认为互惠关系并不是所有道德共同体存在的必要条件。她引用约翰·罗尔斯的观点，认为社会契约是建立在道德理性而不是互惠性关系之上的。根据罗尔斯的观点，人们可以想象到一种纯粹假设的情形：①我们每一个人都寻求保护自己的可能利益；②但是没有人清楚他在社会、物质、资产或义务中所处的具体位置。罗尔斯把①和②的这种情形称为“原始状态”。如果人类的所有成员都处于假说中的原始状态，谁也不知道自己属于哪一代，那么他们会在理智、平等、私利的基础上形成一种公平的社会契约。因此，对所有人而言，唯一合理的伦理原则将会是所有世代的人们都应当拥有平等的权利。[4]

当一个人考虑社会契约的某种理由时，如果认为社会契约的基础不是互惠关系而是合理性、自身利益和公平，那么这个契约基础就能够保障后代人的权利。弗莱切特教授进而引用丹尼尔·卡拉汉（Daniel Callahan）的观点，认为“某些形式的契约之所以能够形成，不是因为达成了预先安排好互惠利益的协议，而只是因为契约的一方主动选择了接受

---

[1] W. C. Wagner. “Future Morality”, The Futurist, vol. 5, no. 5 (1971). 转引自维西林、冈恩：《工程、伦理与环境》，吴晓东、翁端译，清华大学出版社 2002 年版，第 201 页。

[2] P. Faulkner. “Protection for Future Generations”, Frontiers, vol. 42, no. 4 (1978). 转引自维西林、冈恩：《工程、伦理与环境》，吴晓东、翁端译，清华大学出版社 2002 年版，第 202 页。

[3] ［美］克里斯汀·西沙德－弗莱切特：《后代人及社会契约》，［美］维西林、冈恩：《工程、伦理与环境》，吴晓东、翁端译，清华大学出版社 2002 年版，第 202 页。

[4] ［美］克里斯汀·西沙德－弗莱切特：《后代人及社会契约》，［美］维西林、冈恩：《工程、伦理与环境》，吴晓东、翁端译，清华大学出版社 2002 年版，第 203 页。

义务”。[1] 此时，如同父母与孩子之间的关系一样，父母主动承担了抚育孩子的义务；后代人（比如子女）没有被询问是否愿意达成契约，也不能够或者不愿意返还他们得到的利益。最后，她认为，承认后代人的权利，我们至少可以通过规定后代人享有不受当代人采取积极行动伤害的权利来保护他们的利益。换句话说，“尽管我们确实不（明确地）知道代表未来人们应当做什么，我们仍有大量的信息知道自己不该做什么”。[2]

从弗莱切特教授的上述论证中，我们得不出批判论者所认为的包括代际契约理论在内的后代人权利论的两个前提，即把人与自然之间的关系定性为一种占有拥有的支配关系和把人类整体人为地分割为当代人和后代人这两个相互独立且对立的主体。[3] 相反的是，弗莱切特教授一直尝试将后代人与当代人放在同一个道德共同体中进行阐述，并力争克服传统社会契约理论的共时、互换、互惠性，去论证在理智、平等、公平、私利基础上的利他性、传递性的代际契约理论，最终得出后代人享有不受当代人采取积极行动损害的权利。

批判论者主要从如下几个方面批判代际契约理论：首先，由于当代人能够决定什么东西应该保存，能够决定分配政策和决定将来有多少人，换句话说当代人具有将自己的意愿强加给后代人的优势，所以为了达到平衡，后代人只能最大限度地开发利用资源，其结果必然是地球资源以更快的速度被消耗殆尽，从而与环境资源保护的目的相违背。其次，在契约理论中，各缔约方都是为了自己的最大利益而订立契约，依此推论没有哪一代愿意为了未来各代而牺牲自己的利益；代际契约通过限制奢侈的前代人而使所有的后代人受益，其结果是这种契约对于第一代人而言只有牺牲，那第一代为什么还要加入契约呢？因为后代人无法控制当代人的自利行为。最后，代际契约最容易遭受攻击的是缺乏对等

---

[1] D. Callahan. “What Obligations Do We Have to Future Generations?” The American Ecclesiastical Review, vol. 164, no. 4 (1971). 转引自维西林、冈恩：《工程、伦理与环境》，吴晓东、翁端译，清华大学出版社 2002 年版，第 204 页。

[2] ［美］克里斯汀·西沙德 - 弗莱切特：《后代人及社会契约》，［美］维西林、冈恩：《工程、伦理与环境》，吴晓东、翁端译，清华大学出版社 2002 年版，第 207 页。

[3] 刘卫先：《后代人权利论批判》，法律出版社 2012 年版，第 153 页。

的互惠性。[1]

首先需要指出的是，批判论者所秉持的每代人优势于后代人的论证思路是带有严重的家长式、强权性逻辑的。无论是弗莱切特教授还是魏伊丝教授等的论述中，我们从来没有得出将后代人拆分为第一代后代人、第二代后代人……第 n 代后代人，她们眼中的后代人一直是一个整体，当代人也是如此。作为整体的当代人和后代人是处在一个道德共同体之中的。因此，批判论者认为当代人与后代人相比具有强势性，并能将自己的意愿强加给后代人的观点与弗莱切特教授的代际契约理论相违背。而且，批判论者以缺乏缔约的最大利己性和互惠性来批判代际契约理论也是不成立的。批判论者可能忽略了不该忽略的事实——我们现实社会中存在大量的利他性契约，例如赠与契约、遗赠协议等，就是缺乏最大利己性和互惠性的。况且，正是为了克服建立在个人理性基础上的传统社会契约的共时性、互换性、互惠性，弗莱切特教授才花了大量笔墨去论证建立在理智、平等、公平、私利的基础之上的利他性、传递性的代际契约理论。批判论者忽视了弗莱切特教授运用新的论据和论证方法去避免和克服传统社会契约理论在代际伦理领域中的不适应性并开创性地提出了代际契约理论。批判论者这种忽略、忽视创新性的代际契约理论本身而以传统的社会契约理论或者契约理论内涵去批判后者的研究思维和论证方法，实在难以令人信服。

批判论者可能认识到这种纯粹以契约理论的内涵、要件和条件来批判代际契约理论的研究存在不足，所以他们转向批判支撑弗莱切特教授代际契约理论的两个重要论据：罗尔斯教授所说的原始状态下所有人的平等权利和卡拉汉所说的父母子女之间的恩惠性契约。针对前者，批判论者花了不少笔墨去讨论正义的环境和条件，即适度匮乏、主体间大体平等、适度利己；并据此分析尽管适度匮乏在代际之间客观存在，但是由于当代人比后代人在地位上处于绝对优势，双方地位的不平等迫使正义的环境在代际之间无法形成。他们认为罗尔斯原始状态中的人是当代人的集合，而不包括前代人和后代人。所以，处于原始状态下的当代人

[1] 刘卫先：《后代人权利论批判》，法律出版社 2012 年版，第 99—102 页。

为了自己的利益能够拒绝为后代人做出牺牲。[1] 然而，批判论者此处所引证罗尔斯教授的论证又偏离了弗莱切特教授对“原始状态”的假设，即“如果人类的所有成员都处于假说中的原始状态，谁也不知道自己属于哪一代，那么他们会在理智、平等、私利的基础之上形成一种公平的社会契约”。[2] 因此，批判论者接下来再引证罗尔斯教授在《正义论》中关于探讨实现代际正义“对第三者的义务”和“动机假设”等两种可能进行阐述，[3] 由于没有针对弗莱切特教授的假设进行批驳性论述而显得无的放矢，难以令人信服。

针对后者，即卡拉汉所说的父母子女之间的恩惠性契约，批判论者对其进行了两点批判：其一，父母与子女之间的关系很难用契约加以解释；其二，子女并非后代人权利论意义上的“后代人”，即使承认父母与子女之间存在契约关系，那也只能是当代人之间的关系。[4] 需要指出的是，批判论者眼中的后代人是指未出生的人，其本身也有代与代之别。这与弗莱切特教授所指的整体意义上的后代人存在差异。无论是卡拉汉还是弗莱切特教授所谈及的“子女”或“孩子”，都不是批判论者所说的“与父母同在的当代人”，而是泛指后代；如果不是，那这两位教授为什么这么表述“后代（比如儿女）”“后代（比如孩子）”“当代人（比如父母）”?[5] 至于父母与子女之间的关系能否用契约进行解释，两位教授也仅仅是以亲子关系作为例子来说明当代人可以通过恩惠式的承担、履行一定的义务来实现对后代人利益的保护，并没有非得将其论证为一种实实在在的契约不可。

### （四）对人类共同体理论的批判及其回应

埃德蒙·柏克（Edmund Burke）关于国家契约及其价值的论述常被

---

[1] 刘卫先：《后代人权利论批判》，法律出版社 2012 年版，第 102—107 页。

[2] ［美］克里斯汀·西沙德－弗莱切特：《后代人及社会契约》，［美］维西林、冈恩：《工程、伦理与环境》，吴晓东、翁端译，清华大学出版社 2002 年版，第 203 页。

[3] 刘卫先：《后代人权利论批判》，法律出版社 2012 年版，第 107—112 页。

[4] 刘卫先：《后代人权利论批判》，法律出版社 2012 年版，第 102—113 页。

[5] ［美］克里斯汀·西沙德－弗莱切特：《后代人及社会契约》，［美］维西林、冈恩：《工程、伦理与环境》，吴晓东、翁端译，清华大学出版社 2002 年版，第 204—205 页。

视为人类共同体理论的经典阐释，[1] 并以乔治·赖特（R. George Wright）教授等的观点作为共同体和未来世代权利的理论依据。柏克认为，国家这一社会契约一旦被订立，就不能由“缔结者的心血来潮而加以解除”；它是“生者、死者与将生者”之间的联合，是由上一代人传递给下一代人，并且是每个人都无法逃避、非接受不可的、必须服从的契约。相较于之前的国家社会自然的共同体，国家被视为一个神圣的跨代共同体。每个人、每个世代都应该清醒地认识到自己只不过是国家社会财富的暂时拥有者，对于自己从前代那里接过来又要传递给后代的这份产业，绝没有完全的权利，绝不可以肆意挥霍或摧残。否则，整个国家的连锁和延续性就遭到了破坏，一个世代就不能与另一个世代相衔接了。[2] 批判论者认为，柏克强调的是人们对国家这一共同体的义务和责任，并没有主张后代人享有权利。在共同体的意义上，尚未出生的后代人与当代人甚至前代人是一个不可分割的整体。如果把后代人单独从共同体中分割出去而使其独立成为当代人履行义务的对象，那么后代人也就失去了作为共同体的一部分的意义了，因为脱离整体的部分已经不具有整体的功能和意义了。[3] 批判论者敏锐地发现了柏克的国家共同体理论是前代人、当代人和后代人紧密结合的契约整体，当代人也好，后代人也罢，都没有脱离整体的权利，因为国家这个整体不可分割、不许革命、不许因心血来潮而解除。但是，柏克并没有因此而倒向“义务论者”阵营，仍在坚守权利阵地，只不过他眼中的权利无论对当代人还是对后代人来说都是暂时的、有期限的、不完全的权利。

---

[1] “社会确实是一项契约。对于那些单纯以偶然的利益为目标的各种附属性的契约，是可以随意解除的，但是国家却不可被认为只不过是一种为了一些诸如胡椒或咖啡、布匹或烟草的生意，或某些其他不重要的暂时利益而缔结的合伙协定，可以由缔结者的心血来潮而加以解除的。我们应当怀着另一种崇敬之情来看待国家，因为它并不是以只服从属于暂时性的、过眼烟云的赤裸裸的动物生存那类事物为目的的一种合伙关系。它乃是一切科学的合伙关系，一切艺术的一种合伙关系，一切道德的和一切完美性的一种合伙关系。由于这样一种合伙关系的目的无法在许多代人中间达到，所以国家就变成了不仅仅是活着的人之间的合伙关系，而且也是在活着的人、已经死了的人和将要出世的人们之间的一种合伙关系。每一个特定国家的每一项契约，都只是永恒社会的伟大初始契约中的一款……”参见柏克：《法国革命论》，何兆武等译，商务印书馆 1998 年版，第 129 页。

[2] ［英］柏克：《法国革命论》，何兆武等译，商务印书馆 1998 年版，第 127 页。

[3] 刘卫先：《后代人权利论批判》，法律出版社 2012 年版，第 117 页。

赖特教授认可柏克的理论，并从整个人类共同体自身进化和人类文明发展的意义上阐释了跨代人类共同体理论，认为不断的繁衍和进化是任何一个世代的义务。柏克用各代之间的合伙关系来比喻共同体，在合伙关系中，所有的合伙人相互履行最大的信任、公平、忠实的诚信义务，除非其他合伙人明确同意相反的做法，合伙人不可以私自地从合伙事务中获利或以有损于合伙人利益的方式获利；合理地属于合伙的机会一般不可以被合伙人为了他自己的利益而被利用。赖特教授强调指出：各代之间的合伙关系由于缺乏某种特定的代表机制而具有独特性，后代人不能明确地同意前代人所实施的任何行为，尽管后代人可以以某种方式事后批准那些行为；但是，这种独特性并不表明合伙关系不适用于代际关系。从合伙法中得出的最为突出的经验就是有必要避免各代的自私和自我交易；任何一代，包括继承代，都没有权利为了自己的利益而加重合伙人的负担。[1] 批判论者认为，赖特教授从柏克的跨代共同体和合伙关系理论中推出后代人享有权利的结论偏离了柏克本人强调“义务与责任”的主导思想，有随心所欲之嫌。[2] 在赖特教授看来，代际关系虽然具有特殊性，但还是有合伙关系适用的余地的；如同合伙人相互履行最大的信任、公平、忠实的诚信义务一样，代与代之间也应当如此，同时各代人不得加重共同体的负担。因此，批判论者只是看到了由合伙关系推知的一种对合伙共同体的义务，即“对柏克思想的管窥最可能得出的结论就是各代人为了共同体的利益而负有的义务和责任”，而无意或有意忽略了合伙人之间或者代际之间相互负有的诚信义务。从后者反面推论即为合伙人相互享有合伙事务的权利，或者任何一代都享有相对于其前代的权利。

虽说“爱人及邻”“爱邻如己”，但是，赖特教授发现当今社会存在着严重地损害（时间跨度意义上的而非地理空间意义上的）邻居的行为，例如，离婚所导致的对未成年人的经济和精神伤害、较低的储蓄率和严重的财政赤字，向后代转移债务、长期累积的环境污染或灾害给后

---

[1] R. George Wright. “The Interests of Posterity in The Constitutional Scheme”, 59. U. Cin. L. Rev. 113.

[2] 刘卫先:《后代人权利论批判》，法律出版社2012年版，第118页。

代人带来的糟糕局面等。[1] 这些不仅与上帝和人类之间的契约、宪法平等保护条款相违背，而且不利于增进人类共同体的智力、文化事业。根据“永恒社会的伟大初始契约”，[2] 我们各代人都负有照顾好上帝交付给人类的地球的义务以及当代人负有不得牺牲未来人利益的义务。而现实情况表明，一个社会中宗教信仰的衰弱与对后代利益的牺牲的关心的逐渐衰弱是相互联系的。人类文化事业具有的连续无止境进步的特征产生出一个保护和保障未来世代能够存在与生存的义务。正如格雷戈里·卡夫卡（Gregory Kavka）所证明的一样：人类在智力、艺术、科学领域里的成就与进步给了我们一个希望人类生存的重要理由。因为如果我们物种的生命结束，这些集体的事业也将结束；而如果它继续，在这些领域中壮观的成就是很有可能的。由于这种壮观的成就很有可能，所以每一代人都必须去努力增加物质、经济、文化的积累并将其传递给他们的继承人。因此，采取停滞、分解甚至破坏的方式传递前辈的成就是不被许可和授权的。根据一个进步的解释，每一代轮流得益于其前辈的累积的牺牲与投入，并必然为了其继承者的利益做相似的牺牲与投入。[3] 赖特教授认为，宪法上平等保护条款可以用来保护后代人的利益与权利，相较于任期制的、由选举产生的、带有短期利益倾向的立法机构，终身制的法官可以在这一领域发挥重要的作用。因为“面临与立法者不同的报酬与激励结构”，法官虽然可能不比立法者“更渴望后代的利益”，但他们由于公平地考虑未来各代的利益而不必担心受到报复，所以，通过诉讼的司法途径更能有效地保护后代人的利益。[4]

赖特教授根据以上论述，得出宪法平等保护条款能够被应用到后代人权利或利益的救济和保护中去，具体的法律措施不是从立法层面而是

---

[1] 赖特教授同时也指出，代际之间的利益时常是重叠的，所以他们之间的利益冲突不必是鲜明的、统一的和明确的。R. George Wright. “The Interests of Posterity in The Constitutional Scheme”, 59. U. Cin. L. Rev. 113.

[2] 圣经《创世纪》记载：“神晓谕挪亚和他的儿子说，我与你们和你们的后裔立约，并与你们这里的一切活物，就是飞鸟、牲畜、走兽，凡从方舟里出来的活物立约。”

[3] R. George Wright. “The Interests of Posterity in The Constitutional Scheme”, 59. U. Cin. L. Rev. 113.

[4] R. George Wright. “The Interests of Posterity in The Constitutional Scheme”, 59. U. Cin. L. Rev. 113.

从司法层面展开的结论。而且，他强调这种对后代人平等保护的诉讼最好是集中限定在给后代人所提供的整体资源、整体机会水平和整体效果上。因此，这种对未出生后代的利益平等保护的观点并不会带来大量诉讼。同时，他意识到“把权利赋予尚不存在的未来世代仍然是逻辑两难的事情”，关键的问题是“一个假设现在的权利而没有一个现在的权利拥有者”。但是，他又认为“利用功利主义的关怀而不提权利”的办法来避免这一难题也不能让人满意。“扩展权利的概念或把它用于非传统的范围中，在特定类型的案件中很可能是合理的”，因为，“也许正是权利概念本身应当被修正以适合我们不断增长的作用代际损害的能力和倾向”，“也许我们不应该保持我们以前的以未来人的实体利益牺牲为代价的权利理论”。❶

令人遗憾的是，批判论者并没有针对赖特教授的论证进行批判，而是转向去探讨抽象的“共同体理论”，❷ 认为如果存在人类共同体的话，也只能是所有当代人的集合体，对于未出生的“场外”后代人而言，由于不能与当代人形成相互交流和联系，所以不可能成为人们所说的人类共同体现在的成员。批判论者据此认为，传统的习俗并不能保证当代人与后代人构成一个共同体；对于共同体成员之间“在日常生活中的相互作用”这一点而言，后代人和当代人根本无法形成共同体；人类从渔猎文明、农业文明到目前为止的工业文明绝大多数都是反环境的，若后代人仍然遵循着当代人的传统、文化、道德等各个方面，则必然与“生态文明”的要求相违背，也与环境保护的目的相冲突。因此，跨代共同体理论不仅不能必然推出后代人享有权利，反而在某种程度上还与后代人权利理论相矛盾，难以成为后代人权利论的可靠理论基础。❸ 笔者毫不怀疑生态文明的优越性，但是批判论者心中的“生态文明”是全新的创举还是对现有文明的改良？若是改良，恐怕难以得出后代人不去传承，

❶ R. George Wright. “The Interests of Posterity in The Constitutional Scheme”, 59. U. Cin. L. Rev. 113.

❷ 批判论者花了大量笔墨去介绍诸如齐格蒙特·鲍曼《共同体》、本尼迪克特·安德森《想象的共同体：民族主义的起源与散布》、菲迪南·腾尼斯《共同体与社会》和郭台辉在《现代哲学》2007 年第 5 期上发表的《共同体：一种想象出来的安全感》等有关共同体的文献。参见刘卫先：《后代人权利论批判》，法律出版社 2012 年版，第 118—129 页。

❸ 刘卫先：《后代人权利论批判》，法律出版社 2012 年版，第 122—129 页。

一定程度上地遵循当代人的传统、文化、道德等各个方面；若是创举，全新的生态文明能够与旧的文明完全割裂吗？再者，假定后代人过批判论者眼中的、完全异于旧文明的生态文明生活，这个假定的命题能够成立吗？我们再回到批判论者的批判性论证思路：先抽象地去探讨和界定共同体的内涵，然后拿这一标准去评判未出生的后代人属于“场外人”，没法与“在场人”（即当代人）共同生活、相互联系、交流和合作，所以作为“场外”的后代人与“场内”的当代人无法形成共同体。这种三段论的逻辑论证思路本身没有问题，但是却远离了批判论者所要批判的对象，也就是说批判论者并没有批判赖特教授的论证内容、论据和论证方法。这种仅仅以自己的或者所谓“普世性”的价值观、人生观去否定赖特教授的观点而不去做有针对性的批驳或批判的研究方法是有问题的，其结论纵使是“真理”也不能够使人信服。

从赖特教授的论文总体上看，其理论论证的前提是美国文化乃至整个人类文化都在确保和传承我们自己以及我们后代的自由、幸福、物质和精神文化。也就是说，对人类整体来说，不断的繁衍和进化是任何一个世代的义务；[1]人类社会的一个世代和另一个世代之间是一种承接的关系，彼此承担义务又享有权利。现在的世代从前代那里获得了生存和发展的物质和精神条件，然后通过自己的努力使其价值保持或增长，最后传递给下一个世代。这种连续不断的世代更替就是整个人类共同体的文明维持和进步的过程。从赖特教授的上述论证中，我们得不出批判论者所认为的包括人类共同体理论在内的后代人权利论的两个前提：即把人与自然之间的关系定性为一种占有拥有的支配关系和把人类整体人为地分割为当代人和后代人这两个相互独立且对立的主体。[2]不同的是，赖特教授一直在共同体文化中尝试用宪法的平等保护条款去保护后代人的权利或利益，并将后代人与当代人放在文化共同体中进行阐述，其目的是预防、阻止、解决当代人对后代人做出过于损害后代人权益的行为。这不是人为地割裂当代人和后代人，而是将他们放在共同体文化中

---

[1] 刘雪斌：《论未来世代权利的法哲学基础》，载《内蒙古社会科学（汉文版）》，2007年第1期。

[2] 刘卫先：《后代人权利论批判》，法律出版社2012年版，第153页。

一体考量、一同保护；只不过由于后代人在当今宪政民主决策中的缺位导致他们的权益得不到有效保护，所以，赖特教授才提出通过司法途径实现宪法平等保护原则，从而使后代人权利得到维护和救济。这里，没有彰显或暗含着赖特教授“把人与自然之间的关系定性为一种占有拥有的支配关系”。

### （五）小结及对环境保护义务论的简要回应

综合以上论述，我们能够得出后代人权利论诸种理论的限界条件：魏伊丝教授将未来世代作为一个“整体”进行研究，其代际公平和信托理论的限界条件为“人类之间的平等（或称公平）不受时空的限制”，尤其是在国际法语境下不受时间跨度的限制。弗莱切特教授一直尝试将后代人与当代人放在同一个道德共同体中进行阐述，并力争克服传统社会契约理论的共时、互换、互惠性，去论证建立在理智、平等、公平、私利的基础上的利他性、传递性的代际契约理论；其代际契约理论的限界条件为“后代人与当代人放在一个道德共同体背景下的公平衡量”。赖特教授等主张的人类共同体理论的限界条件为“美国文化乃至整个人类文化都是在确保和传承我们自己以及我们后代的自由、幸福、物质和精神文化”。

这些理论的限界条件与批判论者所批判的后代人权利论的两个假定条件[1]存在差异。如同波普尔认为的一样，任何科学理论都可能包含着错误，科学本身只能是一个无限接近真理的过程；科学理论很难通过逻辑实证得到证实，但可以证伪。同时，库恩也提出任何一个理论都有其相应的“限界条件”；一个理论定律的限界条件越窄、越严格，则越难于被证伪。如果要证伪一个理论定律，首先需要证明限界条件存在错误或是假的。批判论者假想了后代人权利论的限界条件并进行了批判，并没有找到诸理论的限界条件并一一进行批驳或批判，因此首先他们没有完成对后代人权利论的限界条件是假的或错误的证明，也就根本没有完

---

❶ 即为“把人与自然之间的关系定性为一种占有拥有的支配关系和把人类整体人为地分割为当代人和后代人这两个相互独立且对立的主体”。参见刘卫先：《后代人权利论批判》，法律出版社 2012 年版，第 153 页。

成“后代人权利论诸理论”的证伪过程。

其次，批判论者在批判后代人权利论时，尤其是在批判代际契约理论和跨代人类共同体理论时，拿抽象的正义理论、传统社会契约理论或者共同体理论去批判其不满意的代际契约理论和人类共同体理论，没有针对性地对弗莱切特教授的假设及其论述进行批驳，也没有针对性地批判赖特教授的论证内容、论据和论证方法，显得无的放矢，因此其批判尽管宏大但难以令人信服。批判论者这种仅仅以自己的或者所谓“普世性”的价值观、人生观去否定他人的理论观点而不去做有针对性的批驳或批判的研究方法是有问题的，其结论纵使是“真理”也不能够使人信服。再者，批判论者在批判后代人权利论时，存在没有忠实于理论所依据的文本自身或者说存在按照自己的理解假定或假想文本含义的问题。这些问题都能够从上文中找到佐证。

尽管如此，笔者仍然认为批判论者的“后代人权利论批判”论文不失为一篇优秀论文，因为它触及后代人权利论难以论证的，甚至尚未完成的有关“整体权利”的论证。正因为整体权利或群体权利与传统意义上的私权利存在重大差异，所以学界尤其是环境法学界存在否定“环境权”的主张，甚至提出环境保护义务论。批判论者也是“环境保护义务论”的倡导者，因此笔者不得不对此进行简要的回应。

魏伊丝教授在论证代际公平理论时，认为每一代人都有作为未来世代和当今世代的地球财产的受托人和地球遗产的受益人的双重身份，都可以享有相应的权利和承担一定的义务；并把这作为一系列地球权利和地球义务的基础。她认为，地球权利和地球义务是内在联系的，权利总是与义务结合在一起，并存于每一代。在世代层面上，义务的主体是当代人，义务的对象是未来世代，与权利相联系的是前代人。在同代层面上，地球权利与义务存在于同代人的成员之间。但是，他们来自每一代与其前代和未来世代之间的代际关系。所以，作为整个世代的未来世代和当今世代的成员，他们拥有利用和享受地球遗产的权利，也负有保护地球的世代间义务。[1]

---

[1] ［美］爱蒂丝·布朗·魏伊丝：《公平地对待未来人类：国际法、共同遗产与世代间衡平》，汪劲等译，法律出版社2000年版，第49页。

弗莱切特教授认为，当代人和后代人之间虽然不存在常见对等的、共时的互换性，但却存在着代际的、接力的互换性。我们不是把先人的恩惠直接还给他们，而是像传递接力棒那样，将恩惠留给后人。沃尔特·瓦格纳（Walter Wagner）认为，如果我们承认未来人们的权利，作为回报，我们将获得更大程度的幸福和自我实现；主动关心我们遥远后代的利益，能够增强我们的同情心，这对我们个人是有利的。❶ 所以可以说，未来人们间接地与现在的人们形成了一种互惠关系。彼特·福克纳（Peter Faulkner）说，我们这一代人对于子孙应表现出与祖先对我们同等质量和程度的关心，我们祖先把自己奉献给所有后代，使得我们当前的幸福成为可能。❷ 弗莱切特教授进而认为，如果我们接受瓦格纳、福克纳以及日本等东方人关于代际互惠的观念，也许会承认现在和未来的人们作为道德共同体可以共享同一个社会契约，进而承认未来人们拥有权利。❸

赖特教授人类共同体理论也认为，对人类整体来说，不断的繁衍和进化是任何一个世代的义务；❹ 人类社会的一个世代和另一个世代之间是一种承接的关系，彼此承担义务又享有权利。他进而主张“扩展权利的概念或把它用于非传统的范围中，在特定类型的案件中很可能是合理的”，因为，“也许正是权利概念本身应当被修正以适合我们不断增长的作用代际损害的能力和倾向”，“也许我们不应该保持我们以前的以未来人的实体利益牺牲为代价的权利理论”。❺

在这些后代人权利论者心目中，当代和未来世代都享有权利。这些权利是指每一代都有权得到不比上一代得到的更差的地球，有权继承同

---

❶ W. C. Wagner. “Future Morality”, The Futurist, vol. 5, no. 5 (1971). 转引自维西林、冈恩：《工程、伦理与环境》，吴晓东、翁端译，清华大学出版社 2002 年版，第 201 页。

❷ P. Faulkner. “Protection for Future Generations”, Frontiers, vol. 42, no. 4 (1978). 转引自维西林、冈恩：《工程、伦理与环境》，吴晓东、翁端译，清华大学出版社 2002 年版，第 202 页。

❸ ［美］克里斯汀·西沙德 - 弗莱切特：《后代人及社会契约》，［美］维西林、冈恩著：《工程、伦理与环境》，吴晓东、翁端译，清华大学出版社 2002 年版，第 202 页。

❹ 刘雪斌：《论未来世代权利的法哲学基础》，载《内蒙古社会科学（汉文版）》，2007 年第 1 期。

❺ R. George Wright. “The Interests of Posterity in The Constitutional Scheme”, 59. U. Cin. L. Rev. 113.

样丰富多彩的自然和文化资源，有权平等地使用此遗产并从中获得收益。[1] 当代人作为前一代人遗产的受益人，有某种从此遗产中获益的权利，即平等获得和使用权；同样地，后代人也享有此种权利。这里所说的未来世代享有的地球权利，并不是个人所拥有的权利，而是群体权利。[2] 因此，我们看到后代人权利论者在论述后代人权利时，只是将其界定为整体权利、群体权利或集体权利而已，而无法也根本不可能将其转化为个人权利甚至转化为具体某一个人的权利。[3]

正是察觉到后代人权利论者关于权利讨论的局限性，同时，批判论者也注意到当今社会严重的生态环境污染和破坏危及后代人利益的现象，并基于“利益转化为权利的限度”的考虑，[4] 所以他们主张相应的环境保护义务论。他们认为，后代人权利论者之所以要虚构出后代人与当代人之间针对地球环境资源的对抗关系，其目的就是想用后代人的权

---

[1] ［美］爱蒂丝·布朗·魏伊丝：《公平地对待未来人类：国际法、共同遗产与世代间衡平》，汪劲等译，法律出版社2000年版，第99页。

[2] ［美］爱蒂丝·布朗·魏伊丝：《公平地对待未来人类：国际法、共同遗产与世代间衡平》，汪劲等译，法律出版社2000年版，第100页。

[3] 众所周知，我们生活在同一个地球。每个人已经不能只考虑自己的利益，尽管我们多数时间的确是在追求自己利益的最大化。在不少场合，我们需要顾及他人的权益，不损害他人的权益，这是权利不得滥用的体现；同时也反映出我们拥有的那些固有权利和非固有权利在某种程度上都存在一定的边界和界限，逾越了该边界，就会导致侵害他人权益。如果后代人拥有一定的权利，那么现在人或当代人拥有的权利也应当有其边界，并且在行使自己权利时不得逾越该界限，否则就会侵害后代人的权益。

当代人之间的权益资源的分配通常依照人权和人道理论让人人都分享一定的基本权利；同时又依照每个个体人之间的差异、能力大小和贡献比例分配一些并不雷同的非基本权利。尽管现实社会中会存在这样或那样的权益冲突，但是现在人的权利配置原则基本上遵照上述的逻辑。可能在专制集权的社会中，权利的配置较多地依照长官意志，而较少地遵循上述人类社会普适的公正配置权利的逻辑。这种现代人之间的权利配置原则，许多学者和民众已经耳熟能详。

当后代人拥有一定的权利，并且将其与当代人放在一起考量时，上述适用于当代人之间的权利配置原则能否派上用场呢？如果不能够使用上述原则，那么我们又将依照什么样的标准和原则来配置后代人与当代人之间的权利或利益？目前有关后代人权利论的诸理论并没有分析依照何种标准来配置当代人与后代人或未来人之间的不同利益，也没有提供一些他们之间的利益冲突解决规则，因此构建后代人权利的法律保护和救济机制尚待时日。

[4] 利益转化为权利至少需要以下条件：首先，该利益是客观存在的实实在在的利益，而不是仅仅停留在人们大脑中虚构的意识层面；其次，对利益进行权利保护必须体现主体的独立人格需求而不能与主体的独立人格相悖；最后，对利益进行权利保护决不能与主体生活的集体的秩序相冲突，相反，还应该有助于促进这种集体生活秩序的维护。参见刘卫先：《后代人权利论批判》，法律出版社2012年版，第209—210页。

利去限制当代人对地球环境资源的污染和破坏，使当代人承担起保护环境资源的义务，从而使地球的环境资源能够为人类永久利用。[1] 批判论者最后通过生态环境的整体性、环境风险的特征和环境法的独特使命阐释了其义务论主张。[2]

批判论者以个人权利的思想来批判后代人权利论者的“群体权利”主张，这涉及权利的性质及其范围能否扩展以及扩展的限度问题。由于其较为复杂，本书暂且不予讨论。我们发现，批判论者是以一种整体主义义务路径批判后代人权利论者所主张的整体主义权利路径。他们都秉持地球生态环境的整体性和整体保护，只不过一个走向了似乎更符合当今法律语境的权利选择，而另一个却滑向了社会连带责任味道的普遍义务。

批判论者所倡导的义务论也存在义务的落实问题。也就是说，义务主体如何承担义务问题，以及义务主体不承担义务或承担义务不当时又该如何去救济和落实问题。对于后者，我们不得不回到谁有权利或权力去监督、督促、迫使义务主体去履行义务的问题。于是，我们又绕不开权利的路径。

其实，环境权论与环境保护义务论的目标指向皆为保有、保持、保护和改善我们地球生态环境，减少、避免、预防和防止人类污染和破坏环境生态的行为。单从价值判断上很难对二者进行正谬、优劣之分。因此，在环境法学领域，不论是拿“义务论”来批判“权利论”，还是拿“权利论”去批判“义务论”，在理论上都是可行的。但是，笔者认为，

---

[1] 刘卫先：《后代人权利论批判》，法律出版社2012年版，第216页。

[2] 刘卫先：《后代人权利论批判》，法律出版社2012年版，第223—241页。其实，魏伊丝教授论证了具体的地球义务。她认为地球义务是指保护多样性、质量和可获得性义务，在国际法和国内法上可转换为使用义务、国家责任、国家犯罪等使用自然、文化资源并保护环境的义务。使用义务包括：（1）采取积极措施保护资源的义务；（2）保证平等地获得、使用这些资源并从中受益的义务；（3）防止或减轻对资源或环境质量的破坏义务；（4）减少灾害提供紧急援助的义务；（5）承担破坏这些资源或环境质量的责任的义务。国家责任除了包括上述五种义务外，还必须对自己的行为负责，并采取必要有效的措施去确保本国私人领域也遵守有关的国际规定。这主要是由于国家是履行对后代和当代的地球义务的保证人。参见爱蒂丝·布朗·魏伊丝：《公平地对待未来人类：国际法、共同遗产与世代间衡平》，汪劲等译，法律出版社2000年版，第54、91页。

泛泛而谈环境权抑或环境保护义务的哲学无助于环境问题的解决。❶

## 四、未来世代环境权的必要性及其可能建构

### （一）未来世代环境权的必要性

当前人类这种以自己利益为核心的价值取向、生活方式和法律模式已经显示出严重的弊端。人与生态自然关系的片面性和形而上学性导致了人类无限度地掠夺自然、破坏生态环境的盲目倾向，忽视了当代人与后代人的公平。❷ 于是，我们不得不反思过去那种过分不合理地开发利用自然资源的经济发展方式，走可持续发展之路。正如汪劲教授所说，可持续发展是人类社会在几千年的探索实践中找到的一条维持地球生态系统繁荣稳定的发展道路，它对现代生态学、环境经济学以及环境伦理学思想理念进行了归纳总结并予以现实化。它不仅应当成为现代各国完善立法体系的长远目标，而且理应成为当代环境立法予以实现的长远目标之一。❸

走可持续发展的道路，我们就需要考虑当代人的责任和后代人的权利问题，也就是魏伊丝教授所说的代际公平问题。地球是包括未来世代的人类共同拥有的家园。因此，地球上的自然资源是全人类的共有财产，它不仅属于当代人，而且应当属于后代人，属于即将登场或未来一定会来到地球上的人。地球面前人人平等，每个人都有享受良好自然环境和合理利用自然资源的权利，也都有保护和改善自然环境的义务。所以，地球上的自然资源除代内公平分配之外，还应当在代际之间进行公平分配，使之能够永续为人类所利用。这种强调当代人与子孙后代之间自然资源利益的代际公平分配思想，不仅体现了可持续发展新理念，而

---

❶ 若仅停留在整体性思维、整体论路径不仅与当前我国乃至世界各国环境治理、管制的现状不符，而且也无助于具体环境问题的解决。整体论思路和整体主义研究路径尽管能够宏大叙事和从理论高度阐释理论问题，并常常以无懈可击的科学论断自居，但是却无助于问题的解决和理论的深耕细作，也时常阻碍学术的进步。因此，该研究方法与局部的、“片面的”、细节性的、问题性的研究方法相比，后者更有助于法学乃至整个社会科学研究的进步。

❷ 陈泉生：《可持续发展与法律变革》，法律出版社2000年版，第199—200页。

❸ 汪劲：《论现代西方环境权益理论中的若干新理念》，载《中外法学》，1999年第4期。

且在理论上为未来世代享有环境权益（或当代人具有保护环境义务）提供了必要性支撑。此外，公共信托理论、权利理论、正义理论、社会契约理论、人类共同体理论等都从不同的角度论证和支持未来世代可以享有环境权益。

汪劲教授认为，根据上述理论，现在世代的成员作为对过去世代遗产的受益者享有对地球的权利，而国家则具有对现在世代和未来世代双方享有地球权利的主要保证人的职能。由于未来世代的成员不能确认因而目前似乎无法享有权利。然而，作为地球权利集团的未来世代，可以经由法律创立的监护人、代表人或者代理制度来代替他们适当地行使目前无法行使的权利。尽管现在的实际情况是，这些未来世代的权利尚没有确立为实体法上的权利，然而需要在这个目标的基础上由环境立法来进一步地确立。[1]

未来世代享有道德上的环境权利或环境权益，学界对此似乎不存在多少争议，因为在道德上我们都想让自己的子孙后代生活得好一些。厉以宁教授也这样认为，“社会成员总希望生活渐渐好起来，总希望子女的生活能过得比自己这一代好一些。这就是‘生活中的希望’”。[2] 为了防止当代人只考虑自己利益，以牺牲未来世代的利益为代价谋发展和滥用地球资源，法理上承认代与代之间存在权利义务关系，特别是让当代人对后代人或者未来世代负担一定的义务至关重要。然而，能否给予（或者说天赋）未来世代一定的权利？如何将未来世代从道德主体地位上升为法律主体地位？如何在法律上构建未来世代的权利及其行使方式、保护机制等，却存在着非议和不少制度设计上的现实困难。

### （二）未来世代环境权的可能建构

尽管未来世代环境权的法律化与法律自身要求权利主体的具体确定性和权利范围的明确边界存在一定的冲突，但是，未来世代作为权利主体的可能性去实现代际公平的法律之门仍然敞开。从民事主体的演变历

---

[1] 汪劲：《论现代西方环境权益理论中的若干新理念》，载《中外法学》，1999 年第 4 期。

[2] 厉以宁：《超越市场与超越政府——论道德力量在经济中的作用》，生活、读书、新知三联书店 2000 年版，第 175 页。

程来看，经历了一个从“人可非人”到“非人可人”的发展历程，即从“自然人的完满”“团体的人化（即法人）”“自然人生命延展到胎儿”“动物”等生命体可能作为权利主体的讨论等“类存在的扩充”。[1] 法律既然可以赋予不会说话的国家、公司以及胎儿等法律主体地位，那为什么就不能赋予未出生的后代人权利主体（或法律主体）地位呢？民事主体发展演进的历史规律告诉我们，一种新的主体之所以发展成为权利主体不外乎社会发展的需要和国家法律的确认两个条件。未来世代能否作为权利主体也需要考察这两个方面：世代间衡平和可持续发展、环境资源保护的需求以及一国法律的确认。

在当今生态环境破坏日益危及人类生存和发展的情况下，赋予后代人法律主体地位或权利主体资格客观上更有利于保护我们的地球环境和自然资源，也更能够体现可持续发展的社会需求。更何况后代人作为当代人的继承人，将来必然具有民事权利能力和民事行为能力，并享有继承当代人的物质、文化、精神财富和整个地球的权利！因此，后代人成为权利主体从社会发展需要的角度上看是不成问题的。

国内不少学者在学理上努力去探究后代人法律主体地位，并提出了相应的主张或观点。譬如，汪劲教授主张将较大地域范围的后代人作为“团体”，赋予其法律人格；政府可作为后代人团体的法定代理人，环保组织可作为后代人团体的“执行机关”。作为地球权利集团的未来世代，可以由法律所规定的监护人、代表人或者代理制度来代为行使权利。[2] 刘国涛教授尽管也赞同后代人可以作为权利主体，但是他更倾向于认为后代人的利益已被当代人的长远利益和公共利益所吸收，保护当代人的长远利益和公共利益就是保护后代人的利益。[3] 他进而认为，由于“后代人利益被吸收说”不必赋予后代人“人格”，从而维护了大陆法系上的“权利能力”等相关概念的严谨性，避免导致不必要的混乱，这样更

[1] 李拥军：《从“人可非人”到“非人可人”：民事主体制度与理念的历史变迁——对法律“人”的一种解析》，载《法制与社会发展》，2005 年第 2 期。

[2] 汪劲：《论现代西方环境权益理论中的若干新理念》，载《中外法学》，1999 年第 4 期。

[3] 由于人类社会的生生不息、绵延不绝，我们为后代人所设定的利益由于后代人的不断出生而得以具体实现；可以说后代人的利益就是当代人的长远利益。

为科学、实际。❶

吕忠梅教授等认为，未来世代、当代人以及代际公平、未来世代的权利等概念都是“抽象性多于具体性、整体性强于个体性、普遍性高于特殊性”，所以，未来世代这个群体作为法律主体时，不能取消其在具体法律关系上所存在的主体缺位问题，尤其是当权利主张发生在跨国的或国际共有区域时，后代权利的代表者问题就更加地突出；在法律行为中，由于涉及整体的当代对未来存在的后代人利益的影响，因而主体的行为动机及相应的法律后果都难以做出确切的衡量，即使司法者或权利的代表者有充分的理由和耐心做出这样的认定，它也随时会面临因其实施的高昂成本而被搁浅的危险；在司法判决的可执行性方面，由于其最后的承担者只能是群体性的，所以这个角色唯一可能的扮演者就是政府。❷

尽管在《联合国气候变化框架公约》《生物多样性公约》《斯德哥尔摩人类环境宣言》《里约环境和发展宣言》《世界自然宪章》《濒危野生动植物物种国际贸易公约》《南太平洋自然保护公约》《保护野生动物迁徙物种公约》《保护和利用跨界水道和国际湖泊公约》等一系列有关环境保护的国际条约、宣言甚至在一些国家的法律中❸都明确规定了保护“后代人”的利益或者权益。但是，这些规定更多的是强调一国政府的义务和责任。

法律制度的设计固然是为了使人类更好地生存和发展，未来世代或后代人作为法律主体的确存在社会发展的需要，但是由于法律制度的惯性原理，后代人的法律地位及其权利制度的法律设计无论是在学理上还

❶ 刘国涛教授将后代人利益保护的学说划分为三种，即自己倾向的“后代人利益被吸收说”、汪劲教授所主张的“后代人团体拟人说”和借鉴王泽鉴先生所主张的“未出生者之保护”而提出“后代人利益实在说”。具体表述可参见刘国涛：《法律关系要素的内涵改良探讨——兼论后代人利益的保护》，载《郑州大学学报》（哲学社会科学版），2002 年第 2 期。

❷ 吕忠梅、鄢斌：《代际公平理论法律化之可能性研究》，载《法学评论》，2003 年第 5 期。

❸ 例如，1969 年《美国国家环境政策法》第 1 条规定：“发展和增进一般福利，创造和保持人类与自然得以在一种建设性的和谐中生存的各种条件，实现当代美国人及其子孙后代对于社会经济和其他方面的要求，这乃是联邦政府一如既往的政策。”1976 年《匈牙利人类环境保护法》第一条规定：“为了保护人的身体健康，不断改善这一代人和后代人的生活条件。”1993 年《日本环境基本法》第 3 条规定：“环境保全是因维持健全、丰惠的环境为人类健康、文化的生活所不可缺少以及保持生态系统的微妙平等而形成的，有限的环境是人类存续的基础。鉴于人类活动有造成对环境的负荷之虞，在现在以及将来的世代人类享受健全、丰惠的环境恩惠的同时，必须对作为人类存续基础的环境实行适当的维护直到将来。”

是在现实立法上都存在相当大的困难。不少国际条约、公约等国际法律文件虽然承认并规定了后代人的权利或权益，但更多的是宣誓性规定，其动议和目的是强调国家和政府的环境保护责任。

尽管法律在后代人权利的制度设计上存在法理和立法技术的双重难题，然而却没有阻止司法实践在这个领域促进社会文明进步的探索。例如，在司法实践中，菲律宾最高法院并没有顾及学理上的担忧和立法上的争议，认为没有任何理由和困难能阻碍孩子们为自己、他人和后代人利益提起诉讼，其诉求的环境权是一种与生俱来的、不同于民事权利和政治权利的新型权利，并于1993年7月30日作出推翻原审判决和支持上诉人请求的判决。[1]

因此，我们不得不进一步反思，固守既有的法律概念体系和现有的法律逻辑有时会不会制约或阻碍社会的进步？作为一个整体意义上的后代人，的确享有某种意义上的环境资源权益，至少享有拥有不过分恶劣的环境资源的权利。这一点是毋庸置疑的，也能够获得大家的认可。但是，由于它是一个群体性、集体性权利，所以在法律制度的设计上与既有的法律逻辑和制度现实不相协调。因此，这需要制度创新或者不同的法律制度建构。

其实，针对未来世代或后代人权利的法律制度的经验性建构，不会从根本上颠覆既有的法律制度和概念体系。例如，可以通过扩大法定代理权，来使当代人（尤其是环境NGO）成为后代人的代言人；或者设立独立的保障后代人权利的专门机构，如匈牙利尝试设立的“保护后代人的独立检察官”、芬兰议会中的“未来委员会”、法国成立的“后代人委员会”等；或者在诉讼主体资格上允许当代人以后代人的利益受到损害为由提起诉讼，这种诉讼即为我们常说的环境公益诉讼[2]等。

---

[1] 吕忠梅：《超越与保守——可持续发展视野下的环境法的创新》，法律出版社2003年版，第61—73页，张一粟：《未来世代人的环境权》，载《绿色视野》，2007年第8期。

[2] 《环境保护法》第58条规定：“对污染环境、破坏生态，损害社会公共利益的行为，符合下列条件的社会组织可以向人民法院提起诉讼：（一）依法在设区的市级以上人民政府民政部门登记；（二）专门从事环境保护公益活动连续五年以上且无违法记录。符合前款规定的社会组织向人民法院提起诉讼，人民法院应当依法受理。提起诉讼的社会组织不得通过诉讼牟取经济利益。”

## 五、结论

未来世代环境权或权利命题自提出以来，产生了许多伟大的理论，包括魏伊丝（Edith Brown Weiss）教授的代际公平和信托理论，克里斯汀·西沙德-弗莱切特（Kristin Shrader-Frechette）等学者的代际契约理论，埃德蒙·柏克（Edmund Burke）教授的人类共同体理论等。

代际公平理论在论述代际权益和未来人权利时，没有阐述现代人和未来人之间的权益配置，更没有论述依照什么标准和原则来配置现在人和未来人之间的利益。弗莱切特教授所谈的非互惠性代际契约，目的在于让当代人谨慎行事并尽力不去危害未来人所享有的“不受当代人采取积极行动伤害的权利”，而后代人消极权利的范围以及如何去行使等核心问题，她并没有论及；再者，让当代人为了后代人的权益去限定自己的自由或权益，然后又让当代人去代言后代人，不仅存在一定理论上的悖论，而且在制度设计上也可能会存在一定的难题。柏克用合伙关系来比喻人类共同体，并借用合伙人之间相互负有最大的信任、公平、忠实的诚信义务，主张当代人对后代人负有合伙义务；但是，合伙关系需要明确的合伙契约来约束和规制各位合伙人的行为，而后代人又很难事先制定出合伙契约。正是由于后代人权利论存在或多或少的问题，所以一经提出就遭到异议和反对。在国内，最早对后代人权利论进行有力批判的学者是刘卫先博士。他对后代人权利论进行了内外部批判，本书针对其批判提出了相应的反思性回应。

尽管对未来人权利理论批评和批判之声不断，但是为什么还有那么多著名学者主张或赞同未来人享有权利？这或许与我们当代人无所不为、肆意妄为的行为密切相关。随着科技的发展，当代人完全有能力将唯一的地球改变成他们的祖先和后人都震惊和讨厌的、面目全非的模样。气温升高、冰雪融化、资源枯竭、物种灭失、生态恶化、多样性丧失等当今经济社会发展所带来的问题，是促使未来人权利诸种理论产生的根源，也是这些著名学者通过他们的理论主张和相关法律机制的建构设想来直接关心和寻求环境问题的原因。因此，本书较为详细地介绍和探讨了未来世代环境权的必要性和可能性论证，以及法律机制的建构等问题，并主张后代人或未来世代的权利或环境权，需要从整体或集体权利角度去创新法律制度建构；当然这种建构不能从根本上毁坏法律制度的既有圆满性或者说体系上的计划性安排。

# 环境侵权因果关系的法哲学基础

由于因果关系体现在万千变化的事态之中，隐藏于复杂多变的现象背后，所以它本身必然会是一个仁者见仁、智者见智的问题。我们孩童时期常常问很烦的“为什么”的问题，不也正是孩子们在尝试探寻他们难以理解的现象背后的原因？因此，从这个意义上讲，每个人包括孩子都是哲学家，都在探寻自己人生乃至所关注的事物之奥秘和原因。

环境侵权损害后果的原因是什么，其原因如何判断与证明？这些固然是本书研究的重心与核心，但是，“究竟什么是原因”“有结果为何一定要去寻找原因”“有结果一定有其原因吗”以及“有原因一定有其结果吗”这些问题又是我们在具体探讨环境侵权因果关系之前不得不去思考的法哲学问题。也就是说，环境侵权因果关系问题的研究绕不开因果关系的哲学之源。

在休谟的眼中，上述问题可归纳成两个问题：“第一，我们有什么理由说，每一个有开始的存在的东西也都有一个原因这件事是必然的呢？第二，我们为什么断言，那样一些的特定原因必然要有那样一些的特定结果呢？”❶ 休谟的第一个问题是为何“凡事必有因”？第二个问题是为何“凡因必有果”？前者是关于万物的溯源性探讨问题，包括原因的概念、原因的来源等问题；后者是关于原因如何去决定、左右、影响结果的问题，包括因果关联的必然性与偶然性、因果规律、复合因果等问题。本章拟从万物皆有因的溯源性探讨、有因必有果的因果关联性探讨以及盖然性因果关系的经验哲学基础三个层面进行分析探讨。

---

❶ 休谟：《人性论》（上册），关文运译，商务印书馆2009年版，第90页。

## 一、万物皆有因的溯源性探讨

在我国古代，《周易》八卦蕴涵着万物有因和因果关系思想，《周易·系辞》上云："易有太极，是生两仪，两仪生四象，四象生八卦"。"太极"可以作"空""无""道""理""心""元气""以太"等不同理解的含义，大体上是指万物的本原和宇宙的元始，体现了万物有因的思想。

在古希腊，德谟克里特是一位天才的哲学家，被称为第一位百科全书式的学者。[1]他非常注重事物的因果关系研究，认为万物的本原是原子和虚空，并以探求原因为人生的乐趣和最高追求目标，以"宁愿找到一个因果的说明，而不愿获得波斯的王位"[2]为趣旨。在德谟克里特看来，没有什么事物是偶然产生的，任何事物都是按照必然的理由而发生的。此后的苏格拉底和柏拉图用神有目的创造来解释天地万物，认为一切都是适合某种目的的存在。斯多葛派哲学也认为神是宇宙秩序的设计者和创造者，自然万物按照神所创造的秩序在无穷无尽的因果链条中生成和演化。

亚里士多德也致力于探寻事物的原因，最为著名的当属他的"四因说"，即"原因之一是事物由之生成并寓于事物之中的那东西，如雕像的青铜、酒杯的白银以及诸如此类东西的属。另一种是形式和模型，'是其所是'的公理及它们的属，如音程中2：1的比例、一般而言的数以及公理中的各部分。第三，运动或静止的最初开始之点，如策划者是行为的原因，父亲是孩子的原因，以及一般地说制作者是被制作物、变化是被变化的原因。最后，作为目的，它就是'所为的东西'，如健康是散步的原因。"[3]他将其分别称之为质料因、形式因、动力因和目的因；进而认为"既然原因有四种，那么，自然哲学家就应该通晓所有这些原因，并运用它们——质料、形式、动力、目的来自然地回答'为什

---

[1] 汪子嵩等：《希腊哲学史（第一卷）》，人民出版社2014年版，第854页。

[2] 王晓朝：《希腊哲学简史——从荷马到奥古斯丁》，上海三联书店2007年版，第105页。

[3] 苗力田主编：《古希腊哲学》，中国人民大学出版社1989年版，第421页。

么’的问题。后三种原因在多数情况下都可以合而为一。……可见，要说明事物的‘为什么’，就必须追溯到质料，追溯到是什么”[1] 即质料因是决定事物变化的根据，其他三种为事物的外因。

当然，哲学上也存在质疑万物皆有因和怀疑原因存在的声音。其中，以爱那西德穆驳斥原因存在的八种理由最具代表：第一，原因论不能为从现象中得到的可以接受的证据所证实，因为它作为一个整体所研究的是隐蔽事物；第二，当研究对象具有许许多多的原因时，他们有些人却经常只从一个方面去解释它；第三，他们给有秩序的事物指定了根本表现不出秩序的原因；第四，他们在把握了现象发生的方式时，却断定他们也理解了隐蔽的事物的发生；第五，原因论者实际上是按照他们自己关于元素的特殊假定而不是按照任何共同接受的方法去指定原因的；第六，他们（原因论者）经常只承认能用他们自己的理论加以解释的事实，排斥那些跟他们的理论相矛盾但却具有同等程度的或然性的事实；第七，他们经常指定不仅与现象相矛盾，而且也跟他们自己的解释相矛盾的原因；第八，当现象与被研究的事物具有同等程度的可疑性时，他们经常把自己关于同样可疑的事物的学说建立在同样可疑的事物的基础之上。[2] 这些批驳因果关系的理由至今也为某些批判原因的学者所引用，作为批驳论据之一。

近现代以来，哲学家仍然坚持不懈地去探讨事物的原因问题。霍布斯以理性的、唯物主义的方式探寻事物的原因。他将原因定义为：“一个原因，就是主动者和被动者双方中所有这样一些偶性的总和或集合：这些偶性会合起来产生所提出的结果。”[3] 进而，他提出了探寻原因的具体方法：单独考察每一伴随结果的偶性，当某一偶性不存在时看看结果还是否存在，并以此将会产生结果的偶性与无关的偶性区分开来；然后将有关的偶性会合起来，若结果出现了，则它们就是结果的完全原因，否则就不是全部原因，还应继续探寻其他偶性。[4]

而贝克莱则从唯心主义、神学的角度探寻原因问题。他认为，“观

---

[1] 苗力田主编：《古希腊哲学》，中国人民大学出版社 1989 年版，第 424 页。

[2] 苗力田主编：《古希腊哲学》，中国人民大学出版社 1989 年版，第 660 页。

[3] 《十六——十八世纪西欧各国哲学》，商务印书馆 1975 年版，第 73 页。

[4] 《十六——十八世纪西欧各国哲学》，商务印书馆 1975 年版，第 73—74 页。

念必有某种原因，为它们所依存，并且产生和改变它们。……观念的原因是一个无形体的、能动的实体或‘精神’。”❶ 他认为，观念包括由个人意志所作用的“想象”观念和不依照人的意志而稳定存在的“感官”观念；前者的原因是人的心灵或自身，后者则是全能的上帝；观念之间不存在因果关系，因为它们是上帝按照“自然法则”创造的“事物”，是上帝这一原因的结果。❷

作为唯物主义者，霍尔巴赫承认理性、物质存在、本质蕴涵在现象之中，并坚信因果关系的客观存在以及自然或自然界是因果关系存在的客观依据。他主张“物质是一向存在的，它根据自己的本质而运动，一切自然现象都源于自然所包容的多变化的物质的不同运动。”❸ “在自然的观念中必然包含着运动的观念。不过，人家也许要问我们：那么这个自然是从哪里获得它的运动的呢？我们回答：既然自然是一个巨大的整体，在它之外什么也不能存在，因此自然只能从它本身得到运动。”❹ “一个‘原因’就是使另一个东西运动起来，或是在它里面使之产生某些变化的一个东西。‘结果’，就是一个物体借着运动在另外一个物体里面产生的变化。”❺

因此，我们看到霍尔巴赫拒绝了自然之外的存在，从而巧妙地回避了非自然的上帝或其他初始原因的问题，并将因果关系作为自然运动的客观必然法则，“每一个存在物都有它自己特有的运动法则，除非有一个更强大的原因来制止它的活动，它是永远按照这些法则行动的”。“运动的传导，或是一个物体的作用及于另一个物体，也要遵照某些确定而必然的法则。”❻ 霍尔巴赫区分了“质量的运动”与“隐藏的运动”“获得的运动”与“自发的运动”，前者属于外因，后者属于内因；❼ 并认为物质运动的根本原因在于物质的特性。霍尔巴赫主张在自然中建立起

❶ 《十六——十八世纪西欧各国哲学》，商务印书馆 1975 年版，第 550 页。
❷ 《十六——十八世纪西欧各国哲学》，商务印书馆 1975 年版，第 551—552 页。
❸ 霍尔巴赫：《自然的体系》（上卷），商务印书馆 2009 年版，第 26 页。
❹ 霍尔巴赫：《自然的体系》（上卷），商务印书馆 2009 年版，第 18—19 页。
❺ 霍尔巴赫：《自然的体系》（上卷），商务印书馆 2009 年版，第 12 页。
❻ 霍尔巴赫：《自然的体系》（上卷），商务印书馆 2009 年版，第 15 页。
❼ 霍尔巴赫：《自然的体系》（上卷），商务印书馆 2009 年版，第 13—14 页。

来的永恒、不变、必然的联系和秩序，[1] 否认偶然性或偶然原因，“另有一些事件，我们不知道它们的原因、关联和活动方式，我们就把它们看作是偶然的；但是，在一切都是彼此联结着的这个自然之中，没有原因的结果是绝不存在的；而且，在物理世界中，亦如在精神世界中，所有一切都是不得不按照自己的本质而活动的种种可见的或隐蔽的原因的必然结果。在人而言，自由只不过是包含在人自身之内的必然。”[2]

此外，还有许多著名哲学家也在思考和探讨万物的原因问题。例如休谟、穆勒等哲学家也都曾经探讨了事物的原因及其结果，并对原因、结果和因果关系等概念给出了自己的理解。为了行文的方便和阐释的需要，他们有关万物皆有因的思想和观点将在下面单个学者的因果关联思想里一并加以分析、探讨和说明。

## 二、有因必有果的因果关联性探讨

### （一）古代哲学上的探讨

在有因必有果的因果关联性探讨上，我国古代诸子百家中的墨家就十分注重探求因果，重视“明故”。《墨经》开篇言道：“故，所得而后成也”，对此解释为：“故”即为因果之因也，凡事有因后有果，得因而后成果。[3] 《墨经·经说上》：“故：小故，有之不必然，无之必不然，体也，若有端。大故，有之必无然，若见之成见也。”其中，“体”意为物之部分，“若有端”即为若尺（几何上的线）有端，“端”为几何上的点，“有之必无然”应作“有之必然，无之必不然”理解。[4] 因此，“小故”为“体因”，“有体因未必有结果”，所以可理解为必要条件或必要原因；“大故”为“单因”，“有单因必有其结果”，所以可理解为

---

[1] 霍尔巴赫最终相信宿命或定命，并认为宿命论观念使人们之间的关系更宽容、和谐，使社会井然有序、更加合理。为此，他还专章讨论宿命论并为之辩护。参见霍尔巴赫：《自然的体系》（上卷），商务印书馆 2009 年版，第 184—210 页。

[2] 霍尔巴赫：《自然的体系》（上卷），商务印书馆 2009 年版，第 183 页。

[3] 高亨：《墨经校诠》，清华大学出版社 2011 年版，第 35 页。

[4] 高亨：《墨经校诠》，清华大学出版社 2011 年版，第 35—36 页。

充分必要条件，即为完全原因。[1]

《墨经·经下》："物之所以然，与所以知之，与所以使人知之，不必同。说在病。"《墨经校诠》解释其义为"物既然矣。其所以然之故，所以知之之方，所以使人知之之方，均不必同。如人有病，其所以有病之故甚多，或由于寒暑；或由于饮食；或由于动静；不可历举。是物之所以然者，不必同也，延医疗病。"[2] 对此经文的理解，可知不同的原因可能会导致同一结果。《墨经·经下》："可无也，有之而不可去。说在尝然。""尝然"即为"常然"，该经文大体意思为"凡物之可无，昔日常有，而今日或无；今日虽无，而昔日之有不可去。为何？因为其昔日固常有也。"[3] 这反映了墨子的因果关联和必然性思想。

在我国佛教思想当中，因明学或佛教逻辑学中包括了丰富的因果关联思想。因明学逻辑推理由宗、因、喻三部分组成："宗"即为事物的结果或论题的结论；"因"为事物的原因或论题的依据理由；"喻"为因与宗之间联系的例证，包括同喻（即因与宗之间必然联系的例证）和异喻（即反证因之不在宗也不在）。所以，宗与因之间存在着不相分离的因果关系，即"因宗所随，宗无因不有。"[4] 不仅如此，因明学中的"因三相"理论（即"遍是宗法性""同品定有性""异品遍无性"）更加细致严谨的界定宗因关系。第一相"遍是宗法性"中的"法"即为"因法"，所以，第一相是指遍有宗因法的联系性；第二相"同品定有性"中的"同品"指同类事物，包括因同品和宗同品，即要求"因的性质"一定要为"与宗的性质类同的事物"所具有；[5] 所以，第二相即指宗因间联系的内在的必不可少的规律性。第三相"异品遍无性"即为"所有的宗异品都与因法不发生关系"或"凡与宗法相异的宗异品，也都是与因相异的因异品"。[6] 总之，"因三相"确立了原因与结果之间的必然联系和二者之间的同有同无性（即有因必有果，无果必无因），体

---

[1] 高亨：《墨经校诠》，清华大学出版社 2011 年版，第 35—36 页。
[2] 高亨：《墨经校诠》，清华大学出版社 2011 年版，第 138 页。
[3] 高亨：《墨经校诠》，清华大学出版社 2011 年版，第 216—217 页。
[4] 沈剑英：《因明学研究》，东方出版中心 1985 年版，第 112 页。
[5] 沈剑英：《因明学研究》，东方出版中心 1985 年版，第 70 页。
[6] 沈剑英：《因明学研究》，东方出版中心 1985 年版，第 82 页。

现了佛教的因果思想。

在古希腊哲学上，伊壁鸠鲁继承并发展了德谟克里特的原子理论，认为原子主要有以下性质：第一，原子的数目是无限的；第二，原子的形状各异；第三，原子有重量；第四，原子的重量和虚空的缺乏抵御使原子向下以相等的速度运动。在运动过程中，原子或多或少会产生偏斜，以及原子的相撞和冲击。❶ 伊壁鸠鲁这种原子通常重力向下运动与运动中的偏斜、相撞的思辨主张，为偶然性或偶然原因提供了来源根据，于是，因果关系理论打破了过去必然规律性一元主义，开创了必然原因与偶然原因并存的二元结构时期。

## （二）近现代哲学上的探讨

近现代以来，在探讨有因必有果的因果关联上许多哲学家都取得了巨大成就。由于其探讨的因果规律、因果关联、必然性与偶然性、复合因果关系、因果关系判断方法等问题，与法律上的因果关系联系甚大，也是本书探讨环境侵权因果关系法哲学基础的最为重要的部分，因此，接下来拟以休谟、穆勒、恩格斯等重要学者来分别加以探讨。

### 1. 布鲁诺、黑格尔的因果关联思想

布鲁诺在《论原因、本原与太一》一书中提出了内因、外因以及因果关系的两种模式。他认为，称之为外因，是因为它作为作用因，而不是复合的、被产生的事物的一部分；之所以为内因，是因为它不是加作用于物质之上，也不是在物质之外起作用。❷ 进而，他指出看待自然原因有两种不同的角度：“一种是哲学家考察的角度，即绝对地按自然原因存在的整个范围来看，另一种则是从限定的和实用的角度来理解。”❸前者是完全的因果关系，后者是不完全的因果关系，即出于实用目的去探寻事物的必要原因或某一未知因素；“前者对于医生们来说，是多余的、无用的，因为他们是医生（只需找出致病因子就足够了——笔者

---

❶ 王晓朝：《希腊哲学简史——从荷马到奥古斯丁》，上海三联书店 2007 年版，第 224—225 页。

❷ 《西方哲学原著选读》（上卷），商务印书馆 1981 年版，第 323 页。

❸ 《西方哲学原著选读》（上卷），商务印书馆 1981 年版，第 327 页。

注），后者对于哲学家而言则是不够的、非常狭隘的。”[1] 这两种看待因果关系模式的分野，是基于不同的目的和实用需求来考虑的，哲学上的因果关系考虑的是大又全的必然、客观因果规律，医学等上的因果关系只需要考虑必要原因即可。

黑格尔在其《逻辑学》和《小逻辑》等著作中也论述了自己的因果关系看法。他认为：“结果总之一点也不包含原因所不包含的东西。反过来说，原因也一点不包含不是在其结果中的东西。”“原因在其结果中才是真正现实的和自身同一的东西。”“结果之所以是必然的，因为它正是原因的表现，或说就是那个成为原因的必然。”[2] 可见，黑格尔主张原因与结果是同一性的。他进而认为：“因为效果既与原因同一，故自身也可认作一个原因，同时，也可以作另一足以产生别的效果的原因，如此递推，由因到果，以至无穷。”[3] 在论述了原因与结果的相互转换后，黑格尔认为原因与结果存在不可分离的相互依存和相互作用的关系：“原因之所以为原因，由于是效果的原因，反之，效果之所以为效果，由于是原因的效果。”“由于两者的这种不可分离性，所以设定其一环节，同时也就设定其另一环节。”[4] “相互作用首先表现为互为前提、互为条件的实体的相互的因果性。所以相互作用只是因果性本身；原因不只是具有一个结果，而是在结果中，它作为原因而与自身相关。”[5]

2. 休谟的因果关系理论

在哲学史上，休谟对因果关系的研究具有独特的、颇具影响的、巨大贡献。他首先明确因果关系不是来源于理性而是经验，“原因和结果显然是我们从经验中得来的关系。”[6] 然后，他给因果关系下了两个定义：一是“一个原因是先行于、接近于另一个对象的一个对象，而且在这里凡与前一个对象类似的一切对象都和与后一个对象类似的那些对象处在类似的先行关系和接近关系中。”第二个是“一个原因是先行于、

---

[1] 《西方哲学原著选读》（上卷），商务印书馆 1981 年版，第 327 页。
[2] 黑格尔：《逻辑学》（下卷），商务印书馆 1976 年版，第 217 页。
[3] 黑格尔：《小逻辑》，商务印书馆 1980 年版，第 317 页。
[4] 黑格尔：《小逻辑》，商务印书馆 1980 年版，第 319 页。
[5] 黑格尔：《小逻辑》，商务印书馆 1980 年版，第 230—231 页。
[6] 休谟：《人性论》（上册），关文运译，商务印书馆 2009 年版，第 81 页。

接近于另一个对象的对象，而且它和另一个对象在想象中密切地结合起来，以致一个对象的观念决定心灵形成另一对象的观念，而且一个对象的印象也决定心灵形成另一对象的较为生动的观念。”❶ 这两个定义分别表述了休谟的因果关系论的两个基本特征：一是两类反复出现的对象之间的接续关系和接近关系，是与心灵无关的现象观察；二是这两类现象的恒常结合或会合对心灵发生了影响，并通过心灵将两类观念必然的联系起来。

此外，休谟总结了其因果关系理论的八个方面规则：“（1）原因和结果必须是在空间上和时间上互相接近的；（2）原因必须是先于结果；（3）原因和结果之间必须有一种恒常的结合；（4）同样原因永远产生同样结果，同样结果也永远只能发生于同样原因；（5）当若干不同的对象产生了同样结果时，那一定是借着我们所发现的它们的某种共同性质；（6）两个相似对象的结果中的差异，必然是由它们互相差异的那一点而来；（7）当任何对象随着它的原因的增减而增减时，那个对象就应该被认为是一个复合的结果，是由原因中几个不同部分所发生的几个不同结果联合而生；（8）如果一个对象完整地存在了任何一个时期，而却没有产生任何结果，那么它便不是那个结果的唯一原因，或者说是不完全原因。”❷

在研究现象（原因）与现象（结果）之间的关系时，休谟提出了著名的两个问题：“第一，我们有什么理由说，每一个有开始的存在的东西也都有一个原因这件事是必然的呢？第二，我们为什么断言，那样一些的特定原因必然要有那样一些的特定结果呢？”❸ 为了回答这两个问题，休谟认为“我们关于因果的全部推理由两种因素所组成，一个是记忆印象或感官印象，一个是产生印象的对象的、或被这个对象所产生的、那个存在的观念。因此，这里我们就有三件事情需要说明：第一是原始的印象。第二是向有关的原因观念或结果观念的推移过程。第三是

---

❶ 休谟：《人性论》（上册），关文运译，商务印书馆 2009 年版，第 193 页。

❷ 休谟：《人性论》（上册），关文运译，商务印书馆 2009 年版，第 195—196 页。

❸ 休谟：《人性论》（上册），关文运译，商务印书馆 2009 年版，第 90 页。第一个问题即为何“凡事必有因”？第二个问题即为何“凡因必有果”？这两个问题即为著名的“休谟问题”。

那个观念的本质和性质。”❶ 关于原始印象的产生原因，即原始印象从何而来的问题，是产生于虚无、空、无，还是贝克莱所指的造物主即上帝?❷ 休谟对此持不可知论，他的哲学仅是研究经验对象的因果关系。在从印象（即指人们视、听、味、触觉等直接感知的内容）到观念（指回忆、想象中的意象）的推移，即从原因到结果的推移过程中，休谟发现了二者之间的恒常结合关系，“观念永远表象它们的对象或印象；反过来说就是，每个观念的发生必然需要某些对象。”❸ 印象是观念的来源，或者说“一切观念都是由印象得来，并且表象印象。”❹

进而，休谟考虑这么一种情况，即虽然人们不能从一个对象或几个事例的简单观察经验中得出因果关系的概念，但若总能看到同样这些对象的恒常结合在一起，那么就会形成因果推移的习惯和二者联系的信念。也就是说，习惯是因果推理得以形成的原因。“凡不经任何新的推理或结论而单是由过去的重复所产生的一切，我们都称之为习惯。”❺ 人们通过长期观察发现一种现象会伴随着另一种现象的出现而发生，于是便形成了一种心理习惯：一旦一种类型的现象发生，思想上就会自然地期待着与之相随的另一种类型现象。这种观察重复出现的同类型事情的频繁或恒常的结合，便产生了一种规律性的思维习惯。在这种思维习惯的影响下，我们不仅会由于一现象的出现就去联想到另一现象也即将出现，而且其中也必然会有一种确信，即确信另一现象必将产生，在休谟看来，这种确信就是“信念”。❻ 而在法律人看来，这种确信就是法官的

---

❶ 休谟：《人性论》（上册），关文运译，商务印书馆2009年版，第97页。

❷ 《十六——十八世纪西欧各国哲学》，商务印书馆1975年版，第552页。

❸ 休谟：《人性论》（上册），关文运译，商务印书馆2009年版，第177页。

❹ 休谟：《人性论》（上册），关文运译，商务印书馆2009年版，第180页。

❺ 休谟：《人性论》（上册），关文运译，商务印书馆2009年版，第118页。休谟也认为，生活的指导者不是理性而是习惯。

❻ 这也就是休谟眼中的因果关系的必然联系，即因果必然性只是心中知觉的性质，而非客观对象的性质或非客观的必然性。为此，休谟强调了四点“一点是，单纯观察任何两个不论如何关联着的对象或行动，决不能给予我们以任何能力观念，或两者的联系观念；一点是，这个观念是由它们的结合一再重复而发生的；一点是，那种重复在对象中既不显现也不引生任何东西，而只是凭其所产生的那种习惯性的推移对心灵有一种影响；一点是，这种习惯性的推移因此是和那种能力与必然性是同一的；因此，能力和必然性乃是知觉的性质，不是对象的性质，只是在内心被人感觉到，而不是被人知觉到存在于外界物体中的。”参见休谟：《人性论》（上册），关文运译，商务印书馆2009年版，第187页。

内心确信，即自由心证的内涵。[1]

在休谟看来，因果关系的必然性不是基于观察对象的客观规律性，而是基于一种从对象观察而来的经验原则或内心观念，所以因果关系的判断依据不在于对象本身，或者说没有可知的客观依据。因此，因果关系的盖然性或者说或然性判断就显得十分有价值。盖然性是介于必然性和不可能性之间的一种不确定性，其产生的原因主要有：第一，由数量较少的对象结合的事例所建立的因果关系即由于不完全的经验所产生。这种情况下，因果关系的完善程度与由大量对象的恒常结合而形成的因果关系相比要低，所以其原因与结果的相关性较差，心灵由因到果的推移习惯或信念也较弱。[2] 第二，由于现实中存在不少类似现象并不完全符合恒常结合关系，其中夹杂着某些相反的情况，由此产生因果关系的盖然性。尽管习惯是从经验中相似现象的反复出现中产生出来的，并作为因果关系推断的最终基础，但是此种情况下因果关系推移的习惯将会减弱，人们会把一定程度的不确定性纳入对于结果的预期之中，根据相反事例在总事例中所占的比例去推断未来的类似情况。[3] 第三，类似结合关系的程度不同而导致因果关系的盖然性。因果关系是基于类似对象的恒常结合所形成，如果“离开了结合关系和某种程度的类似关系，便不可能有任何推理。不过这种类似关系既然允许有许多不同的程度，所以这种推理也就依着比例而有或大或小的稳固和确实程度。”[4] 所以，若这种结合或类似关系削弱了，那么也会引起因果关系推移的习惯或信念的削弱，从而产生某种程度的因果盖然性。此外，休谟还论述了其他引起盖然性的原因，如“印象的减弱，以及印象出现于记忆或感官之前时

---

[1] 由于学界和司法界对《侵权责任法》第66条规定存在不同理解，加上错案追究制度等原因，我国当前环境司法审判工作很大程度上忽视了法官在因果关系认定上的自由裁量权和自由心证机制，这一现象的扭转急需倡导和加强法官在因果关系认定和判断中的心证作用和自由裁量。

[2] 休谟:《人性论》(上册)，关文运译，商务印书馆2009年版，第149—152页。在休谟看来，实际上因果之间联系的盖然性大小，取决于类似对象在经验中相结合的次数的多少，若结合的次数越多，则因果之间的盖然性也就越大，人们心中的因果信念也就越强；反之，则盖然性越小，因果关系推移的习惯就越弱。

[3] 休谟:《人性论》(上册)，关文运译，商务印书馆2009年版，第152—160页。

[4] 休谟:《人性论》(上册)，关文运译，商务印书馆2009年版，第161页。

它的色彩变得黯淡”;❶ 因果推理的中间环节太多而削弱其理证的力量;❷ 各种偏见的影响;❸ 原因中的非本质因素在某种条件下的强化对常规结果的影响❹等。

最后需要指出的是，休谟还阐释了复合因果关系原理：“在一切精神现象中，也和在自然现象中一样，每当任何一个原因是由许多部分组成，而结果也依照那个数目的变化有所增减时，那么恰当地说，那个结果是一个复合结果，并且是由来自原因的各个部分的若干结果的联合而发生的。……原因中一个部分的不存在或存在就随着有结果相应部分的不存在或存在。这种联系或恒常的结合充分地证明一个部分是另一个部分的原因。我们对任何结果所抱的信念，既然随着机会或过去实验的数目而有所增减，所以它就该被认为一个复合结果，这个结果的每一部分发生于相应数目的机会或实验。”❺ 也就是说，休谟认为一切结果实际上是由多种原因联合作用的复合结果。这种复合因果关系理论为法律上的共同侵害行为、帮助教唆行为、共同危险行为等所涉及的复杂因果关系判断提供了哲学支持。

3. 穆勒的因果关系理论

穆勒（John Stuart Mill），也译作密尔，其著作 *A System of Logic, Ratiocinative and Inductive* 由严复先生翻译为《穆勒名学》（今也译为《逻辑体系》）。他在该著作中专门探讨了因果关系，“因果云者，凡事之有始者必有因也。六合以外不可知已，若夫人类之所经历，则此例固与之相尽，故曰至诚又极溥也。……夫因果为穷理尽性最大自然公例矣。”❻ 穆勒认为因果关系是自然界普遍存在的法则，虽然在六合现象之外具有不可知性，但是在人类经验世界中是真实且普遍的。穆勒也认为前因后果关系具有永恒性：“有一时之现象，而从之以后来之现象，是二者之间有不紊、不易之定序。篇首谓宇宙有总常然如网，乃众蝇所组

---

❶ 休谟:《人性论》（上册），关文运译，商务印书馆2009年版，第162页。
❷ 休谟:《人性论》（上册），关文运译，商务印书馆2009年版，第163页。
❸ 休谟:《人性论》（上册），关文运译，商务印书馆2009年版，第165页。
❹ 休谟:《人性论》（上册），关文运译，商务印书馆2009年版，第166—167页。
❺ 休谟:《人性论》（上册），关文运译，商务印书馆2009年版，第154—155页。
❻ 穆勒:《穆勒名学》，严复译，商务印书馆1981年版，第284页。

织。故总者散者之所合成，而一一皆有其不紊、不易之定序。是故有某事焉，而常为某事之所类从，不仅古然、今然也，实且穷未来际将莫不然。而吾人遂取其常先者而谓之因，又取其常后者而谓之果。而因果公例云者，即谓有为之后，则有一物或一宗、一局之物为之先也。”❶“后者必从其因，先者必致其果，……此至确而不可易之说也。故世间今日之所有，乃昨日所有自然必至之符也。促以云乎，则此刹那之所有，乃前刹那所有者之效验。继继绳绳，尽未来际，而吾可决知其有常。”❷

穆勒发现：“往往一事为之后，常有数事、无数事为之先；必待此数事、无数事者合，而后所谓果者从之而见，阙其一焉则不见也。”❸于是，他提出“缘”的概念来分析“果”前的“数事”，并将其与“因”区分开来。“常法于数事之内，独择其一谓之曰因，而其余则谓之曰缘。……必诸缘合而后真因成；真因从果，斯为常然，而其序乃无以易。……遂若诸缘之中，唯此与果独为亲切而有力也者，此因之名之所以独得也。”❹穆勒认为，众缘平等，众缘合而成为真因；进而他将“众缘”区分“事”和“境”，前者为变化的因素，后者为不变的且不易察觉的因素：“事所以为其变，境所以处其常。境之具也久暂不可知，未得其为变者，则其因不备而果不臻。”❺他指出：“合缘成因固矣，然以诸缘有事与境之异，人意之言因也，偏于事者多，而重其境者少。盖境以常然以弗觉，事以乍起而独彰；事见而果从之，至于他缘虽结果所不可无，顾常久存而果不必见。”❻穆勒也将缘区分为引起结果发生的“正缘”和阻碍结果发生的“负缘”。同时，他也探讨了“并因”即多因问题：“故此类因果，有言二因相克者，乃为谬词。……今设有物为二力所驱，其一向东，其一趋北，其所行道与所至之点，二力同时所共成，与二力异时所分成者，效验正等。……并因例者，并因成果等于分因成果之和。”❼此为物理作用的并因，化学作用的合因与之不同：“则合因之例

---

❶ 穆勒：《穆勒名学》，严复译，商务印书馆 1981 年版，第 285 页。
❷ 穆勒：《穆勒名学》，严复译，商务印书馆 1981 年版，第 324 页。
❸ 穆勒：《穆勒名学》，严复译，商务印书馆 1981 年版，第 286 页。
❹ 穆勒：《穆勒名学》，严复译，商务印书馆 1981 年版，第 286 页。
❺ 穆勒：《穆勒名学》，严复译，商务印书馆 1981 年版，第 286 页。
❻ 穆勒：《穆勒名学》，严复译，商务印书馆 1981 年版，第 288 页。
❼ 穆勒：《穆勒名学》，严复译，商务印书馆 1981 年版，第 318 页。

与分因各行之例绝然不同。旧理不见，而新象代兴，且必历验始知，无从预计。”❶“总之当诸因会合变化而新例生，是虽与诸因旧例为殊，而旧者常不为新之所尽掩，必有一二不易之定则以与所成之新例并著而偕行也。”❷

总之，“因者其先事诸正缘之会合，设无负缘，其果必见者也。盖言无负缘其果必见者，即无异言无所更待而其物从也。”❸其云“无所更待”，即指无所借助或无第三物参与其中。基于此“因”的界定，穆勒认为因与果之间存在并存和非并存情形：“因存者果存，因去者果去。”❹“然则诸因果间，固有别异。有欲果长存，其因不可以或息者。有得因成果，因去果留，但无负缘即亦不灭者。大抵世间物变，于第二类为最多；一物既生，长垂不废，必俟毁之者至，乃始告亡。”❺但无论如何，果不可能在因之先，“盖因果者指其对待而言，所由起者为因，从而有者为果。”❻穆勒也坚信因果关系的必然性：“世间每一刹那之所呈，皆前一刹那所已有之后效也。假有人焉，于此一时凡世间用事之物，其位置、趣操、功分差数，举一一皆知之无遗，则后此天地之所形，虽一切前知焉可也。”❼

在因果关系的判断上，穆勒提出了五种方法：（1）求同法或同术：“有一现象见于数事，是数事者，见象而外惟有一同。则此所同，非见象因即现象果。”❽也就是说，在变化的数事例中，发现有一现象一直存在着，则该现象与被研究的作为果的现象之间具有因果关系。（2）求异法或别异术：“凡一现象之前事，每去之而现象从以不见者，必为其因与缘也；一现象之后事，其存亡视现象之有无者，必其果也。”❾也就是说，一现象存在被研究的现象也存在，如果其他情况或现象保持不变，

❶ 穆勒：《穆勒名学》，严复译，商务印书馆 1981 年版，第 320 页。
❷ 穆勒：《穆勒名学》，严复译，商务印书馆 1981 年版，第 321 页。
❸ 穆勒：《穆勒名学》，严复译，商务印书馆 1981 年版，第 294 页。
❹ 穆勒：《穆勒名学》，严复译，商务印书馆 1981 年版，第 296 页。
❺ 穆勒：《穆勒名学》，严复译，商务印书馆 1981 年版，第 297 页。
❻ 穆勒：《穆勒名学》，严复译，商务印书馆 1981 年版，第 298 页。
❼ 穆勒：《穆勒名学》，严复译，商务印书馆 1981 年版，第 300 页。
❽ 穆勒：《穆勒名学》，严复译，商务印书馆 1981 年版，第 335 页。
❾ 穆勒：《穆勒名学》，严复译，商务印书馆 1981 年版，第 336 页。

该现象不存在或除去，被研究的现象也不存在，那么该现象与被研究的现象之间具有因果关系。（3）同异法或同异合术："有现象者，同有一事，余无所同；无现象者，同无一事，余无所同。则此一事，于此现象，非其果效即其因缘。"❶ 也就是说，有一现象就有被研究的现象，其他情况或现象不同时，若该现象不存在则被研究的现象也不存在，那么该现象与被研究的现象之间具有因果关系。（4）剩余法或归余法："常然现象作数部观，部各为果，果各知因，所不知者是谓余象。以是余果，归之余因。"❷ 也就是说，在复合现象与复数对象之中排除已知的现象和已知的对象之间的因果关系之后，剩下的现象与剩余的对象之间即具有因果关系。（5）共变法或消息术："有一现象为任何变，当其变时，有他现象常与同时而生变态。是现象者乃为其因，或为其果，或于因果，有所关属。"❸ 也就是说，当某一现象发生任何变化时，被研究的他现象同时也发生变化，那么该现象与被研究的现象之间具有因果关系。穆勒认为，上述五种归纳判断因果关系的方法只适用于单一因果关系情形，而不适用于复杂的多因或多果或多因多果的情形。

4. 罗素的因果关系理论

罗素主要从科学规律意义上去探讨因果关系，以"因果律"概念代替因果关系。他认为，"一个'因果律'，就我所指的意义来说，可以定义为一个普遍原理，在已知关于某些时空领域的充分数据的条件，凭借这个原理我们可以推论出关于某些其他时空领域的某种情况。这种推论可能只具有盖然的性质，但是只有在概率超过一半的时候，我们所谈的那个原理才能被人认为称得上一个'因果律'"。❹ 然后，针对一系列的连续因果事件，他提出了"因果线"概念："一个由事件组成的时间上的系列，它们的关系是已知其中若干事件，就可以推论出其他事件，不管别的地方可能发生什么事件。一条因果线总是可以被看成是某种事物的持续——不管是一个人，一张桌子，一个光子或任何其他东西。一条

❶ 穆勒：《穆勒名学》，严复译，商务印书馆 1981 年版，第 340 页。
❷ 穆勒：《穆勒名学》，严复译，商务印书馆 1981 年版，第 341 页。
❸ 穆勒：《穆勒名学》，严复译，商务印书馆 1981 年版，第 344 页。
❹ 罗素：《人类的知识》，商务印书馆 2012 年版，第 381 页。

因果线从头到尾可能性质不变，结构不变，或者两者都有缓慢的变化，但却没有任何相当大的突然变化。”❶“当两个事件属于一条因果线时，我们可以说较早发生的那个事件‘引起’较晚发生的那个事件。在这种情况下，具有‘A引起B’这种形式的定律可能保留下某种正确性。”❷在罗素看来，“因果律”或“因果线”已经取代了原因概念。

罗素认为“科学的力量在于它对因果律的发现”，并认为客观存在的物质是事物发生的原因。“关于完全由知觉材料构成的世界的无规律性，这是一种难以确切地加以表述的论证。大体上说来，许多感觉的发生在我们自己的经验中并没有任何一定的先例，而且发生的方式不可抗拒地向我们表明，如果它们有发生的原因，这些原因有一部分存在于我们经验的范围之外。如果你正在下面走路，屋顶上掉下一块瓦，打在你的头上，你会经验到突然一阵剧痛，这种疼痛是不能用这次意外发生以前你所知道的任何一件事来解释明白其原因的。……要想说明发生这类事件的原因，我们必须承认纯属物质的原因；如果不承认这些原因，我们就得承认因果上的混乱。”❸

罗素不仅承认因果关系的客观物质性，而且也认可因果关系的普遍性。但是，他否认因果关系的必然性，而认为一切科学规律都是盖然，因此因果律也只具有盖然性。为了证明此观点，他举出许多例子来证明一切因果律都有其例外。“一般来说，如果你对一个人说他是个傻瓜，他一定会生气，但是他可能是位圣人或者碰巧还来不及发脾气就死于中风。如果你在火柴盒上划一根火柴，通常是会点着的，但是也有火柴折断或受潮湿点不着的时候。如果你往空中扔一块石头，通常它会掉下来，但是它也可能被鹰当成一只鸟而吞下去。如果你想让胳臂移动一下，通常胳臂会这样做，但是你患了瘫痪胳臂就不能这样做。在这些情况下，一切具有‘A引起B’形式的定律都可能有例外，因为某种事情可能插进来使预期的结果不能发生。”❹“所有这些都是因果律，它们也都可能有例外，所以在一个特定的情况下它们只有盖然性。葡萄干布丁

---

❶ 罗素：《人类的知识》，商务印书馆2012年版，第559页。

❷ 罗素：《人类的知识》，商务印书馆2012年版，第390页。

❸ 罗素：《人类的知识》，商务印书馆2012年版，第285—286页

❹ 罗素：《人类的知识》，商务印书馆2012年版，第389页。

上的火不会烧伤你，坏面包没有营养，有些狗懒得不愿意吠叫，有些狮子由于喜欢看管它们的人而变得不凶残。”❶

5. 恩格斯的因果关系理论

马克思主义的因果关系理论主要体现在恩格斯的《自然辩证法》中，恩格斯指出交互作用的普遍存在，认为它是事物的真正原因：“交互作用是我们从现代自然科学的观点考察整个运动着的物质时首先遇到的东西。我们看到一系列的运动形式，机械运动、热、光、电、磁、化学的化合和分解、凝聚状态的转变、有机的生命，这一切……都是互相转化、互相制约的，在这里是原因，在那里就是效果，并且在各种不断变换的形式中的运动的总和是不变的……。机械运动转化为热、电、磁、光等等，反之亦然。这样，自然科学证实了黑格尔曾经说过的话：交互作用是事物的真正的终极原因。我们不能追溯到比这个交互作用的认识更远的地方，因为正是在它背后没有什么要认识的东西了。如果我们认识了物质的运动形式……，我们也就认识了物质本身，并且因此我们的认识就完备了……。只有从这个普遍的交互作用出发，我们才能达到现实的因果关系。为了了解单个的对象，我们就必须把它们从普遍的联系中抽出来，孤立地考察它们，而且在这里不断交替着的运动就显示了出来，一个为原因，另一个为效果。”❷

恩格斯进一步认为，事物交互作用的因果性可以通过实践来加以验证：“在观察运动着的物质时，我们首先遇到的就是单个物体的单个运动的相互联系，它们的相互制约。但是，我们不仅发现某一个运动后面跟随着另一个运动，而且我们也发现：只要我们造成某个运动在自然中得以发生的条件，我们就能够引起这个运动；甚至我们还能够引起自然界中根本不发生的运动（工业），至少不是以这种方式在自然界中发生的运动；我们能够给这些运动以预先规定的方向和规模。因此，由于人的活动，就建立了因果观念，这个观念是：一个运动是另一个运动的原因。的确，单是某些自然现象的有规则的一个跟着一个，就能够产生因果观念：热和光随着太阳而来，但是在这里并没有任何证明，而且在这

❶ 罗素：《人类的知识》，商务印书馆 2012 年版，第 382 页

❷ 恩格斯：《自然辩证法》，人民出版社 1984 年版，第 95—96 页。

个范围内休谟的怀疑论说得很对：有规则地出现的 post hoc［在这之后］决不能确立 propter hoc［由于这］。但是人类的活动可以对因果性作出验证。如果我们用一面凹镜把太阳光正好集中在焦点上，造成像普通的火一样的效果，那么我们因此就证明了热是从太阳来的。如果我们把引信、炸药和弹丸放进枪膛里面，然后发射，那么我们可以期待事先从经验已经知道的效果，因为我们能够在所有细节上追踪：发火、燃烧、由于突然变为气体而产生的爆炸以及气体对弹丸的压挤的全部过程。而在这里甚至于怀疑论者也不能说，从以往的经验不能推论出下一次将恰恰是同样的情形。事实上有时候并不发生正好同样的情形，引信或火药失效，枪筒破裂等等。但是这正好证明了、而不是推翻了因果性，因为我们对每件这种与常规相偏离的事情加以适当的研究之后，都能够找出它的原因；引信的化学分解，火药的潮湿等等，枪筒的损坏等等，因此这里可以说是对因果性作了双重的验证。”❶

由上我们可以看到，恩格斯的因果关系理论首先是建立在物质世界的普遍联系和交互作用的基础之上，其所称的原因和结果不过是从物质世界普遍联系中抽取出来的考察对象；其次，所抽取的考察对象的因果关系性可以通过人类实践活动加以验证；再次，恩格斯指出物质世界存在自然规律性，那些否认因果性的根源在于其不承认世界存在规律性：“在一切否认因果性的人看来，任何自然规律都是假说，连用三棱镜的光谱得到的天体的化学分析也同样包括在内。那些停留在这里的人的思维是何等浅薄呵！”❷

此外，十九世纪中叶以后，概率论被逻辑学家运用到归纳推理研究中来，概率因果关系或盖然性因果关系研究逐步推向深入。例如，詹姆斯·贝努利的“不充足理由原则”、托玛斯·贝叶斯的“逆概率定理”和概率网络理论、大卫·刘易斯的“可能世界”理论、阿瑟·勃克斯的归纳概率和“因果可能世界”理论等，都从不同角度和层面对因果关系的概率、盖然性研究作出了重大贡献。❸

---

❶ 恩格斯：《自然辩证法》，人民出版社 1984 年版，第 98—99 页。

❷ 恩格斯：《自然辩证法》，人民出版社 1984 年版，第 100 页。

❸ 何向东、王磊：《中西哲学因果关系研究的回顾及其启示》，载《哲学研究》2010 年第 2 期，第 72—74 页。

## 三、盖然性因果关系之经验哲学基础

因果关系作为一种探寻事物规律的研究历来都是一个十分重要的哲学范畴。古往今来，许多哲学家都投入了巨大的心血和力量从事因果问题的探讨，有的哲学家还以此为最高的目标，认为发现现象背后的因果规律，比当国王还重要。[1] 从哲学史上看，有关因果关系的研究在其概念内涵、内外因、复合因、必然性与盖然性、决定论与不可知论、判断与认定等方面都存在或多或少的和不同程度上的争论。[2]

单就因果关系的概念而言，就存在着众多不同的理解和争议。例如，洛克把原因称为能够使别的事物开始存在的东西，结果则为由别的事物而开始存在的东西。[3] 休谟认为原因与结果都是经验现象之间的恒常结合，并给出了前文已有叙述的几个定义。霍尔巴赫将原因定义为对物或自身所施加的作用，结果为物体的变化。[4] 康德认为，原因和结果是经验现象中的存在，并认为“原因及普泛所谓事物之因果作用之图型乃实在者，当其设定时，常有某某事物随之而起。”[5] 即强调了原因与结果的规律共生性；同时，康德也重视因果之间的时序性。[6] 穆勒认为，先在事件无待即无须借助其他条件而径直产生后续事件的为原因；而且，原因中可分为因、缘，缘中有事、境：事为变化因素，境为不变的背景因素，缘指条件因素，因指原因中的主导因素，因合诸缘就成为完全的原因。[7]

而且，在因果关系的类型上，学者也有许多不同观点，大体上有内因、外因、特定原因、主因、次因、全部原因、部分原因、主观原因、

---

[1] 德谟克里特认为，万物的本原是原子和虚空，并以探求原因为人生的乐趣和最高追求目标，以“宁愿找到一个因果的说明，而不愿获得波斯的王位”为趣旨。参见王晓朝：《希腊哲学简史——从荷马到奥古斯丁》，上海三联书店 2007 年版，第 105 页。

[2] 这方面的研究文献，较为全面和重要的请参见维之：《因果关系研究》，长征出版社 2002 年版。

[3] 洛克：《人类理解研究》，商务印书馆 1991 年版，第 297 页。

[4] 霍尔巴赫：《自然的体系》（上卷），商务印书馆 2009 年版，第 12 页。

[5] 康德：《纯粹理性批判》，商务印书馆 2009 年版，第 160 页。

[6] 康德：《纯粹理性批判》，商务印书馆 2009 年版，第 182 页以下。

[7] 穆勒：《穆勒名学》，严复译，商务印书馆 1981 年版，第 284—300 页。

客观原因、必然原因、偶然原因、直接原因、间接原因、导因、单一因、复合因❶等。

依据是完全因果关系还是部分因果关系，因果关系可以分为理想型和实用型。前者是指完全原因对应完全结果的类型，具体又包括：（1）最理想型："孤立系统前一时刻的存在状态（中的相互作用）为原因，转化出其后一时刻的存在状态为结果。"❷ 由于现实中一切事物处于普遍联系之中，所以几乎找不到这种无须借助其他条件的孤立系统的理想型因果关系。（2）次理想型："某客体之全部有关的内外诸因素的相互作用为原因，由此产生的该客体及其环境之状态变化（或新的存在状态）为结果。"❸ 但是，找寻完全原因或全部内外因素在现实中很难实现。（3）假定理想型："一客体与一外物（在真空中）相互作用为原因，由此产生的该客体及外物之状态变化（或新状态）为结果。"❹ 这种假定其他的因素或条件为真空或不存在，有利于进行科学上的抽象分析或类似处理。

实用型是指部分原因对应部分结果的类型，也包括三种：（1）准理想型："某客体的可知的有关内外诸因素的相互作用为原因，所产生的该客体（或与其可知的环境因素）之状态变化（或新状态）为结果。"❺ 这种类型仅仅是将尚不可知的或者人们不关心的因素略去。（2）外因作用型："某事物作用于一客体之事件为原因，由其引起的该客体之状态变化（或新状态）为结果。"❻ 这种类型通过某种外因"引起"某种结果而不去考虑内因作用。（3）内因作用型："以某环境中参与相互作用的一客体或其内部性质为原因，所产生的该客体之状态变化（或新状态）为结果。"❼ 此类型强调事物的内部性质或其自身"产生"了效果或结果。依据上述，我们可以得知内因作用型和理想型以及准理想型都

---

❶ 休谟认为一切结果实际上是由多种原因联合作用的复合结果。这种复合因果关系理论为法律上的共同侵害行为、帮助教唆行为、共同危险行为等所涉及的复杂因果关系判断提供了哲学支持。

❷ 维之：《因果关系研究》，长征出版社 2002 年版，第 188 页。

❸ 维之：《因果关系研究》，长征出版社 2002 年版，第 188 页。

❹ 维之：《因果关系研究》，长征出版社 2002 年版，第 189 页。

❺ 维之：《因果关系研究》，长征出版社 2002 年版，第 189 页。

❻ 维之：《因果关系研究》，长征出版社 2002 年版，第 189 页。

❼ 维之：《因果关系研究》，长征出版社 2002 年版，第 189 页。

使用了“产生”或“转化”用语，而外因作用型则采取了“引起”用词。此外，还存在以已知结果来探寻特定原因型：“以诸因素相互作用过程中的某一待知因素为原因，由其引起的一已知事件为结果。”❶ 或者根据已知的原因推论特定结果型：“以一已知原因产生的事件中的某待定东西为结果。”❷



本书认为，上述这些就因果关系的不同理解和争论，一方面反映出因果关系问题的复杂性和艰深性，另一方面也折射或映射了以追求逻辑、注重理性的哲学与注重感觉、实验观察和经验的哲学之间的分野与耦合。

这两种不同哲学一种为唯理论哲学，另一为经验论哲学。它们在人类知识的根本来源于理性还是经验、是理性知识还是经验知识更具有真理性和确实性、以及通过经验的归纳还是理性的演绎来获得科学知识等方面上存在不同的认识，属于认识论上的差异。

唯理论哲学起源于欧洲大陆，它们主张感觉是靠不住的，真正的知识不能来源于感觉经验，而应当来源于人类生来具有的理性，所以它们存在偏重理性而忽视感觉的问题。在认识科学真理的方法上，它们崇尚理性以及基于理性的演绎方法获得知识。经验论哲学起源于英国，它们认为感觉经验完全可靠，并坚信知识源于经验或者我们常说的实践出真知。要获得具有普遍规律性的科学真理知识，人们就需要通过观察、感觉、实验，并分析感觉经验的素材，采取比较归纳的方法。我们发现，不少源自经验论者的有关因果关系研究的思想，不仅能够在哲学上独树一帜，而且也能够解决许许多多的实际社会生活实际问题。

譬如，休谟❸在探寻因果关系中的原因来源时，认为明确因果关系不是来源于理性而是经验，“原因和结果显然是我们从经验中得来的关系。”❹ 人们观察重复出现的同类型实际事情的频繁或恒常的结合时，就

❶ 维之：《因果关系研究》，长征出版社 2002 年版，第 189 页。

❷ 维之：《因果关系研究》，长征出版社 2002 年版，第 189 页。其实，维之先生将上述类型作为论述的八种定义来看待，经过论证后他又提出能够涵盖完全和部分因果关系等类型的一个定义，即他所称的第九个定义：“事物或变化由之而生的相互作用事件或其组成因素为原因，由之导致的事物状态变化或新的事物为结果。”参见维之：《因果关系研究》，长征出版社 2002 年版，第 188—196 页。

❸ 除休谟之外，经验论者还主要有培根、霍布斯、洛克、贝克莱等哲学家。

❹ 休谟：《人性论》（上册），关文运译，商务印书馆 2009 年版，第 81 页。

会产生一种思维习惯；[1] 在这种思维习惯的影响下，我们不仅会因为一个现象的出现去联想到另一个现象即将出现，而且在其中必然有一种确信，确信另一个现象必将产生，这种确信就是“信念”。[2] 他这种细致入微的分析习惯、信念、感觉经验的方法，不仅在哲学上为因果关系的研究作出了巨大的贡献；而且，在法学上也产生了重大影响，例如法官的自由裁量、内心确信以及由此而形成的心证制度等就是长期受这种经验哲学思想影响而建立起来的。[3]

在因果关系的必然性与盖然性上，休谟认为，必然性不是基于观察对象的客观规律性，而是基于一种从对象观察而来的经验原则或内心观念，所以因果关系的判断依据不在于对象本身，或者说没有可知的客观依据。据此，因果关系的盖然性或者说或然性判断就显得十分有价值；而盖然性则是介于必然性和不可能性之间的一种不确定性。

休谟的因果关系理论，尤其是其针对因果关系的盖然性及其原因的分析理论，能够较真实地反映出法律裁判注重效率、注重程序和证据，以及事后所举出的证据很难一一映射事件当时发生的全部事实的现象。因此，从某种意义上说，休谟的因果关系盖然性理论更加符合法律世界的生活实际。

其实，布鲁诺早就十分正确地指出两种不同看待原因的模式：“一种是哲学家考察的角度，即绝对地按自然原因存在的整个范围来看，另一种则是从限定的和实用的角度来理解。”前者是完全的因果关系，后

---

[1] “凡不经任何新的推理或结论而单是由过去的重复所产生的一切，我们都称之为习惯。”参见休谟：《人性论》（上册），关文运译，商务印书馆 2009 年版，第 118 页。休谟也认为，生活的指导者不是理性而是习惯。

[2] 这也就是休谟眼中的因果关系的必然联系，即因果必然性只是心中知觉的性质，而非客观对象的性质或非客观的必然性。为此，休谟强调了四点“一点是，单纯观察任何两个不论如何关联着的对象或行动，决不能给予我们以任何能力观念，或两者的联系观念；一点是，这个观念是由它们的结合一再重复而发生的；一点是，那种重复在对象中既不显现也不引生任何东西，而只是凭其所产生的那种习惯性的推移对心灵有一种影响；一点是，这种习惯性的推移因此是和那种能力与必然性是同一的；因此，能力和必然性乃是知觉的性质，不是对象的性质，只是在内心被人感觉到，而不是被人知觉到存在于外界物体中的。”参见休谟：《人性论》（上册），关文运译，商务印书馆 2009 年版，第 187 页。

[3] 我国当前环境司法审判工作中很大程度上忽视了法官在因果关系认定上的自由裁量权和自由心证机制，这一现象十分不利于因果关系的尽早尽快确认或认定，从而影响和制约了环境司法裁判的效率和公正性。

者是不完全的因果关系，是出于实用目的去探寻事物的必要原因或某一未知因素；前者对于医生来说是多余无用的，因为医生只需找出致病因子就足够了，后者对于哲学家而言则是不够的和非常狭隘的。❶

这两种看待因果关系模式的分野，是基于不同的目的和实用需求来考虑的，哲学上的因果关系考虑的是大又全的必然、客观因果规律，医学上的因果关系只需要认识医学上致病因子和考虑必要原因即可。法学上的因果关系何尝不像医学上的因果关系那样，只要基于个案解决的实用目的探寻法律上的必要原因即可！我国法学理论界和实务部门过去长期以来以绝对必然、充分且必要作为因果关系的判断依据和标准；❷ 目前还有不少学者主张因果关系是解决"是"的范畴，即纯粹事实性规范问题，甚至主张因果关系为全部或主要事实原因组成。❸ 这在某种程度上混淆了哲学上的因果关系与法学上的因果关系的差异。

---

❶ 《西方哲学原著选读》（上卷），商务印书馆 1981 年版，第 327 页。

❷ 必然因果关系说是我国二十世纪八十年代的通说。参见罗丽：《中日环境侵权民事责任比较研究》，吉林大学出版社 2004 年版，第 165—168 页。为什么当时必然因果关系成为我国学界的通说呢？张新宝教授认为，必然因果关系说的形成是受苏联民法理论的影响，并举苏联学者格里巴诺夫的表述作为例证："因果关系永远是现象的这样一种联系，其中一个现象（原因）在该具体条件下，必然引起该种后果（结果）。"参见张新宝：《侵权责任构成要件研究》，法律出版社 2007 年版，第 385 页。在我们看来，从如下这句话中可以发现其根本缘由："马克思主义告诉我们，世界上的一切现象都是相互联系相互制约的。因此，任何一种现象都不是凭空而来的，一定有它产生的原因，这就是法律上研究因果关系的理论依据。"参见《中华人民共和国民法基本问题》，法律出版社 1958 年版，第 332 页。由此可以窥见，不论是较早从事因果关系研究的刑法学界还是后起之秀的民法学界，当时由于时代的原因都理所应当地依照马克思主义哲学作为阐释和论证法律因果关系的前提。张新宝教授认为我国必然因果关系说是受苏联民法理论的影响，但是我们认为苏联民法理论也是受马克思主义哲学的影响。因此，必然因果关系说就其实质是哲学上的必然因果关系照搬到法律上的产物，由于其没有具体考虑到法律上的因果关系特殊性，所以到二十世纪九十年代以后逐步被学者所抛弃。

❸ 孙晓东、曾勉：《法律因果关系研究》，知识产权出版社 2010 年版，第 123—145 页。该论文以马克思主义的自然物质普遍联系的、科学客观的规律作为因果关系的"是"或事实规范，并以此为立论基础；看来没有注意到布鲁诺所分析的因果关系两种模式的现实存在。马克思主义哲学对因果关系界定的经典表述为：在自然和社会中，现象之间都存在彼此客观的联系，引起一定现象的现象为原因，所引起和产生的现象为结果。恩格斯的因果关系理论认为，原因和结果不过是从物质世界普遍联系中抽取出来的考察对象而已；所抽取的考察对象的因果关系性可以通过人类实践活动加以验证；物质世界存在自然规律性，那些否认因果性的根源在于其不承认世界存在规律性："在一切否认因果性的人看来，任何自然规律都是假说，连用三棱镜的光谱得到的天体的化学分析也同样包括在内。那些停留在这里的人的思维是何等浅薄呵！"参见恩格斯：《自然辩证法》，人民出版社 1984 年版，第 100 页。

我们看到，不同领域对因果关系的理解可能会存在差异。在哲学领域，通常强调去追寻必然、普遍、全面、客观的因果关联。[1] 与此不同的是，在法学上，探寻因果关系的目的则在于寻找责任的归属和责任的范围，以便于完成或履行法律责任构成要件之一的归责任务。二者的区别主要有：（1）在因果关系链条的截取上不同，法律上的因果关系为了避免责任的无限扩张和延伸，只截取与受害人损害结果“最近的”或“具有相当性的”被告行为或物件作为原因，也就是只从众多的因果关系链条中截取一个或几个链条即可；[2] 而哲学上的因果关系则追求全面因果关系，为了探讨客观世界的真相而探寻全部的、必然的、所有的因果关系链条。（2）追求的目标有差异，哲学上的因果关系追求客观真理或客观真实，法律上的因果关系仅仅追求法律上的真实，是通过证据规则和社会生活经验得出的法律上的事实或高度盖然性真实。（3）在是否涉及主观因素等价值评判分析上也有差异，哲学上的因果关系尽可能地排除主观因素或个人价值无涉，力争认知和总结最为科学和真实的客观世界联系规律；而法律上的因果关系本身就涉及法律价值判断，法官时常依据立法目的、社会生活经验、常识等来裁量因果关系的成立与否。[3]

尽管总体上哲学上的因果关系与法学上的因果关系存在较大的差异，但是我们也应当看到，哲学上的因果关系是一个内涵丰富、种类众多、深奥复杂的不同理论体系的汇集。其中，有人们日常所熟知的那种注重现象之间的客观、本质、必然联系和侧重探寻全部原因因素或者全

---

[1] 尽管事物之间的因果关系有其必然性，但是因果关系不能等同于必然性，其本身也不是规律，更不太可能就是真理。所以，有关因果关系的各种理论是也只能是一个对真理和规律的认识过程，属于一个认识论的问题。人们对于自然世界和人类社会的普遍、必然、客观、本质联系的因果关系认识乃是基于既有日常生活经验的归纳与总结。随着人类的知识累积和经验的传承，人们对自然世界和人类自身的认识视域呈现逐步扩大和深入的趋势。每当我们向前迈一步，人类对事物之间的因果关系既有认识就会得以修正或证伪，然后产生暂时的新的认识。因此，从认识论意义上讲，探寻因果关系本身是一个永无止境的、发现美妙规律的过程。

[2] 法律上的因果关系是建立在数理统计、概率论之上以及基于法律的公平、正义价值和一定的国家社会政策考虑的基础之上的不法行为或物件或事件的归责因果关系，是且只能是一种部分因果关系。

[3] 王利明教授从考察的目的不同、因果链条的确定与选择不同、对真实性的要求不同、是否涉及价值判断不同等四个方面来分析探讨法律上尤其是民法上的因果关系与哲学上的因果关系不同。参见王利明：《侵权责任法研究》（上），中国人民大学出版社 2011 年版，第 352—354 页。

面原因的理论；同时，也有不少哲学家注意到我们人类在认识客观世界时存在永远趋近但又不那么容易亲近、亲密的过程规律，并提出了经验观察以及盖然性等理论。经验哲学上的因果关系理论尤其是有关因果关系盖然性理论等，是环境侵权因果关系乃至所有法律上的因果关系之哲学基础。

## 四、小结

哲学上的因果关系争论映射出以追求逻辑、注重理性的哲学与注重感觉、实验观察和经验的哲学之间的分野与耦合。唯理论哲学在因果关系问题上注重逻辑理性，崇尚事物之间的必然、客观、全面联系，并运用这种普遍规律性演绎某一事物与其他事物的联系并获取相关知识。经验论哲学注意到我们人类在认识客观世界时存在永远趋近但又不那么容易亲近、亲密的过程规律，在因果关系的研究上注重人们的社会生活经验和思维习惯，发现因果关系是经验现象之间的恒常结合以及事物之间的盖然性联系。经验哲学上有关因果关系的盖然性理论等，是环境侵权因果关系乃至所有法律上的因果关系之哲学基础。

# 环境损害概念辨析

2014年4月24日修订的《中华人民共和国环境保护法》（以下简称《环境保护法》）第64条规定："因污染环境和破坏生态造成损害的，应当依照《中华人民共和国侵权责任法》（以下简称《侵权责任法》）的有关规定承担侵权责任。"除了本条因援引性规定出现了两次"侵权"之外，翻遍整部《环境保护法》，笔者没有发现"环境侵权""环境侵害"或"侵害"等词语。第66条规定了"环境损害"[1]而没有采用过去的"环境污染损害"。据此，我们似乎可以推论，修订后的《环境保护法》采纳了环境损害概念，而并非之前不少学者所主张的环境侵害或者环境侵权概念。为了便于《环境保护法》的理解和适用，关于环境损害概念的内涵和外延，及其与环境侵害、环境侵权等概念的差异，有必要作进一步解释和澄清。

## 一、从《侵权责任法》规定"环境污染责任"谈起

2009年12月26日通过的《侵权责任法》第八章规定了环境污染责任。对此称谓，学理上存在不同的看法：公害责任、环境侵权责任和环境损害赔偿责任。但是，立法机关采纳了环境污染责任，即环境污染侵权责任。[2]

---

[1] 《环境保护法》第66条规定："提起环境损害赔偿诉讼的时效期间为三年，从当事人知道或者应当知道其受到损害时起计算。"

[2] 王利明教授认为，因为公害责任即环境污染对公众危害的责任，没能很好地表述致人损害的民事责任；环境损害赔偿责任没能包含诸如停止侵害、消除危险、恢复原状等其他责任形式；环境侵权责任似乎又过于宽泛，譬如可能包含环境本身的损害；所以，立法机关并没有采纳上述称谓。据此，王教授认为，我国《侵权责任法》采用"环境污染责任"的概念，应当解释为环境污染侵权责任。参见王利明：《侵权责任法研究》（下），中国人民大学出版社2011年版，第425页。

《侵权责任法》第65条规定了“因污染环境造成损害的，污染者应当承担侵权责任”❶。该条仅仅规定了环境污染侵权，但是否包括生态破坏侵权在内的广义环境侵权，学者对此看法不一❷。

对于环境侵权的理解，民法学界存在包括生态破坏侵权、生态损害抑或不包括的广狭义之分。张新宝教授采取狭义的观点，认为是污染环境致人损害的侵权责任，不包括“生态破坏侵权”和“致环境本身损害的侵权”，并认为污染环境致人损害作为一种特殊侵权行为，其构成要件应当包括污染环境的行为、损害、污染环境的行为与损害之间的因果关系。❸ 杨立新教授虽然也赞同环境污染侵权的概念，但同时他又认为，环境污染侵权包括转基因农产品污染侵权、水污染侵权、大气污染侵权、固体废物污染侵权、海洋污染侵权、能量污染侵权、有毒有害物质污染侵权、环境噪声污染侵权和生态损害责任等具体类型。❹ 由于他主张将生态损害责任也作为环境污染侵权的一种类型，所以杨立新教授采取的是广义的环境侵权观点。

民法学界尽管存在环境侵权是涵盖或者不包括生态破坏侵权的广狭义之分，但是在“致人损害”即损害的是人身、财产等民事权益这一点上，态度鲜明、观点也保持一致。而在环境法学界，不论对于损害的对象还是范围等都存在不同的表述，观点纷呈。

## 二、环境法学界对于环境侵权概念的不同理解

在对环境侵权的途径、对象、范围等方面的认识上，环境法学界存在着分歧。也就是说，环境侵权的途径除了污染环境之外，是否还包括破坏生态环境？环境侵权所规定的对象除了人身、财产权益外，是否还包括环境权益甚至环境生态（或自然资源）？环境侵权所规制的范围是

---

❶ 《中华人民共和国民法典》第1229条规定：“因污染环境、破坏生态造成他人损害的，侵权人应当承担侵权责任。”

❷ 2020年5月28日通过的《中华人民共和国民法典》第七编第七章采取了广义环境侵权概念，即包括生态破坏侵权和环境污染侵权。

❸ 张新宝：《侵权责任法》，中国人民大学出版社2010年版，第285页。

❹ 杨立新：《侵权法论》，人民法院出版社2013年版，第735—739页。

仅限于现实发生的实际损害还是可以包括具有预防性质的损害危险或损害之虞？基于对上述问题的不同认识，对环境侵权的定义大体上包括如下不同观点。

## （一）狭义的环境侵权

狭义的环境侵权主张者认为，环境侵权是因污染和（或）破坏环境而损害他人的人身权、财产权，通常相当于民法学界的包括破坏生态环境侵权在内的广义环境侵权观。例如，金瑞林先生认为，环境侵权民事责任“一般是指公民或法人因污染和破坏环境，造成被害人人身或财产损失而应承担的民事方面的法律责任”。❶ 曹明德教授也认为，“环境侵权是由于人为活动导致环境污染、生态破坏，从而造成他人的财产或身体健康方面的损害的一种特殊侵权行为”。❷ 蔡守秋教授认为，环境侵权民事责任是指“违反国家保护环境、防止污染的规定，污染环境造成他人损害者依法应当承担的民事责任”。❸ 蔡教授对环境侵权的界定不仅强调违法性，而且在环境侵害的途径上仅限于污染环境，他的这一定义深

❶ 金瑞林：《环境法学》，216 页，北京，北京大学出版社，1999 年版。他在《环境法——大自然的护卫者》一书中指出环境侵权民事责任是“公民或法人因过失或无过失排放污染物或其他损害环境的行为，而造成被害人人身或财产的损失时，要承担的民事责任”。金瑞林：《环境法——大自然的护卫者》，时事出版社 1985 年版，第 98 页。类似的还有：程正康先生认为，环境民事责任“是指因从事了违反环境法的行为或者因造成环境破坏和环境污染而侵害了他人的民事权利或者依据环境法规定应当承担的法律责任”。只不过程先生将违法性作为环境侵权的构成要件。参见程正康：《环境法》，高等教育出版社 1989 年版，第 225 页。曲格平先生认为，环境侵权民事责任是“公民或法人或者其他组织因污染或破坏环境，给他人造成人身或财产损失时应承担的民事方面的法律后果和责任”。参见曲格平：《环境与资源法律读本》，解放军出版社 2002 年版，第 91 页。韩德培先生指出，环境侵权民事责任是指“违反环境保护法规造成环境污染或破坏的单位和个人依照民事法规所应承担的法律责任”。参见韩德培：《环境保护法教程》，法律出版社 1998 年版，第 308 页。陈泉生教授认为，“环境侵权是因人为活动致使生活环境和生态环境遭受破坏或污染而侵害相当地区多数居民生活权益或其他权益的事实，包括环境破坏和环境污染”。参见陈泉生：《论环境侵权的诉讼时效》，载《环境导报》，1996 年版第 2 期，第 12 页。

❷ 曹明德：《环境侵权法》，法律出版社 2000 年版，第 9 页。

❸ 蔡守秋：《环境资源法学教程》，武汉大学出版社 2000 年版，第 529 页。

受《民法通则》第124条[1]的影响。[2]

### （二）中义的环境侵权

中义的环境侵权主张者认为，环境侵权是指因污染和（或）破坏环境而损害他人的人身权、财产权、环境权益。[3] 例如，马骧聪先生认为，“危害环境的侵权行为，是一种特殊侵权行为。其侵犯的客体包括他人的财产权、人身权和环境权。在这里，对财产权的侵犯，是指因污染或破坏环境而使他人的财产受到损害，如污染或破坏了他人的土地、树木、设备、器材、衣物、农作物、牲畜、家禽、养殖的水产品，等等。对人身权的侵犯，是指因污染和危害环境而对他人的健康和生命造成的损害，包括致人患病、受伤、致残、死亡等。对环境权的侵犯，是指因违反环境保护法规，污染、损害、破坏环境而损害了他人享有的正常环境质量或环境舒适度，如以噪声、振动危害他人的安宁，妨害正常休息、工作和学习；或者违章建筑，非法挡住他人的住房采光、通风；等等”。[4] 周珂教授也认为，环境侵权“是指污染或破坏环境，从而侵害他人环境权益或财产、人身权益的行为”。[5] 王灿发教授的观点也可归于中义的环境侵权之列。[6]

---

[1] 《民法通则》第124条规定：“违反国家保护环境防止污染的规定，污染环境造成他人损害的，应当依法承担民事责任。”

[2] 持狭义环境侵权的学者还有邹雄教授等，他也明确主张环境侵权仅包括人身权、财产权，不应包括环境权。参见邹雄：《环境侵权救济研究》，中国环境科学出版社2004年版，第22—25页。

[3] 王社坤：《环境利用权研究》，中国环境出版社2013年版。

[4] 马骧聪：《环境保护法》，四川人民出版社1988年版，第141—142页。

[5] 周珂：《生态环境法论》，法律出版社2001年版，第96页。

[6] 王灿发教授认为，“环境侵权民事责任是指环境法律关系主体因不履行环境保护义务而侵害了他人的环境权益所应承担的否定性的法律后果”。王教授是从法理的高度即从义务的违反来阐述环境侵权，认为环境侵权就是违反环境保护义务而损害他人环境权益的行为。同时，他也认为“环境侵权行为是指因行为人排放污染物或者从事其他开发利用环境的活动，造成了环境污染或破坏，导致相当地区多数人财产和人身的损害，或危及人类生存和发展的事实，并依法应承担民事责任的一种特殊侵权行为”。由于王教授论述的“或危及人类生存和发展的事实”和前述所谈及的环境权益侵害，所以很难将其归于狭义的环境侵权观之列，笔者认为将其划归到中义的环境侵权观会比较合适一些。参见王灿发：《环境法学教程》，中国政法大学出版社1997年版，第128—129页。

### （三）广义的环境侵权

广义的环境侵权主张者认为，环境侵权是指因污染和（或）破坏环境而损害或者可能损害他人的人身权、财产权、环境权益和生态环境或公共财产。例如，王明远教授认为环境侵权是“因产业活动或其他人为原因，致使自然环境的污染或破坏，并因而对他人人身权、财产权、环境权益或公共财产造成损害或有造成损害之虞的事实”。[1] 罗丽教授认为环境侵权是指“因产业活动或其他人为的活动致使环境污染、生态环境破坏等侵权行为发生，造成或可能造成他人生命、身体健康、财产乃至环境权益等损害的，行为人依法应承担的民事责任”。[2] 罗教授与王明远教授的表述大同小异，都注意到了环境侵权除造成实际损害外，还存在“可能造成损害”；尽管在对环境侵害客体的表述中没有王教授所指的“或者公共财产”类型，但是，罗教授很聪敏，在她的表述中加了一个“等”字，从而使之与王教授的表述差别不大。

## 三、环境侵害、环境损害概念应运而生及其与环境侵权的辨析

### （一）环境侵害概念

尽管在环境法学界存在着众多的有关环境侵权内涵的不同理解，但是也有不少学者敏锐地发现环境侵权是一个私法上的概念，很难涵盖生态环境自身或自然资源的损害。于是，环境侵害、环境损害、环境公害等概念在环境法学界就应运而生，以示区别于作为私法概念的环境侵权。

论及环境侵害概念较早的学者是陈泉生教授和李艳芳教授。陈泉生教授认为，应将环境污染或破坏引起的损害定义为“环境侵害”，即因人为的活动，致使生活环境和生态环境遭受破坏或污染，从而侵害相当

[1] 王明远：《环境侵权救济法律制度》，中国法制出版社 2001 年版，第 13 页。

[2] 罗丽：《环境侵权民事责任概念定位》，载《政治与法律》，2009 年第 12 期，第 7 页。或者参见罗丽：《中日环境侵权民事责任比较研究》，吉林大学出版社 2004 年版，第 85 页。

地区范围内不特定多数人的生活权益或其他权益的事实。[1] 李艳芳教授也认为，环境侵害是指因人为活动导致损害一定区域内不特定多数人环境权益的事实。[2] 这两位教授所讨论的环境侵害，关键点在于创造了目前仍不为民法学界所接受的环境权益、生活权益等概念，实质上类似于环境法学者所主张的中义的环境侵权概念。徐祥民教授等也赞同环境侵害概念，他们认为，“环境侵害是人类的环境行为所造成的对环境的消极影响和由受影响的环境引起的包括人的利益损害在内的各种损害”。进而认为环境侵权是侵权法范畴内的概念，它仅是环境侵害的一个组成部分，甚至只是一小部分。[3]

关于环境侵害概念的界定，较有影响的还有汪劲教授和吕忠梅教授的观点。汪劲教授认为，环境侵害是指人类环境利用行为造成环境污染和自然破坏，继而导致公、私财产损失或人体健康损害以及环境质量恶化和环境功能下降的现象。[4] 从环境侵害的行为看，可以将它们划分为环境容量利用行为（排污行为）导致的环境污染侵害和自然资源利用行为（开发行为）导致的自然环境破坏两大类型；从环境侵害的实际后果看，也可以将它们划分为财产（物的）侵害、人身侵害和生态破坏三大类型。[5] 在其著作《环境法学》（第二版）第九章“环境侵害救济法”中，他将环境侵害划分为广义环境侵害和狭义环境侵害：前者是指因任何人利用环境造成环境和生态系统的不良影响或不利改变；后者特指开发利用环境行为导致环境质量下降、生态效益降低或者造成人体健康损害和财产损失的现象。汪教授进而认为，狭义上的环境侵害与各种法律文件所表述的环境污染、环境污染损害和环境损害基本相似。[6] 汪劲教

---

[1] 陈泉生：《环境侵害及其救济》，载《中国社会科学》，1992 年第 4 期，第 172 页。陈泉生教授后来将环境侵害又表述为“因人为的活动，致使生活环境和生态环境遭受破坏或污染，从而侵害他人或相当地区多数居民的生活权益、环境权益及其他权益，或危及人类的生存和发展的法律事实”。参见陈泉生、周辉：《论环境侵害与环境法理论的发展》，载《东南学术》，2007 年第 3 期，第 125 页。

[2] 李艳芳：《环境侵害的民事救济》，载《中国人民大学学报》，1994 年第 6 期，第 66—67 页。

[3] 徐祥民、邓一峰：《环境侵权与环境侵害——兼论环境法的使命》，载《法学论坛》，2006 年第 2 期，第 13 页。

[4] 汪劲：《环境法学》（第一版），北京大学出版社 2006 年版，第 557 页。

[5] 同上注，558 页。

[6] 汪劲：《环境法学》（第二版），北京大学出版社 2011 年版，第 277 页。

授提出和使用环境侵害概念的意图在于凸显生态环境本身损害的重要性，并将其与传统的环境侵权概念区分开来。

吕忠梅教授也认识到，“人身权、财产权的私益性与环境资源的公益性的冲突客观存在，必然导致民法与环境法在价值取向、立法目上的的巨大差异”；并在《侵权责任法》颁布之前，指出环境侵权概念的问题和不足，十分鲜明地提出了环境侵害概念。❶ 吕忠梅教授借用生物进化的遗传与变异规律，研究环境侵权的遗传性和变异性，发现其侵权基因的突变和重组，并总结出四个二元性特征：(1) 主体的二元性，即私法意义上的“人”和环境法意义上的“人类”组合；(2) 所保护利益的二元性，即个人主体的人身、财产、精神利益以及人类共同的环境利益或生态利益相组合；(3) 原因行为的二元性，即将侵权法上的单纯人的行为与环境法上的“人—自然—人”关系组合，形成了其特殊的侵权原因行为，使其原因行为具有了二元性，即环境污染和生态破坏，并且环境污染行为与生态破坏行为各自具有特性；(4) 损害后果的二元性，即既有对人身、财产、精神的损害也有对自然环境的损害。❷ 基于这些特性，吕教授进而认为这种新的侵权形态已经不可能完全纳入传统侵权的范畴，需要为其重新定性并且定位。尽管环境法学者提出了有别于传统侵权形态（即传统的环境侵权）的公害、环境侵害、环境损害、生态损害等概念，但是吕教授还是倾向于使用环境侵害概念，认为环境侵害是对社会利益和个人利益的双重侵害；它是对环境资源多元价值的侵害；它是一种社会风险或者必要代价；它是一种复杂性侵害。❸

### （二）环境损害的概念

其实，在环境法学界，环境损害概念的出现要早于环境侵害。早在1984年，丘国堂先生就率先提出环境损害赔偿概念。他认为只要行为人有排污或开发自然资源、自然环境的行为，并给社会和人民造成了损

❶ 吕忠梅：《论环境法上的环境侵权——兼论〈侵权责任法（草案）〉的完善》，载《清华法治论衡》，2010年第13辑，第244—261页；吕忠梅：《环境侵权的遗传与变异——论环境侵害的制度演进》，载《吉林大学社会科学学报》，2010年第1期，第124—131页。

❷ 吕忠梅：《环境侵权的遗传与变异——论环境侵害的制度演进》，载《吉林大学社会科学学报》，2010年第1期，第128—129页。

❸ 同上注。

害，而且行为与损害事实之间有因果关系，不论其是否有过失，是否违法，原告是否举证，都要追究赔偿责任。[1] 实际上，丘国堂先生所探讨的环境损害赔偿与民法上的环境侵权概念内涵是相同的。

至于什么是环境损害，在环境法学界也存在不同的理解。归纳起来，学者的观点大体上有以下几点：（1）认为环境损害是指污染环境和（或）破坏生态环境致人损害或产生危害。例如，王灿发教授认为，环境损害既包括由于排放污染物造成大气污染、水污染、土地污染、海洋污染而导致的危害，也包括发射噪声、产生振动、放射性、电磁辐射、热能、阻挡日光等对财产和人身健康造成的损害，还包括由于建设和开发活动对生态造成的破坏。环境损害赔偿应当是由环境污染与其他公害对他人造成危害而引起的赔偿问题。[2] 这种观点与民法上广义的环境侵权或者环境法学者所主张的狭义环境侵权相吻合。台湾学者陈慈阳先生大体上也持这种观点。[3]（2）认为环境损害是环境侵权行为给他人造成环境权益、财产和人身权益，以及其他权益的损害，包括财产的损害和非财产的损害。[4] 这一观点与环境法学者所主张的中义环境侵权相符合。（3）认为环境损害包括对环境损害和经由环境对人的损害。例如，吕忠梅教授认为，环境对人类而言存在两种利益，即公益和私益；对于私益的损害即“对人的损害”，侵权法已经作出了明确规定；对于环境污染、

---

[1] 丘国堂：《浅谈环境法中的损害赔偿问题》，载《武汉大学学报（社会科学版）》，1984年第5期，第100页。

[2] 王灿发：《论环境纠纷处理与环境损害赔偿专门立法》，载《政法论坛》，2003年第5期，第23页。

[3] 陈慈阳先生认为，“所谓环境损害，系指人为日常的、反复的活动下所产生破坏维持人类健康与安适生活的环境，而间接损害公众之权利或利益或有损害之虞的事实，亦即以环境作为媒介，损害人民健康或有危害之虞者”。参见陈慈阳：《环境法总论》（修订版），中国政法大学出版社2003年版，第328页。

[4] 李艳芳：《环境损害赔偿》，中国经济出版社1997年版，第65页。李教授进而认为，环境损害赔偿通常指因污染环境致他人财产或者人身伤害所要承担的民事赔偿责任；即加害人对受害的法人、公民的赔偿，不包括对国家的赔偿（对国家整体环境的污染，国家征收排污费）。参见李艳芳：《关于制定〈环境损害赔偿法〉的思考》，载《法学杂志》，2005年第2期，第65页；李艳芳：《环境损害赔偿》，中国经济出版社1997年版，第10—11页。

生态破坏公益的损害即“对环境的损害”，侵权法没有作出规定。❶ 这种观点与环境法学者所主张的中义或广义环境侵权大体一致。(4) 认为环境损害即Environmental Damage，是指纯环境的损害，也称生态环境的损害或生态损害。❷ 几乎所有的环境法学者，都认可纯生态环境损害或狭义的环境损害，因为它不仅仅是国际法律文件、国外有关环境保护的立法或者学者的论著中所通用的概念，而且它也是环境法学之所以存在和有别于作为私法的民法的重要特性。

总体而言，作为具有区分价值的环境损害，大体上有广义和狭义之分。广义上的环境损害是指污染环境和（或）破坏生态环境导致人的损害以及对生态环境本身的损害；而狭义的环境损害仅指对生态环境的损害，包括对自然资源生态的损害和对人的生活环境及其要素的损害。环境法学者所探讨的环境损害一般指广义上的环境损害。汪劲教授在其著作《环境法学》（第三版）第九章“环境损害救济法”中将环境损害划分为广义环境损害和狭义环境损害。广义的环境损害指任何原因导致环境质量下降、物种减少或灭绝以及生态系统功能损坏的不良影响或不利改变；狭义的环境损害指开发利用环境资源行为导致的环境污染、生态破坏以及由此造成人体健康损害、财产损失以及社会公益损害等后果发生的现象。❸ 汪教授所界定的广义环境损害包括了自然原因所引起的生态环境改变，其通常为自然灾害应对或应急法案等所规定，不属于环境

---

❶ 吕忠梅教授进一步分析后认为，“对人的损害”是环境损害赔偿问题；环境公益诉讼应将环境损害赔偿问题排除，仅限于“对环境的损害”。参见吕忠梅：《环境公益诉讼概念辨析》，载《法商研究》，2008 年第 6 期，第 135—136 页。持环境损害包括对环境损害和经由环境对人的损害观点的还有：周晨博士认为环境损害是指由于产业活动或其他人为原因对环境施加不良因素，造成环境污染或破坏，从而导致人体健康、公私财产以及区域生态功能和自然资源等环境权益的损害或危害。参见周晨：《环境损害的法律定义研究》，载《中国人口·资源与环境》，2006 年第 6 期，第 200 页。刘长兴博士也认为，环境损害包括“对环境的损害”和“经由环境的损害”，是由于人类活动导致环境污染和生态破坏，从而损害他人权益或者公共利益的事实。参见刘长兴：《环境损害赔偿法的基本概念和框架》，载《中国地质大学学报（社会科学版）》，2010 年第 3 期，第 75—79 页。

❷ 值得一提的是，有些学者将环境本身的损害定义为生态损害，将传统的人身、财产损害定义为生活环境损害；并主张将生态损害也纳入侵权责任法中进行规制。参见王世进、曾祥生：《侵权责任法与环境法的对话：环境侵权责任最新发展—兼评〈中华人民共和国侵权责任法〉第八章》，载《武汉大学学报（社会科学版）》，2010 年第 3 期，第 402—404 页。

❸ 汪劲：《环境法学》（第三版），北京大学出版社 2014 年版，第 297 页。

保护法的调整范畴；其所界定的狭义环境损害即为本书所指的广义上的环境损害。

### （三）环境损害、环境侵权与环境侵害的辨析

综合环境法学者有关环境侵权、环境侵害和环境损害概念的不同见解，我们可以将它们的内涵细化如下：

第一，在损害的原因上，是仅限于人为活动的原因还是包括自然原因？在这一点上，环境法学界已经达成共识，即仅指人为原因而非自然原因，也就是说主要是由于产业活动或者开发利用自然资源以及其他人类活动而导致的。

第二，在损害的途径上，是仅限于污染环境还是包括破坏生态环境？尽管不少民法学者尚不支持包括破坏生态环境致人损害的情形，但是几乎全部环境法学者都认可污染环境和破坏（生态）环境这两种途径。

第三，在损害的对象上，是仅限于人身、财产权利还是包括环境权益或者生态环境、自然资源？在环境侵权概念体系中，中义和广义的环境侵权都创设或借鉴了“环境权（或环境权益）”概念，并将其作为私法上可以救济的民事权利进行阐释；广义的环境侵权还包括生态环境本身或者自然资源。而在环境侵害和环境损害概念体系中，通过“普通环境侵权+生态环境损害”的模式构建的概念内涵，通常没有提及（或者避免提及）环境权这一概念。

第四，在损害的形态上，是仅限于现实的损害还是包括未来的损害或损害之虞？广义的环境侵权和环境侵害的概念能够涵盖损害之虞这一情形，而狭义或中义的环境侵权和环境损害通常则不包括。

第五，在救济方式上，是仅限于损害赔偿还是包括生态环境的修复、危害的防止和除去？狭义的环境侵权不包括生态环境的修复，中义和广义的环境侵权、环境侵害和环境损害都包括生态环境的修复，广义的环境侵权和环境侵害概念还包括生态环境危害的防止和除去。

由此可见，如果将环境损害中的“损害”解释为不限于损害后果还包括“侵害危险”或未出现的未来损害的话，那么环境损害、环境侵害和广义的环境侵权等概念内涵基本上是一致的。正是基于此，我们看到

不少环境法学者在不同时期主张不同的概念。其实，在笔者看来，尽管《环境保护法》第 64 条在形式上扩张了《侵权责任法》第 65 条的内涵，[1] 即包括破坏生态造成的环境侵权，但是作为民法概念的环境侵权到此应当止步，所以很难扩张到包括生态环境本身的损害。这或许是环境损害、环境侵害等概念存在的价值所在吧。

## 四、《环境保护法》采纳环境损害概念的理由分析

我国立法机关为什么选择“环境损害”概念，首先，其有历史渊源。早在 1979 年《中华人民共和国环境保护法（试行）》第 32 条第 1 款就规定：“对违反本法和其他环境保护的条例、规定，污染和破坏环境，危害人民身体健康的单位，各级环境保护机构要分别情况，报经同级人民政府批准，予以批评、警告、罚款，或者责令赔偿损失，停产治理。”在学理解释上，认为该条是有关环境损害赔偿的规定。[2] 1989 年《环境保护法》第 42 条规定：“因环境污染损害赔偿提起诉讼的时效期间为三年，从当事人知道或者应当知道受到污染损害时起计算。”该条不仅规定了特别时效期限，也明确采纳了环境污染损害赔偿概念。2014 年修订的《环境保护法》第 66 条就进一步明确规定“环境损害赔偿”，删除了 1989 年《环境保护法》第 42 条“污染”二字。

在立法术语选择上，我国过去并没有使用“环境侵权”或“环境侵害”，而是使用“环境污染损害”“污染环境造成损害”“环境污染危害”等。如《民法通则》第 124 条使用“污染环境造成损害”，《环境保护法》（1989 年）第 41 条使用“环境污染危害”、第 42 条使用“环境污染损害”，《海洋环境保护法》（1999 年）第 41 条使用“环境污染损害”，《侵权责任法》第 65 条使用“污染环境造成损害”等。在国家

---

[1] 根据全国人大常委会法工委民法室对《侵权责任法》第 65 条的解释，破坏生态环境、自然资源等也解释为一种环境污染。因此，《环境保护法》第 64 条的规定仅仅是更加明示了原来的立法目的，而并非实质上的扩张环境侵权的内涵。参见全国人大常委会法制工作委员会民法室编：《中华人民共和国侵权责任法条文说明、立法理由及相关规定》，北京大学出版社 2010 年版，第 266 页。

[2] 丘国堂：《浅谈环境法中的损害赔偿问题》，载《武汉大学学报（社会科学版）》，1984 年第 5 期，第 98 页。

海洋局发布的规范性文件中，如《〈海洋石油勘探开发化学消油剂使用规定〉的通告》〔国海管发（1992）479 号〕第 2 条，使用了“环境损害”。

其次，选择“环境损害”概念有国外立法先例可循。许多国家或国际组织倾向于使用环境损害之类的概念，例如，《德国环境责任法》使用“环境影响造成的损害”、法国法律使用“纯粹环境损害或生态损害”、美国和日本使用“公害”、《瑞典环境损害赔偿法》规定了环境损害的救济以及《欧盟环境责任指令》直接规制环境损害等。[1]

再次，立法机关采用“环境损害”而不采用“环境侵权”主要是由于后者很难救济生态环境本身的损害。我们知道，经由环境而致人的损害，可以通过传统侵权法得以救济。而对环境的损害原本很难纳入既有侵权法体系的，为了能够进入既有的私法救济体系，环境法学者在理论上进行了许多创新性的尝试。其中，一个重要方面是建构环境权理论，将环境权益解释为侵权法所救济的民事权益之一，于是，我们看到环境法学界丰富多彩的、内涵不同的环境侵权观点；另一个重要方面是通过扩大损害的范围，将生态环境损害解释为纯经济损失等。但是，试图通过环境权的构建来扩大环境侵权中的“民事权益”却与侵权法的私法属性相违背；企图将环境生态损害纳入人身、财产损害之外的纯经济损失进行侵权法的救济难以行得通。[2] 由于生态环境这一公益本性和作为私法工具的侵权法自身的局限性相冲突，所以试图通过环境侵权含义的扩张来解决新出现的生态环境损害问题只能是痴人说梦。加之每一部法律的制定都有其目标定位和适用范围，所以为了避免与《侵权责任法》发生概念上的冲突，《环境保护法》采取了“环境损害”的概念而非“环境侵权”概念。

最后，立法机关采用“环境损害”而不采用“环境侵害”的理由，笔者认为，主要有以下几点：（1）“侵害”通常是指不法侵害行为，注

---

[1] 《国际油污损害民事责任公约》（1979 年）、《国际燃油污染损害民事责任公约》（2001 年）、《国际救助公约》（1989 年）、《欧洲理事会关于对环境有危险的活动造成损害的民事责任公约》（1993 年）、《海上运输有害有毒物质的责任和损害赔偿的国际公约（HNS 公约）》（1996 年）、《预防危险活动造成的越境损害的条款草案》（2001 年）、《关于危险活动造成的跨界损害案件中损失分配的原则草案》（2004 年）等都规定了环境损害及其救济。

[2] 具体分析论证可参见环境侵害的归责原则部分。

重一种动态性；“损害”是指受保护的权益所遭受的不利，偏向于一种静态的后果。环境侵害可以通过环境保护规划、环境影响评价和环境标准等制度进行事前动态规制；而环境损害则是通过赔偿制度的构建来减少、减轻、消除和救济事前动态机制失灵情形下的静态权益失衡。(2)“侵害”包括侵害的可能性或损害之虞，环境侵害的可能性在项目批准开工前通常可以通过环境行政复议、诉讼或者项目听证等方式进行解决，纵使在项目开工后也还可以通过禁令制度进行预防或排除；环境损害赔偿是一种对人的损害和生态环境污染破坏的事后补救、救助和恢复措施。(3) 环境侵害更强调私法侵害他人权益的色彩；而环境损害则是客观事实的描述，它可以通过环境公益诉讼[1]或者普通民事诉讼[2]得以救济。(4)“侵害”具有不法性或违法的含义，而在许多环境损害行为中，被告的行为要么合法要么很难被认定为违法；因此，立法上采用“环境损害”相较于“环境侵害”更加科学。

## 五、结论及《环境保护法》相关条文的理解

在学理上讲，广义的环境侵权与环境侵害、环境损害等概念在内涵上大体一致。但是，仔细分析广义环境侵权所主张的环境权或环境权益以及生态环境损害纳入人身财产之外的纯经济损失等问题，又发现它们与既有的私法概念体系相冲突和相背离。因此，试图在立法上扩张环境侵权的内涵即让其包括生态环境利益一定会与现行立法相冲突、相矛盾和不协调。从环境侵权的私法本性来看，笔者赞同环境法学界狭义环境侵权概念，也即民法学界广义环境侵权概念。

作为环境法基本法的《环境保护法》，由于其更具公法的属性，所以没有采纳环境侵权这一概念。尽管环境侵害概念（包括环境侵权和生

---

❶ 《中华人民共和国环境保护法》第58条规定：“对污染环境、破坏生态，损害社会公共利益的行为，符合下列条件的社会组织可以向人民法院提起诉讼：（一）依法在设区的市级以上人民政府民政部门登记；（二）专门从事环境保护公益活动连续五年以上且无违法记录。符合前款规定的社会组织向人民法院提起诉讼，人民法院应当依法受理。提起诉讼的社会组织不得通过诉讼牟取经济利益。”

❷ 《中华人民共和国环境保护法》第64条规定：“因污染环境和破坏生态造成损害的，应当依照《中华人民共和国侵权责任法》的有关规定承担侵权责任。”

态环境损害）较环境侵权概念更能体现和适于环境法学的品性，但是，由于环境侵害更注重动态的侵害行为，环境损害更客观地描述损害事实，以及环境侵害存在着不少有别于环境损害的特性，所以《环境保护法》舍弃了环境侵害概念，直接采纳更为科学合理的环境损害概念。

关于环境损害概念的内涵，大体上包括两层含义：一是对环境的损害，二是经由环境致人的损害。于是，狭义的环境损害仅指纯生态环境损害；而广义的环境损害既包括污染环境和（或）破坏生态导致人的损害又包括对生态环境本身的损害。根据这些结论，我们来看《环境保护法》有关“损害”的规定的不同内涵。

《环境保护法》第 64 条和第 66 条中的“损害”是指环境损害的第二层含义，即经由环境致人的损害；换句话说就是因污染环境和（或）破坏生态导致人身、财产权益的损害（乃为环境侵权应有的含义）[1]；第 34 条、第 38 条和第 58 条中的“损害”应为环境损害的第一层含义，即环境污染和生态破坏这一社会公益的损害。第 5 条和第 6 条中的“损害”应解释为广义的环境损害，即既包括污染环境和（或）破坏生态导致人的损害又包括对生态环境本身的损害。基于第 58 条提起的环境公益诉讼，由于涉及公共利益的维护，解释上应当不受第 66 条所规定的诉讼时效限制。[2]

---

[1] 《环境保护法》第 64 条的规定，形式上扩大了《侵权责任法》第 65 条的规定，即从环境污染侵权扩大到包括生态破坏在内的较为广义的环境侵权，即民法学界上的广义环境侵权概念。依照新法优先于旧法的法律适用原则，《环境保护法》第 64 条应当优先于《侵权责任法》第 65 条适用。但是，《环境保护法》第 64 条又是一个指引规范，所以应当根据该条的规定对《环境责任法》第 65 条进行扩大解释。即将“污染环境”解释为“所有污染或破坏生态环境，无视环境容量，导致生态失衡的向环境输入或输出物质和能量的行为”；而且，“污染者”解释上也应当同时包括破坏者。

[2] 最高人民法院在《关于贯彻执行〈中华人民共和国民法通则〉若干问题的意见（试行）》第 170 条规定：“未授权给公民、法人经营、管理的国家财产受到侵害的，不受诉讼时效期间的限制。”

# 环境侵害的归责原则

在我国侵权责任法颁布之前，学界对于采纳环境侵权、环境侵害、环境损害等不同概念就存在分歧。[1] 关于环境侵权民事责任的归责原则，主要存在二元归责说和一元归责说两种观点。曹明德、罗丽等教授主张采取无过错责任归责即一元归责说，[2] 而另有少数学者主张无过错责任归责与过错责任归责并存的二元归责说。[3] 尽管传统大陆法系国家如德国、日本等民法过去采用了过错责任归责和无过错责任归责并存的二元归责体系，但是在环境侵权方面采取无过错责任归责原则已经成为世界各国立法和司法实践的发展趋势。[4]

---

[1] 周珂、王灿发、曹明德、王明远、邹雄等教授采取的是环境侵权概念，李艳芳等教授采取的是环境损害概念，陈泉生、吕忠梅、汪劲等教授采取的是环境侵害概念。具体表述可以参见各位教授的专著或教材，也可以参见吕忠梅：《侵害与救济：环境友好型社会中的法治基础》，法律出版社2012年版，第17—31页。

[2] 罗丽、李玉平：《环境侵权民事责任归责原则研究——以中日法的比较为中心》，《北京理工大学学报（社会科学版）》，2004年第5期；曹明德：《环境侵权法》，法律出版社2000年版，第155页。

[3] 张宝光：《论环境侵权的归责原则》，中国政法大学硕士论文，2004年12月。

[4] 大陆法系国家通常采取民法典与特别法相结合，明文规定或者对民法典进行修改、解释等方式规定环境侵权无过错责任归责原则；而英美法系国家则通过立法和判例创设方式，确立无过错责任归责原则。如法国通过判决对《法国民法典》第1384条赋予新的含义而确立了无过错责任原则。此外，法国还以《民航法》《核损害赔偿法》《矿业责任法》《政治公害责任法》等特别法形式规定了特殊活动所致环境污染损害适用无过错责任原则。在德国，将无过错责任称为危险责任，除《德国民法典》第906条、第907条、第1004条等均明确规定了危险责任外，还通过1957年的《水利法》、1959年的《原子能和平利用及防止危害法》、1974年的《联邦公害防治法》、1991年的《环境责任法》等特别法规定了危险责任的具体适用情形。英美法系国家通常通过特别法形式，确立无过错责任归责原则。如1949年的英国《民航法》、1959年和1965年的英国《原子能装置法》、1980年的美国《综合环境责任反应、赔偿与责任法》、1987年修订的美国《联邦水污染控制法》、1990年美国修订的《清洁空气法》等。

2010年7月1日实施的《中华人民共和国侵权责任法》在环境侵权方面也采纳了无过错责任归责原则。❶该法第65条规定："因污染环境造成损害的，污染者应当承担侵权责任。"❷尽管本条规定了环境侵权的无过错责任归责原则，但是何谓污染环境侵权？它与环境侵权有什么不同？环境侵权与环境侵害是否一致？学界对这些问题远没有达成共识。例如，吕忠梅教授在《吉林大学社会科学学报》2010年第1期上发表了《环境侵权的遗传与变异——论环境侵害的制度演进》一文，十分鲜明地阐述了她一向主张有别于环境侵权的环境侵害概念。同时，学者对《侵权责任法》第65条的不同解读以及对环境侵权内涵的不同理解，也充分表明对环境侵权、环境侵害等的不同认识并没有因为侵权责任法的颁行而终止。因此，本书首先拟解读不同学者关于环境侵权的不同表述，然后提出一个大家可以认可的共识含义。基于此含义的环境侵权，可适用《侵权责任法》第65条所规定的无过错责任归责原则。而不属于此环境侵权含义的纯生态环境损害，就不能够适用第65条的规定，也就是说不能够想当然地采取无过错责任归责原则。

---

（接上注）此外，英美法系国家还通过判例法形式，进一步完善了有关环境侵权民事责任适用无过错责任归责原则的制度。尽管日本民法典采取了过错责任原则，但是，为应对日本近代产业勃兴期开始的因矿山、工厂而引起的环境污染，而且也为解决其内部的劳动灾害问题，1911年制定的日本《工厂法》第15条的规定被认为是日本最早规定无过错责任原则的立法。之后，1950年制定、1951年施行的《矿业法》在第109条规定了无过错责任原则。此后，日本1958年的《水洗炭业法》第16条、1961年制定的《原子能损害赔偿法》第3条，1972年的《大气污染防治法》和《水质污浊防治法》第25条和第19条至第20条，1976年开始施行的《油浊损害赔偿保障法》等都规定了无过错责任原则。

❶ 张新宝教授认为环境侵权适用无过错责任归责原则的理由：（1）对此适用无过错责任的归责原则，为当代世界各国环境保护立法和侵权行为法的基本趋势，我国民事法律与国际民事经济立法接轨，必须顺应这一趋势；（2）适用无过错责任的归责原则，有利于强化污染环境者的法律责任，促进其履行环保法律义务，严格控制和积极治理污染；（3）适用无过错责任的归责原则，更有利于保护被侵权人的合法权益，减轻被侵权人证明侵权人的过错（在污染环境的案件中，这通常是十分困难的）的举证责任；（4）适用无过错责任的归责原则，有利于简化诉讼程序，及时审结案件。参见张新宝：《侵权责任法》，中国人民大学出版社2010年版，第288页。

❷ 2020年5月28日通过的《中华人民共和国民法典》第1229条规定："因污染环境、破坏生态造成他人损害的，侵权人应当承担侵权责任。"此规定沿袭了《侵权责任法》第65条之规定，采纳了无过错归责原则。

那么，纯生态环境损害可否纳入既有的法律救济机制中去呢？或者更进一步说，它能否被纳入传统的私法救济体制中去？我国学者曾主张不同的尝试，试图运用环境权或生态权理论的建构或者通过“纯经济损失”的法律解释方法将纯环境损害纳入传统私法救济路径。[1] 笔者经过分析和论证，认为其并非可行；于是去找寻域外法律资源，认为欧盟有关环境责任指令比较科学可信。最后，建议我国可考虑借鉴欧盟环境责任指令，制定《环境责任法》，规定一定目录的企业、行业、场地、设施、装置等的所有者、经营者、持有者或占有者对其运营所致的生态环境损害承担无过错责任，除此之外的纯生态环境损害则实行过错责任归责。也就是说，针对纯生态环境损害的救济，应当实行无过错责任归责和过错归责二元并立的归责原则。

## 一、无法回避的环境侵权内涵界定

### （一）我国环境法学者就环境侵权的不同界定

*1. 老一辈环境法学者的观点*

马骧聪先生认为，环境侵权民事责任“首先是指损害赔偿。即在因污染和破坏环境而对他人的人身、财产或对国家、集体的公共财产造成损害时，造成损害的单位或个人应对受害者赔偿损失。其次，还指环境的污染和损害者应负责清除和治理他所造成的污染和损害，或者负担清除污染和治理损害的全部或部分费用”。[2] 结合注释，我们可以从马骧聪

[1] 学者关于通过环境权或纯经济损失的分析路径，具体可参见下文。

[2] 马骧聪：《环境保护法基本问题》，中国社会科学出版社1983年版，第85页。马骧聪先生在其著作《环境保护法》中指出：“危害环境的侵权行为，是一种特殊侵权行为。其侵犯的客体包括他人的财产权、人身权和环境权。在这里，对财产权的侵犯，是指因污染或破坏环境而使他人的财产受到损害，如污染或破坏了他人的土地、树木、设备、器材、衣物、农作物、牲畜、家禽、养殖的水产品，等等。对人身权的侵犯，是指因污染和危害环境而对他人的健康和生命造成的损害，包括致人患病、受伤、致残、死亡等。对环境权的侵犯，是指因违反环境保护法规，污染、损害、破坏环境而损害了他人享有的正常环境质量或环境舒适度，如以噪声、振动危害他人的安宁，妨害正常休息、工作和学习；或者违章建筑，非法挡住他人的住房采光、通风；等等。”参见马骧聪：《环境保护法》，四川人民出版社1988年版，第141—142页。

先生的表述得知，环境侵害的形式有污染环境和破坏环境，侵害的客体有人身权、财产权（包括公共财产）、环境权，侵害的救济为损害赔偿。

金瑞林先生认为，环境侵权民事责任是“公民或法人因过失或无过失排放污染物或其他损害环境的行为，而造成被害人人身或财产的损失时，要承担的民事责任”。[1] 结合注释，我们可以看出金瑞林先生对环境侵权的理解，首先，他还是坚持无过错责任归责原则的。其次，在他的表述中环境侵害的形式除污染环境外，还包括其他损害环境的行为；“其他损害环境的行为”可以理解为破坏环境所导致的损害等。最后，环境侵害的客体包括人身和财产，主体为公民和法人。

罗典荣先生认为，环境法制中的民事责任是指“违反环境保护法规造成环境污染和破坏的单位和个人，依照民事法规所应承担的法律责任”。[2] 罗典荣先生除了指出环境侵害的形式、主体外，还将违法性作为环境侵权的构成要件。

曲格平先生认为，环境侵权民事责任是“公民或法人或者其他组织因污染或破坏环境，给他人造成人身或财产损失时应承担的民事方面的法律后果和责任”。[3] 曲格平先生除了对环境侵害的形式、客体进行了界定外，还指明环境侵害的主体除公民、法人外，还可以包括其他组织。

2. 当代环境法学权威学者的观点

蔡守秋教授认为，环境侵权民事责任是指“违反国家保护环境、防止污染的规定，污染环境造成他人损害者依法应当承担的民事责任”。[4] 蔡守秋教授对环境侵权的界定强调违法性，并且在环境侵害的形式上仅

---

[1] 金瑞林：《环境法——大自然的护卫者》，时事出版社 1985 年版，第 98 页。金瑞林先生在其主编的《环境法学》中指出“民事责任，一般是指公民或法人因污染和破坏环境，造成被害人人身或财产损失而应承担的民事方面的法律责任”。参见金瑞林：《环境法学》，北京大学出版社 1999 年版，第 216 页。

[2] 罗典荣：《环境法导论》，中国政法大学出版社 1988 年版，第 223 页。

[3] 曲格平：《环境与资源法律读本》，解放军出版社 2002 年版，第 91 页。

[4] 蔡守秋：《环境资源法学教程》，武汉大学出版社 2000 年版，第 529 页。同在武大的韩德培教授指出环境侵权民事责任是指“违反环境保护法规造成环境污染或破坏的单位和个人依照民事法规所应承担的法律责任”。参见韩德培：《环境保护法教程》，法律出版社 1998 年版，第 308 页。

指污染环境，这一定义是深受《民法通则》第124条[1]影响的结果。

陈泉生教授认为，“环境侵权是因人为活动致使生活环境和生态环境遭受破坏或污染而侵害相当地区多数居民生活权益或其他权益的事实，包括环境破坏和环境污染”。[2] 陈泉生教授在界定环境侵权时，强调人为活动所产生的环境问题，并对环境侵害的对象进行了界定，即生活环境和生态环境。在环境侵害的客体上，她指明是多数居民生活权益或其他权益，旨在强调环境侵权后果广泛性和严重性，但是“生活权益或其他权益”究竟是指私法上的权益还是公法上的利益，她没有给予解释。

汪劲教授认为，环境侵权的民事责任是指“公民、法人因其排污行为（产生环境污染和其他公害的行为）导致造成他人权利侵害时应依法承担的赔偿损失或者恢复原状的责任”。[3] 结合注释，我们可以看出汪劲教授在界定环境侵权时，不仅注意到普通的损害赔偿还注意到针对环境侵权的特殊性而产生的恢复原状责任，同时有意将环境侵权的对象范围扩大到环境侵害、生态系统损害，这或许代表了环境侵权的发展方向。

周珂教授认为，环境侵权“是指污染或破坏环境，从而侵害他人环境权益或财产、人身权益的行为”。[4] 周珂教授很简洁精练地表述了环境侵害的形式污染环境和破坏环境，以及环境侵害的客体人身权、财产权和环境权。

王灿发教授认为，“环境侵权民事责任是指环境法律关系主体因不履行环境保护义务而侵害了他人的环境权益所应承担的否定性的法律后果”。[5] 王灿发教授是从法理的高度即从义务的违反来阐述环境侵权民事责任。他认为，环境侵权就是违反环境保护义务而损害他人环境权益的行为。

---

[1] 《民法通则》第124条规定：“违反国家保护环境防止污染的规定，污染环境造成他人损害的，应当依法承担民事责任。”

[2] 陈泉生：《论环境侵权的诉讼时效》，载《环境导报》，1996年第2期。

[3] 汪劲：《中国环境法原理》，北京大学出版社2000年版，第349页。汪劲教授在其著作《环境法学》中指出“环境侵害有广义和狭义之分，广义的环境侵害是指因任何人利用环境造成环境和生态系统的不良影响或不利改变。狭义的环境侵害特指开发利用环境行为导致环境质量下降、生态效益降低或者造成人体健康损害和财产损失的现象。本书仅指狭义上的环境侵害。”参见汪劲：《环境法学》，北京大学出版社2011年版，第277页。

[4] 周珂：《生态环境法论》，法律出版社2001年版，第96页。

[5] 王灿发：《环境法学教程》，中国政法大学出版社1997年版，第129页。

吕忠梅教授认为，“环境民事责任，即公民、法人或其他组织的行为，给他人造成了人身或财产的损害，或者污染了环境、破坏了生态而应承担的民法规定的法律责任”。[1] 吕忠梅教授似乎是从两个层面来讨论环境侵权，即一般意义上通过环境媒介侵害了他人的人身、财产权益和直接损害环境的行为，避开了谈论他人的环境权问题。但是，结合注释，我们会发现她还是侧重于主张和强调侵害或危害公民的环境权这一点的。

3. 著名中青年环境法学者的观点

曹明德教授认为：“环境侵权是由于人为活动导致环境污染、生态破坏，从而造成他人的财产或身体健康方面的损害的一种特殊侵权行为。”[2] 曹明德教授主要是以传统民法学者的观点来讨论环境侵权，所以他没有指出环境侵害的另一个环境法学界普遍认可的客体——环境权。当然，曹明德教授不同于传统民法学者仅局限于环境污染侵权，他指出，环境侵权的缘由不仅包括污染环境，还包括破坏生态。

王明远教授认为环境侵权是“因产业活动或其他人为原因，致使自然环境的污染或破坏，并因而对他人人身权、财产权、环境权益或公共财产造成损害或有造成损害之虞的事实”。[3] 王明远教授不同于以上学者

---

[1] 吕忠梅：《环境法》，高等教育出版社 2009 年版，第 199—200 页。吕忠梅教授在其著作《沟通与协调之途——论公民环境权的民法保护》中指出“所谓环境侵权行为，是指由于人类活动所造成的环境污染和破坏，以致危害公民的环境权益或危害人类生存和发展的侵权行为”。参见吕忠梅：《沟通与协调之途——论公民环境权的民法保护》，中国人民大学出版社 2005 年版，第 262 页。吕忠梅教授在其著作《侵害与救济——环境友好型社会中的法治基础》中深入地剖析了公害、环境侵害、环境侵权、环境损害、生态损害等概念，指出了环境侵权不同于传统侵权：①损害原因的二元性，即环境污染和生态破坏。前者是指人的活动向环境排放了超过环境自净能力的物质和能量，从而使自然环境的物理、化学、生物学性质发生变化，产生了不利于人类及其他生物的正常生存和发展的影响的一种现象；后者是指人类不合理地开发利用环境的一个或数个要素，过量地向环境索取物质和能量，使它们的数量减少、质量降低，以致破坏或降低其环境效能、生态失衡、资源枯竭而危及人类和其他生物生存与发展的一种现象。②损害后果的二元性，无论是环境污染行为还是生态破坏行为，行为人通过向自然环境过度输入或输出物质和能量，造成他人的人身、财产等损害和环境本身的损害，如物种灭绝、湖泊消失、水土流失、土壤污染、大气污染、水污染等。③救济主体的二元性，针对人的损害的救济主体为受害人和针对生态环境本身的损害救济主体为公益性的“人类”。参见吕忠梅：《侵害与救济——环境友好型社会中的法治基础》，法律出版社 2012 年版，第 14—35 页。

[2] 曹明德：《环境侵权法》，法律出版社 2000 年版，第 9 页。

[3] 王明远：《环境侵权救济法律制度》，中国法制出版社 2001 年版，第 13 页。

的表述主要体现在两个方面，第一，环境侵害的客体不仅包括他人的人身权、财产权、环境权益，还包括公共财产，这或许是出于我国自然资源全民所有和环境本身的公共财产属性的考虑；第二，环境侵害的后果形态既包括损害，也包括损害之虞。

罗丽教授认为环境侵权是指“因产业活动或其他人为的活动致使环境污染、生态环境破坏等侵权行为发生，造成或可能造成他人生命、身体健康、财产乃至环境权益等损害的，行为人依法应承担的民事责任”。[1] 罗丽教授与王明远教授的表述大同小异，都注意到了环境侵权除造成实际损害外，还存在“可能造成损害”；尽管在对环境侵害客体的表述中没有王教授所指的“或者公共财产”类型，但是，罗丽教授很聪敏，在她的表述中加了一个“等”字，从而使之与王明远教授的表述区别不大。

4. 一个可能的结论

上述学者的观点主要区别在于：首先，环境侵权除污染环境外是否还包括生态环境破坏，多数学者主张应当包括生态破坏或破坏环境；其次，环境侵权的客体除了他人的人身权、财产权损害外是否还包括环境权益或环境本身等，多数学者主张应当包括环境权益，但能否包括环境、公共财产等存在不同看法；最后，“损害”是否仅限于现实发生的实际损害，还是包括具有预防性质的损害危险或损害之虞，存在不同看法。

综合上述学者的见解，我们可以就环境侵权内涵得出如下结论：

第一，环境侵权的原因是指人为原因而非自然原因，即主要是因产业活动或者开发利用自然资源以及其他人类活动而导致的。具体原因既包括污染环境，也包括破坏（生态）环境。

第二，环境侵权的客体既包括他人的人身权、财产权，又包括环境权益，[2] 同时，环境法学界主张包括环境生态本身或者公共财产。这反

---

[1] 罗丽：《环境侵权民事责任概念定位》，载《政治与法律》，2009 年第 12 期。或者参见罗丽：《中日环境侵权民事责任比较研究》，吉林大学出版社 2004 年版，第 85 页。

[2] 关于环境权，其概念内涵及其种类，环境法学界历来存在不同争议，同时也存在否定环境权论者。

映了环境侵权所保护的对象范围存在不断扩张的趋势。但是，环境生态本身或者自然资源等公共财产的损害能否纳入传统的民事侵权领域的确存在理论解释上的难题。

第三，环境侵权的后果既包括损害又包括损害之虞。强调损害之虞，则体现了环境法上十分重要的预防原则。

第四，环境侵权的救济方式不仅包括损害赔偿，还包括恢复原状，危害的防止、排除等。

基于上述结论，我们可以得出这么一个环境侵权的概念，即因人的活动而污染或破坏生态环境，从而导致损害或可能损害他人的人身权、财产权或环境权益等的行为。

### （二）其他地区的考察

为了验证上述结论和环境侵权含义的科学性，我们拟对德国、日本和我国台湾地区相关的法规条例进行考察，并主要针对环境侵权的内涵进行分析，以期得出更加科学的界定。

1. 德国

在德国，《民法典》第 906 条规定："（1）土地所有人不得禁止煤气、蒸汽、烟气、臭气、煤烟、热气、噪声、振动以及从另一块土地发出的类似干涉的侵入，但以该干涉不妨害或仅轻微地妨害其土地的使用为限。在通常情况下，法律或法规命令确定的极限值或标准值不被依照这些规定算出和评价的干涉所超出的，即为存在轻微的妨害。依照《联邦公害防止法》第 48 条颁布并反映技术水平的一般行政法规中的数值，亦同。（2）在重大妨害由对另一块土地作当地通常的使用而引起，且不能被在经济上对于这类使用人可合理地期待的措施所阻止的限度内，亦同。土地所有人据此须容忍某一干涉，且该干涉超过可合理期待的限度，侵害对其土地作当地通常的使用或侵害其土地的收益的，土地所有人可以向另一块土地的使用人请求适当的金钱补偿。"该条规定主要是通过相邻关系即不可量物侵入等轻微损害，使土地所有者负有忍受义务，进而来规制轻微的污染或破坏环境行为。

德国《环境责任法》第 1 条规定："因环境侵害而致人死亡，侵害其身体或者健康，或者使一个物发生毁损的，以此项环境侵害是由附件一中所列举的设备引起的为限，对于由此发生的损害，设备的持有人负有向受害人给付赔偿的义务。”该条直接保护的目标并非环境和生态法益的赔偿，而只是通过环境影响与个人损害的责任的联系，间接地起到对环境的保护作用。❶

由此可见，德国法上的环境侵权主要是通过环境责任法和民法中相邻关系规则来共同发挥相应的作用。环境侵害的客体包括生命、身体、健康和物等，但不包括环境。这里的“物”主要是受害人的动产或不动产，解释上应不包括公共财产。环境侵权“损害”是指死亡、侵害身体或健康、物的毁损，即为实际发生的损害，不包括损害危险或未来的损害。

2. 日本

在日本法上，因社会经济发展等人类活动所产生的对生活环境的破坏并造成环境侵权的，称为公害。日本《环境基本法》第 2 条规定：“公害是指伴随企（事）业活动及其他人为活动而发生的相当范围的大气污染、水体污染、土壤污染、噪声、振动、地面下沉和恶臭，并由此而危害人的健康或生活环境（包括与人的生活有密切关系的财产以及动植物及其繁衍的环境）。”而且，日本判例承认了日照和通风妨害、风害和光害、眺望和景观破坏、填海破坏海岸、文化遗产和舒适生活环境破坏、放射线危害等环境破坏现象为公害。❷ 日本《民法典》第 709 条规定：“因故意或过失侵害他人权利或受法律保护的利益者，负因此所发生的损害赔偿责任。”在公害这种侵权行为中，受害人不仅可以基于该条的规定请求加害人承担损害赔偿责任，而且还可以让加害人承担侵害排除责任。

综上可得出，在日本法上，环境侵权或者说公害是一个范围比较大的概念，它不仅包括污染环境和破坏环境所导致的侵害，而且还包括与环境有紧密关系的在德国法上本应由相邻关系规则所规制的内容。而且，公害所规制的客体不仅包括我们常见的身体健康、财产，还包括环

❶ 马克西米利安·福克斯：《侵权行为法》，齐晓琨译，法律出版社 2006 年版，第 297 页。

❷ ［日］森岛昭夫、淡路刚久：《公害环境判例百选》，有斐阁 1994 年版，第 46—210 页。

境本身。在环境侵害的救济方式上，由于日本法中的公害包括不少本应当由相邻关系规则所规制的内容，所以采取了损害赔偿和妨害排除或防止等多种责任救济方式。

3. 我国台湾地区

我国台湾地区借鉴日本立法，也将环境侵权视为公害，由公害纠纷处理规定来规制。台湾地区公害纠纷处理有关规定第 2 条规定：“公害系指因人为因素，至破坏生存环境，损害人民健康或有危害之虞。其范围包括水污染、空气污染、突然污染、噪声、振动、恶臭、废弃物、毒性物质污染、地盘下陷、辐射公害及其他经中央主管机关指定公告为公害者。公害纠纷指因公害或发生公害之虞所造成之民事纠纷。”此外，我国台湾地区环境基本规定第 4 条第 2 款规定“环境污染者、破坏者应对其所造成之环境危害或环境风险负责”。可见，我国台湾地区的环境侵权或公害的范围与日本相似，在侵害原因上包括污染环境和破坏环境，在侵害结果上包括现实损害和危害的可能性，在救济的对象上主要是人民健康，可能是一群人受到生命、身体和财产方面的侵害。[1]

当然，我国台湾地区民法规也有其相邻关系规则，相关的如第 793 条规定：“土地所有人与他人之土地、建筑物或其他工作物有瓦斯、蒸汽、臭气、烟气、热气、灰屑、喧嚣、振动及其他与此相类者侵入时，得禁止之。但其侵入轻微，或按土地形状、地方习惯，认为相当者，不在此限。”此时，涉及公害纠纷，就需要运用法律适用规则在个案中具体援引不同规定加以应用。

综合上述考察，我们可以得出如下结论：

第一，关于环境侵害救济，主要是通过物权法上的相邻关系规则和侵权法上的特殊侵权规则共同协作来实现的。

第二，环境侵权的救济方式和手段由最初的只救济损害发展到救济与预防并重。可以断言，环境法制正朝着预防环境污染或破坏的方向发展，这也是日本和我国台湾地区公害保护范围扩大和救济方式扩张的原因。

---

[1] 陈慈阳：《环境法总论》，中国政法大学出版社 2003 年版，第 303 页。

第三，上述法律法规都认可环境侵害是因为人类活动所导致的环境污染或环境破坏的现象，从而导致侵害了人民的健康、财产和其他权益。至于其他权益是否包括环境权益乃至环境本身，存在不同立法例。

因此，笔者前面所界定的环境侵权含义符合结论，不仅体现了日本和我国台湾地区环境侵权救济方式扩张的趋势，而且顺应了时代潮流扩大了环境侵权的客体范围，既包括人身权、财产权，又包括环境权益，甚至可能会包括环境本身，当然这里又涉及与传统民事侵权的冲突问题。

### （三）我国《侵权责任法》第65条适用范围的可能解释

我国《侵权责任法》第65条规定："因污染环境造成损害的，污染者应当承担侵权责任。"本条源于《民法通则》第124条的规定，即"违反国家保护环境防止污染的规定，污染环境造成他人损害的，应当依法承担民事责任"。通过文字表述上的比较，我们发现第65条删除了"违反国家保护环境防止污染的规定"和"他人"。

删除前者就是删除有关违法性的规定。根据《民法通则》第124条的规定，由于环境侵权者可以基于"合法排污"或者"达标排放"来否认自己应有的责任，从而使该条规定不利于切实有效地保护受害者的权益。基于此，国家环境保护局曾于1991年10月10日作出了《关于确定环境污染损害赔偿责任问题的复函》。[1] 该复函明确指出："承担污染赔偿责任的法定条件，就是排污单位造成环境污染危害，并使其他单位或者个人遭受损失。现有法律法规并未将有无过错以及污染物的排放是否超过标准，作为确定排污单位是否承担赔偿责任的条件。至于国家或者地方规定的污染物排放标准，只是环保部门决定排污单位是否需要缴纳超标准排污费和进行环境管理的依据，而不是确定排污单位是否承担赔偿责任的界限。"

因此，之后的《环境保护法》第41条第1款规定，"造成环境污染危害的，有责任排除危害，并对直接受到损害的单位或者个人赔偿损失"，同时，相关环保单行法都摒弃了《民法通则》第124条所规定的

[1] 国家环境保护局〔1991〕环法函字第104号。

“违法性要件”。《侵权责任法》第65条取消“违法国家保护环境防止污染的规定”，是对上述环境法制发展成果的重申。其实，在环境侵权诉讼中，因为损害的多是人身权、财产权、环境权益等绝对权，因此纵使不取消该规定，通常也可根据结果违法来认定某一污染或破坏行为具有违法性。当然，侵权责任法对违法性要件的摒弃无疑会更好地做到救济损害、制裁不法，进而达到保护环境的立法目的。

删除后者即删除“他人”二字，是否可以理解为环境侵权不再仅限于“人的损害”？还可以包括其他损害如环境本身损害、生态破坏等？立法者为什么删除了“他人”二字呢？这里可能的解释有三：第一，考虑到“他人”通常是指民事主体意义上的法人而不包括国家，但是在不少环境侵权场合，国家作为自然资源所有者和环境容量的代表人常常是受害人，却很难主张相应的环境损害救济和生态修复赔偿。第二，生态环境破坏或污染致损的受害者不仅包括当代人，还包括后代人，甚至当代人侵害的完全是后代人的权益，而“他人”很难涵盖后代人。第三，立法者有意扩大损害的适用范围，留一个口子让司法机构通过解释将环境本身的损害纳入可调整和可救济的范围。无论哪种解释，要么通过扩大救济主体的方式，要么通过增加救济对象的方式，或者兼采两种解释方式，都能够实现环境侵害的私法救济，从而实现保护良好环境质量的目的。但是，从环境侵权属于民事侵权的一种来看，这两种解释都有过于扩大环境侵权范围之嫌，原因有二：其一，环境本身能否作为私法上的财产存在争议；其二，国家的环境资源权益能否民法救济也存在争议。[1]

结合前文的结论和上述认识，我们再回过头来看《侵权责任法》第65条，“因污染环境造成损害的，污染者应当承担侵权责任”，拟构建如下比较科学合理的解释。

首先，我们需要对“污染环境”加以解释。“污染，是人类直接或间接将物质或能量引入环境而造成有害的后果，可能危害人类健康，损害生物资源和生态系统、减损环境的优美、妨碍环境的其他正当用

---

[1] 2020年5月28日通过的《中华人民共和国民法典》第1229条又回归《民法通则》第124条“造成他人损害的”规定，从而避免了《侵权责任法》第65条所产生的解释性困惑。

途。"[1] 它通常有别于环境破坏。环境破坏，一般是指人类不合理地开发利用自然环境，过量地向环境索取物质和能量，使得自然环境的恢复和再生能力受到破坏的现象，如水土流失、气候异常、物种灭绝等。可见，环境污染是向环境输入过多的物质和能量，环境破坏是从环境输出过多的物质和能量；二者实质上都忽视了环境容量，破坏了生态平衡和环境自净能力的客观规律。为了更好地适用该条，我们这里可以通过扩张解释的方法，将环境破坏、生物多样性破坏、生态失衡等解释为环境污染。因此，这里的污染环境可以解释为"所有破坏环境容量，导致生态失衡的向环境输入或从环境输出物质和能量的行为"。[2]

其次，我国需要对"损害"进行解释。损害通常是指受保护的法益所遭受的不利益。我国学者多表述为损害事实，是指一定的行为致使权利主体的人身权利、财产权利以及相关利益受到侵害，并造成财产利益和非财产利益的减少或灭失的客观事实；此处的非财产损失，是指侵害他人人身权益所造成的对他人的严重精神损害，是无形的人格利益损害。[3] 因此，传统民法学者就损害的表述中是不包括环境本身损害的。当然，越来越多的学者接受公民环境权益的提法，因此第 65 条所说的"损害"范围除人身权、财产权遭受侵害外，解释上还包括公民环境权益遭受侵害。这里不包括环境本身的损害，但从文义解释，即根据上文删除"他人"的两种解释既包括扩大救济主体又包括扩大救济对象范围，似乎可以得出国家的自然资源权益、环境容量的损害和公共环境本身的损害也可以纳入本条的"损害"当中。但是，如同上文所分析的那样，作为私法救济的环境侵权不可能过分游离于私法的范畴，因此目前

---

[1] 1974 年 11 月 14 日经济合作与发展理事会通过关于跨界污染原则的建议所提出的关于环境污染的定义。

[2] 其实，我国现行法律多规定污染和破坏环境两个方面都需要承担民事责任。参见《宪法》第 26 条第 1 款："国家保护和改善生活环境和生态环境，防治污染和其他公害"，《环境保护法》第 6 条规定："一切单位和个人都有保护环境的义务，并有权对污染和破坏环境的单位和个人进行检举和控告。"第 41 条第 1 款："造成环境污染危害的，有责任排除危害，并对直接受到损害的单位或者个人赔偿损失"，第 44 条规定："违反本法规定，造成土地、森林、草原、水、矿产、渔业、野生动植物等资源的破坏的，依照有关法律规定承担民事责任。"以及《水污染防治法》第 85、87 条，《大气污染防治法》第 62 条，《固体废物污染环境防治法》第 85 条，《海洋环境保护法》第 90 条。

[3] 王利明：《民法》，中国人民大学出版社 2005 年版，第 783 页。

很难将其纳入环境侵权所规制的范围。

至于此处的“损害”是否包括“损害之虞”或者“侵害危险”，考虑到《侵权责任法》第 66 条举证责任、共同侵权和第三人过错致损等规定，都是围绕着现实发生的环境侵权损害来展开的，所以从体系的解释方法上看，第 65 条所规定的“损害”应当解释为现实损害为宜，而不包括未来发生的损害或者侵害危险。至于环境侵害危险或者损害预防类型的纠纷，可以参考《侵权责任法》第 15 条和《物权法》第七章有关相邻关系的规定来处理和解决。就损害之虞类型的纠纷，由于采取的是损害预防和防止措施，无须考虑行为人是否有过错，所以应当采取无过错责任或严格责任原则。

最后，我们可以扩大“污染者”的范围，解释上也应当同时包括破坏者。

综上所述，尽管我国《侵权责任法》第 65 条规定了环境侵权的民事责任采取无过错责任原则，但是由于学理上的争论以及立法上的不周延性，导致只规定了污染环境引起的环境侵权而没有规定破坏环境引起的环境侵权，属于立法漏洞，需要通过解释学的方法进行扩张解释，即无论是因为环境污染还是由于生态破坏而导致损害他人的人身财产权益或环境权益的民事责任，出于对受害者权益保护和强化污染破坏环境者的责任等方面的考虑，都应当采取无过错责任原则。

## 二、游离于环境侵权之外的纯生态环境损害的法律救济机制

纯环境损害或纯生态环境损害即为生态环境本身的损害，表现为生物多样性的丧失、物种灭绝、江河断流、湖泊消失、水土流失、土壤污染、大气污染、水污染、放射性污染等生态环境要素的损害，从而使原有的生态服务价值和环境价值发生变更，最终影响地球上的人类和其他生物的生存、发展。

如前文所述，环境、生态本身的损害目前很难纳入环境侵权救济之列。何去何从？能否通过扩大权利的范围或者损失的范围解决这一难题？通过扩大权利的范围，也就是通过构建私权意义上的环境权（或生

态权）理论寻求侵权法等私法途径的救济；通过扩大损失的范围，也就是通过扩张解释、目的性等法律解释学的方法将环境生态本身的损害解释为“纯经济损失”等寻求侵权法的救济。这两种传统救济机制的路径能否解决纯环境损害或纯生态环境损害问题，接下来一一进行分析。

## （一）私权意义上的环境权理论

### 1. 环境公共信托理论

1968 年，美国的萨克斯教授在《保卫环境——公民行动战略》一书中提出环境公共信托理论。他认为，像水、空气等人类生活不可或缺的环境要素应当为全体公民的共有资源和公共财产，政府行使环境管理权力是由公民信托所赋予的，因此公民与政府之间的关系即为信托关系中的委托人和受托人之间的关系。作为环境生态这一公益的所有者，公民有权对政府的行为进行监督，促使其履行环境保护义务；作为环境生态公益的受托人，政府应为公民管理好这些财产，未经公民的许可，政府不可处置财产或采取其他使财产价值贬低的行为。

萨克斯教授认为，公共信托理论有三个相关原则：第一，像大气、水等对于市民全体是极其重要的，因此将其作为私的所有权的对象是不明智的；第二，由于人类蒙受自然的恩惠是极大的，因此，与各个企业相比，大气及水与个人的经济地位无关，所有市民可以自由地利用；第三，增进一般公共利益是政府的主要目的，公共物不能为了私的利益将其从可以广泛、一般使用变为予以限制或改变分配形式。[1]

从萨克斯教授所提倡的环境公共信托理论，我们看到他运用信托理论来为公民督促政府履行环境保护职责以及采取环境公民诉讼等措施构建了权利基础。但是，我们很难也不可能推导出环境生态公益能够或可以被划为公民的私有权利。

### 2. 环境共有理论

环境共有理论认为，大气、水、土壤、日照、通风、景观、文化性

[1] ［美］萨克斯：《环境保护——为公民之法的战略（日文版）》，山川洋一郎等译，岩波书店 1970 年版，第 186 页。转引自汪劲：《环境法律的理念与价值追求——环境立法目的论》，法律出版社 2000 年版，第 240 页。

遗产、公园等环境要素对于人类生活而言都是不可或缺的要素，它们应属于所有人共同拥有的财产。共有者中的一人在没有得到其他共有者成员的许可时单独地支配利用，使之污染和减耗的行为侵害了其他共有者的权利，在理论上就是违法的。[1] 依照环境共有理论，无论是环境的所有者还是环境的利用者都应当有义务努力使环境保持良好的状态。一旦发现某一公民或企业等组织进行了侵害环境的行为，作为环境共有者的居民可以个人或团体的名义提起民事诉讼，请求停止环境侵害行为或请求损害赔偿。

环境共有理论同样存在先天不足，环境真的能归属于某些人或某一地区的居民共有吗？也就是说，能将环境地区化、区域化或社区化吗？如果能够将环境社区化或区域化，那么环境的共有理论才真正具有实用价值。但是，稍有环境生态常识的人，绝不会认同作为整体的环境是可以或能够被区域化、社区化的。因此，企图通过环境共有理论来使环境成为具有排他性的支配权的客体的主张难以令人信服。原岛重义教授也认为，为实现维持作为社会共有资产的环境利用秩序的目的，只有在存在环境破坏实体的场合，才能承认市民的损害赔偿请求权乃至侵害排除请求权；因环境侵权行为而产生的侵害排除请求权并非是因为特定地域的环境属于地域居民，而是在遭受环境破坏的居民的集团权利下，对是否违反环境保全秩序和环境利用秩序的法律规范的监督。[2] 由此可见，原岛重义教授并不认为特定地域的环境属于地域居民共有，该地域居民诉求环境保全的依据不是因其享有权利，而是依据环境保全的法律。

当然，环境共有理论若停留在仅视为全体公民的共有财产，还算合理，似乎也无可挑剔。但是，这受到了非人类中心主义者的挑战。在非人类中心主义者看来，环境生态不能作为人类的财产，因为其是非人类的生物生存的环境，若非得套上“权利”，那也应当将良好的生态环境称为“生物”的权利或“自然”的权利。

---

[1] 王社坤：《环境利用权研究》，中国环境出版社2013年版，第18页。

[2] 大琢直：《环境权（2）》，载《法学教室》，2005年第293卷。转引自罗丽：《日本环境权理论和实践的新展开》，载《当代法学》，2007年第3期。

3. 小结

除了上述两大环境权理论之外，无论国内还是国外学者都试图尝试通过环境生态私益化的路径主张不同的理论或学说，并提出所谓清洁空气权、清洁水权、阳光权、通风权、宁静权、嫌烟权、达滨权、瞭望权、自然景观权、环境审美权、环境享受权、环境使用权、享有自然权、户外休闲权、自然资源开发权、自然资源利用权、环境容量开发利用权，等等。[1] 在笔者看来，除有些权利属于相邻权、用益物权或准物权的变形外，其他多数是基于不同的环境要素而提出的所谓不同权利，都很难被视为私法意义上的权利。因此，无论是将生态环境作为人类还是作为其他生物赖以生存的上天赋予的资源，我们都无法忽视和改变生态环境作为整体利益的性质。各种试图将生态环境私益化的努力，都是为了让更多的民众像爱护自己身上的衣物一样去关心、爱护和监护我们的地球环境。因而，生态环境公益没有办法也不能够私化为个人的财产权利。所以，试图通过构建私权意义上的环境权（或生态权）理论去寻求侵权法的救济很难实现。当然，我们不反对运用侵权法的方法和途径来探求生态环境公益的救济和保护，也就是说，我们从来不反对通过私法途径来救济公益。

## （二）环境生态损害属于“纯经济损失”吗?

1. 纯经济损失的内涵及其救济

对于什么是纯经济损失，各国的规定和学者的观点都不同。德国学者克雷斯蒂安·冯·巴尔教授将其总结为两个主要流派：其一，认为纯经济损失是指那些不依赖于物的损害或者身体及健康损害而产生的损失；其二，认为纯经济损失是指非作为权利或者受到保护的利益侵害结果而产生的损失。[2]

我国台湾学者王泽鉴先生认为，纯经济损失，系指非因人身或所有

---

[1] 王社坤教授所著的《环境利用权研究》全面梳理了国内外学者有关环境权的各种主张，感兴趣的读者可以进一步了解他对环境权的整理、解构和类型化重构。

[2] 克雷斯蒂安·冯·巴尔：《欧洲比较侵权行为法（下卷）》，焦美华译，法律出版社2001年版，第33—34页。

权等权利受侵害而产生的经济或财产损失。[1] 王利明教授认为，纯经济损失，是指行为人的行为虽未直接侵害受害人的权利，但给受害人造成了人身伤害和有形财产损害之外的经济损失。[2] 张新宝教授认为，纯经济损失，指不因受害人的财产、人身或者权利的受损而发生，只是受害人因特定事由而遭受的的纯粹金钱上的不利益。在纯粹经济损失概念得到认同的法域里，这些不利益一般不被法律所认许，难以获得赔偿。[3]

综上所述，大体可得知，纯经济损失是指非因人身、财产等权益受损而发生的纯粹金钱上的不利益。需要指明的是，纯经济损失不是针对侵权人对其直接侵害的人（即第一被害人）所造成的损失。如果损失的发生不与（第一）受害人的财产或者人身损害相联系，那么这种损失在多数情况下可能是难以预料、难以控制的，对此予以赔偿可能过度限制社会主体的行动自由，阻碍社会生活的自如运行。因此，纯经济损失一般不可获得赔偿。但是，纯经济损失的内涵及其能否获得侵权法的救济以及救济的范围会因各个国家侵权法立法体例的差异而存在不同。

《法国民法》第 1382 条规定，因过失侵害他人的，应负损害赔偿责任。这一不限制保护法益的概括保护立法体例使权利和利益都纳入一体化的保护，进而将纯经济损失涵盖其中。单从第 1382 条的规定来看，纯经济损失不仅能够获得保护，而且似乎能够得到完全充分的保护。但是，法国司法实务界则通过纯经济损失须与侵害行为之间具有直接的因果关系来控制纯经济损失的赔偿问题。

《德国民法》第 823 条第 1 项规定："因故意或过失，不法侵害他人之生命、身体、健康、自由、所有权或其他权利者，对所生之损害应负赔偿责任。"第 2 项规定："违反以保护他人为目的之法律者，亦应负同一义务。依其法律之内容无过失亦违反者，仅于有过失时始生赔偿责任。"第 826 条规定："故意以悖于善良风俗加损害于他人者，应负损害

---

[1] 王泽鉴：《侵权行为法》，北京大学出版社 2009 年版，第 296 页。

[2] 王利明：《侵权责任法研究（上卷）》，中国人民大学出版社 2011 年版，第 300—301 页。Robbey Bernstein 认为，"纯经济损失是指除了因对人身的损害和对财产的有形损害而造成的损失以外的其他经济上的损失"。Robbey Bernstein，Economic Loss，Sweet & Maxwell Limited，2ed，1998，p. 2，参见王利明所著《侵权责任法研究（上卷）》第 301 页的注释。

[3] 张新宝、张小义：《纯粹经济损失的几个问题》，载《法学杂志》，2007 年第 4 期。

赔偿责任。”德国法这种以“侵害权利”“违反保护他人法律”“故意悖于善良风俗”三个大类区分不同法益保护的立法体例明显区别于法国概括保护立法体例。关于纯经济损失，仅限于违反保护他人的法律或故意以悖于善良风俗的方法致人损害时，方可请求赔偿。在德国，纯经济损失采取不同于权利的限制保护理由主要有以下四点：（1）限制请求权的范围，通过将损害集中于加害人与权利被侵害的第一被害人之间，避免将整个损害分散于多数请求权人，造成众多诉讼，以减少损害处理的费用；（2）纯经济损失涉及私人损害，不发生社会损害；（3）契约法上的债务不履行和瑕疵担保责任可以对其进行保护，侵权法不应过度介入；（4）纯经济损失犹如波浪，涉及很多人，有的甚为微小，有的难以证明，有的宜由被害人自己防范，若全依侵权法请求救济，那责任范围将永无边际，诉讼群起，成本费用甚巨，应设水闸加以必要管制。[1]

英美侵权法属于判例法体系，即由一个个的侵权行为（torts）构成，以不同的要件保护不同的法益。在英国，纯经济损失侵权的保护通常需要以故意为构成要件，以维护市场经济的自由竞争。例外的是，在Hedley Byrne & Co Ltd. v. Heller & Parstners Ltd.[2]和Capro Industries plc v. Dickman[3]两个判例中确立了过失纯经济损失赔偿的原则：损失须为可预见，请求权人与被告人之间须有密切关系，使被告负有注意义务须公平、合理。[4]而在美国，涉及纯经济损失可依契约担保责任进行解决，原则上不受侵权法的保护。

总而言之，纯经济损失原则上不可获得赔偿或者限制赔偿，主要是因为纯经济损失及其责任数量和责任范围均存在“不确定性”，纯经济损失如同水闸（floodgate），一旦放开则会导致赔偿诉讼无止境。

2. 环境生态损害可否纳入“纯经济损失”

我国《民法通则》第106条第2款规定：“公民、法人由于过错侵害国家的、集体的财产，侵害他人财产、人身的，应当承担民事责任。”

---

[1] 王泽鉴：《侵权行为法》，北京大学出版社2009年版，第305—306页。

[2] Hedley Byrne & Co Ltd. v. Heller & Parstners Ltd. (1964) AC 465.

[3] Capro Industries plc v. Dickman (1990) 2AC 605.

[4] 王泽鉴：《侵权行为法》，北京大学出版社2009年版，第300页。

从该条规定来看，我国是根据主体身份的不同确立侵权救济类型，没有采取德国法的权利与利益区别的保护立法体例，从整体上看又很像法国的概括保护立法体例。因此，该条“侵害他人财产、人身”在文义解释上既包括人身、财产权利又包括人身、财产利益。《侵权责任法》第2条规定：“侵害民事权益，应当依照本法承担侵权责任。本法所称民事权益，包括生命权、健康权、姓名权、名誉权、荣誉权、肖像权、隐私权、婚姻自主权、监护权、所有权、用益物权、担保物权、著作权、专利权、商标专用权、发现权、股权、继承权等人身、财产权益。”该条明确规定了我国侵权责任法的保护范围，即不仅保护民事权利，而且保护民事利益。

由上可知，从《民法通则》到《侵权责任法》，我国立法机构都采取了不区分权利和利益的概括保护立法体例。因此，纯经济损失的救济在我国立法层面应该不存在什么问题。但是，存在过于宽泛、欠缺具体可操作性等问题。考虑到我国司法资源的有限性，以及前文所论述的侵权法归责原则应当在行为自由与救济受害人或解决不幸之间寻求适当平衡，我国司法实务界应当对纯经济损失的赔偿采取谨慎的态度，可借鉴法国实务界所采取的直接因果关系等因果关系理论或者通过对受害者采取限缩性解释等方式来控制纯经济损失的赔偿，以免造成水闸一开，诉讼群起、责任范围永无边际的失控局面，进而引发人人自危、诚惶诚恐、无所事事的行为极不自由的状况。

当然，我国有关立法[1]和司法解释明确规定了一些纯经济损失可以

---

[1] 例如，《证券法》第69条规定：“发行人、上市公司公告的招股说明书、公司债券募集办法、财务会计报告、上市报告文件、年度报告、中期报告、临时报告以及其他信息披露资料，有虚假记载、误导性陈述或者重大遗漏，致使投资者在证券交易中遭受损失的，发行人、上市公司应当承担赔偿责任；发行人、上市公司的董事、监事、高级管理人员和其他直接责任人员以及保荐人、承销的证券公司，应当与发行人、上市公司承担连带赔偿责任，但是能够证明自己没有过错的除外；发行人、上市公司的控股股东、实际控制人有过错的，应当与发行人、上市公司承担连带赔偿责任。”第173条规定：“证券服务机构为证券的发行、上市、交易等证券业务活动制作、出具审计报告、资产评估报告、财务顾问报告、资信评级报告或者法律意见书等文件，应当勤勉尽责，对所依据的文件资料内容的真实性、准确性、完整性进行核查和验证。其制作、出具的文件有虚假记载、误导性陈述或者重大遗漏，给他人造成损失的，应当与发行人、上市公司承担连带赔偿责任，但是能够证明自己没有过错的除外。”其中，保荐人、承销的证券公司和证券服务机构对信息披露导致投资者在证券交易中发生的损失，即属于纯经济损失。

获得赔偿的具体情形。值得注意的是，《最高人民法院关于审理船舶油污损害赔偿纠纷案件若干问题的规定》（法释〔2011〕14号）第9条规定："船舶油污损害赔偿范围包括：（一）为防止或者减轻船舶油污损害采取预防措施所发生的费用，以及预防措施造成的进一步灭失或者损害；（二）船舶油污事故造成该船舶之外的财产损害以及由此引起的收入损失；（三）因油污造成环境损害所引起的收入损失；（四）对受污染的环境已采取或将要采取合理恢复措施的费用。"其中，"（三）因油污造成环境损害所引起的收入损失"属于纯经济损失。但是，该司法解释对赔偿条件给予了严格限制，以防止责任范围失控和诉讼群起。[1]"（四）对受污染的环境已采取或将要采取合理恢复措施的费用"属于环境生态本身的损害。另外，第17条对"恢复措施的费用"进一步作了解释，即"船舶油污事故造成环境损害的，对环境损害的赔偿应限于已实际采取或者将要采取的合理恢复措施的费用。恢复措施的费用包括合理的监测、评估、研究费用"。

从上述司法解释来看，最高人民法院将纯经济损失与环境生态损害加以明确区分。实质上，生态环境的损害是环境生态本身的物理、化学或生物等性能的改变或物质性损伤，所采取的补救措施主要是清除和修复。由于生态环境本身属于社会公共利益，不是私益；而纯经济损失属于非因受害人的人身、财产权利受害而产生的纯粹金钱上的不利益，是私益非公益，所以生态环境损害与纯经济损失在根本属性上完全不同。因此，企图将环境生态损害纳入纯经济损失进行侵权法的救济是难以实现的。

---

[1] 2011年《最高人民法院关于审理船舶油污损害赔偿纠纷案件若干问题的规定》第14条规定："海洋渔业、滨海旅游业及其他用海、临海经营单位或者个人请求因环境污染所遭受的收入损失，具备下列全部条件，由此证明收入损失与环境污染之间具有直接因果关系的，人民法院应予支持：（一）请求人的生产经营活动位于或者接近污染区域；（二）请求人的生产经营活动主要依赖受污染资源或者海岸线；（三）请求人难以找到其他替代资源或者商业机会；（四）请求人的生产经营业务属于当地相对稳定的产业。"第15条规定："未经相关行政主管部门许可，受损害人从事海上养殖、海洋捕捞，主张收入损失的，人民法院不予支持；但请求赔偿清洗、修复、更换养殖或者捕捞设施的合理费用，人民法院应予支持。"第16条规定："受损害人主张因其财产受污染或者因环境污染造成的收入损失，应以其前三年同期平均净收入扣减受损期间的实际净收入计算，并适当考虑影响收入的其他相关因素予以合理确定。按照前款规定无法认定收入损失的，可以参考政府部门的相关统计数据和信息，或者同区域同类生产经营者的同期平均收入合理认定。受损害人采取合理措施避免收入损失，请求赔偿合理措施的费用，人民法院应予支持，但以其避免发生的收入损失数额为限。"

## 三、纯生态环境损害“民事责任”的二元归责原则

我们已经剖析了生态环境公益很难私化为个人的财产权利或其他权利，也没有办法作为纯经济损失获得赔偿和救济。也就是说，生态环境公益从主体角度很难私化为个人权利，从客体角度又很难划归为像纯经济损失那样的利益。因此，纯环境损害或纯生态环境损害恐怕很难通过传统的侵权法救济机制得到解决。那么，这是否需要回归到公法或者社会法的救济途径？由于纯环境损害或纯生态环境损害属于社会公益，所以通过作为公法的刑法或者作为社会法的环境法来获得救济应当为较优的选择。这也是笔者为什么将纯生态环境损害“民事责任”打上引号的原因。纵使我们采取社会法的救济途径，但是一旦涉及损害赔偿，除主张权利的主体为法律规定的机关和有关组织外，依据的依然是民事诉讼程序和民事责任规范。因此，我们在这里探讨生态环境损害“民事责任”的归责原则是具有理论价值和司法指导意义的。只不过这里提到的“民事责任”是生态环境公益借用民事责任的理论、规范以及民事诉讼规则实现救济而已，即社会公益利用私法来得到补救和回复。

下面我们主要以 2004 年欧洲议会和欧盟理事会发布的《关于预防和补救环境损害的环境责任指令》（以下简称“第 2004/35/CE 号指令”）为例来分析探讨生态环境损害“民事责任”的归责原则。第 2004/35/CE 号指令第 2 条规定了环境损害的含义，即对受保护物种及其自然栖息地（自然）、水和土地（土壤）的损害。具体而言，对受保护物种和自然栖息地的损害，是指对达到或者保持该类栖息地或者物种的有利保护状态造成重大有害影响的任何损害；对水的损害，是指严重有害地影响第 2004/35/CE 号指令定义的，水的生态、化学以及（或者）量化状态以及（或者）生态潜力的任何损害，但该指令第 4 条第（7）款适用的有害影响除外；对土地的损害，是由于直接或者间接向土壤、地面或者地下引入物质、制剂、有机物或者微生物，造成人体健康受到有害影响或存在重大风险的任何土地污染。这里所说的“损害”，是指

自然资源[1]中的可计量有害变化或者可能直接或者间接发生的一种自然资源服务的可计量减损，也就是我们常说的环境要素本身的损害或者生态服务功能的丧失、退化、减弱等。

第2004/35/CE号指令所确定的生态环境损害的责任主体为“经营者”，是指任何自然的、法定的经营或者控制职业活动的私人或者公共的人，或者在国内立法作出规定的情形下，被授权对该活动的技术运作实施决定性经济权力的人，包括该活动的许可证、授权书的持有人或者正在登记、公告该活动的人。责任主体所承担的责任范围：当尚未发生环境损害但发生该损害的紧迫威胁时，经营者应当毫不延迟地采取必要预防措施；发生环境损害时，经营者应当毫不延迟地告知主管部门该情况的各方面信息，并采取所有可行的手段以立即控制、抑制、清除或者用其他方法治理有关污染物以及任何其他损害因素以限制或者预防进一步的环境损害和对人体健康的有害影响或者进一步的服务减损；经营者应当依照第2004/35/CE号指令承担采取预防和救济行动的成本。这里的“成本”是指为保障第2004/35/CE号指令的适当和有效实施的合理成本，包括评价环境损害及其紧迫威胁、行动的替代方案的成本以及行政、法律和执行成本，数据收集成本和其他一般成本，监测和监督成本。[2]

第2004/35/CE号指令第3条虽然规定了该指令的适用范围，但该条第1款其实规定了经营者在两种完全不同情形下的责任承担。第3条第1款a项规定：“由于附录Ⅲ所列的任何职业活动[3]所导致的环境损害，以及由于任何此类活动的原因引发的该损害的紧迫威胁”b项规定：“当经营者出于过错或者疏忽大意的过失时，由于除附录Ⅲ所列的职业活动之外的任何职业活动所导致的对受保护物种和自然栖息地的损害，

---

[1] 这里的“自然资源”是指受保护物种及其自然栖息地、水和土地。

[2] 我国学者所主张的自然资源生态损害赔偿范围大体包括：损害发生后到生态功能恢复前的环境容量损失；生态服务功能损失（如野生动物栖息地功能的丧失或破坏等）；防范损害进一步扩大的损失；清除污染物的费用；修复、恢复、替代或获取受损自然资源的类似等价物的成本；生态损害的检测、监测、评估费用等。参见张梓太、王岚：《我国自然资源生态损害私法救济的不足及对策》，载《法学杂志》，2012年第2期。

[3] 职业活动是指一个经济活动、商业或者企业进行的任何活动，不论其是否具有私益或者公益、营利或者非营利特征。

以及由于任何此类活动的原因引发的该损害的紧迫威胁。”根据 a 项规定，经营者承担的是无过错责任；而 b 项规定中，经营者承担的是过错责任。这与竺效博士所主张的生态损害填补责任的归责原则两分法不谋而合。他认为，对于“危险活动”（dangerous activities），即那些对导致生态损害具有一般性、内在的固有危险性的行为，应采用无过失归责原则；而对于那些“非危险活动”（non-dangerous activities），即那些对生态损害不存在固有危险性的行为，应采用过错责任归责原则。[1]

我们先来看看第 2004/35/CE 号指令附录Ⅲ的具体内容：1. 依据 1996 年 9 月 24 日第 96/61/EC 号《关于综合污染预防与控制》指令应当取得许可的装置（指令附件 I 所列）的运行；但用于研究、开发和测试新产品和工艺的装置或者部分装置除外。该指令附件 I 规定了诸如能源工业、金属生产和加工、矿业、化学工业、废物管理以及其他工业活动等的装置或装置部件。2. 依据 1975 年 7 月 15 日的第 75/442/EEC 号《关于废弃物》指令和 1991 年 12 月 12 日的第 91/689/EEC 号《关于危险废物》指令，应当取得许可或者进行登记的废弃物治理操作，包括收集、运输、恢复和处置废物和危险废物以及对此类操作的监管和对处置场地的善后工作。尤其是还包括 1999 年 4 月 26 日的第 99/31/EC 号《关于废弃物填埋》指令所规定的填埋场地的操作和 2000 年 12 月 4 日的第 2000/76/EC 号《关于废弃物焚烧》指令所规定的焚烧设备的操作。同时，成员国决定上述操作不包括对来源于按照许可标准处置的城市污水治理设备中的下水道淤泥扩散用于农业用途。3. 依据 1976 年 5 月 4 日的第 76/464/EEC 号《关于因特定危险物质导致污染》指令进行事前授权向联盟水生环境排放的，排入内陆地表水体的全部排放行为。4. 依据 1979 年 12 月 17 日的第 79/68/EEC 号《关于保护地下水免受因特定危险物质导致污染》指令进行事前授权排入地下水体的全部排污行为。5. 依据第 2000/60/EC 号指令取得许可、授权或者进行登记的向地表水或者地下水排放或者注入污染物的活动。6. 依据第 2000/60/EC 号指令应当取得事前授权的取水和蓄水行为。7. 在环境中制造、使用、贮存、

[1] 竺效：《生态损害填补责任归责原则的两分法及其配套措施》，载《政治与法律》，2007 年第 3 期。

加工、填埋、释放以及现场运输：（a）1967年6月27日第67/548/EEC号关于危险物质分类、包装和标识的成员国法律、法规和行政条款近似性的理事会指令第2条第（2）款定义的危险物质；（b）1999年5月31日第1999/45/EC号关于危险制剂分类、包装和标识的成员国法律、法规和行政条款近似性的欧洲议会和理事会指令第2条第（2）款定义的危险制剂；（c）1991年7月15日第91/414/EEC号关于植物保护产品投放市场的理事会指令第2条第（1）款定义的植物保护产品；（d）1998年2月16日第98/8/EC号关于生物农药产品投放市场的欧洲议会和理事会指令第2条第（1）款（a）项定义的生物农药产品。8. 1995年11月21日第95/55/EC号关于成员国有关危险货物公路运输的法律近似性的理事会指令附件A中定义的，或者1996年7月23日第96/49/EC号关于成员国有关危险货物铁路运输的法律近似性的理事会指令附件中定义的，或者1993年12月13日第93/75/EEC号关于驶入或者驶离联盟内港口并载有危险或者污染货物的船舶的最低要求的理事会指令中定义的通过公路、铁路、内陆水运、海运或者航空运输危险货物或者受污染的货物。9. 依据1984年6月28日的第84/360/EEC号《关于对抗来源于工业厂房的空气污染》指令所规定的应当取得授权向大气排放任何污染物质的装置操作。10. 任何封闭使用，包括运输，涉及1990年4月23日第90/219/EEC号理事会指令定义的转基因微生物的行为。11. 任何故意向环境排放、运输和向市场投放第2001/18/EC号欧洲议会和理事会指令定义的转基因有机物的行为。12. 1993年2月1日第93/259/EEC号关于监管和控制在欧洲共同体内部运输、从共同体以外运入共同体或者从共同体内向共同体以外运出废弃物的理事会条例，要求授权或者受到禁止的在欧盟内部、从欧盟以外或者向欧盟以外跨界运输废弃物的行为。

从第2004/35/CE号指令附录Ⅲ的具体内容，我们可以总结出经营者应当承当严格责任或者无过错责任的情形：对自己经营、控制、占有、管理的能源工业、金属生产加工、矿业、化学工业、废物处置填埋场地、焚烧设备等装置、设施的运营，未经过事先许可或授权向地下水、地表水排污、取水或蓄水的行为；在环境中制造、使用、贮存、加工、填埋、释放以及现场运输危险物质、危险制剂、生物农药、植物保护产品的；通过公路、铁路、内陆水运、海运或者航空运输危险货物或污染的货物的，应当取得授权的装置操作向大气排放所规定的任何污染物质的；任何封闭使用、运输转基因微生物的或者任何故意向环境排放、运输和向市场投放转基因有机物的，需要授权或者受到禁止的跨界运输废弃物的；等等。

这些职业活动需要经营者承担无过错责任的原因主要在于：其一，危险是这些活动或者装置、设施所引起的，而且这些危险是一个社会所认为的有必要规制的较大风险；其二，这些职业活动造成了生态环境损害；其三，相较于其他主体，经营者更有能力控制危险装置设施的运营或其他危险职业活动。再者，若让生态环境损害的不幸由整个社会民众分担有失公平，不符合污染者付费原则；而让生态环境利益的代表者（无论是政府机关还是环境公益组织）去举证经营者（或者污染者）对生态环境造成损害具有主观上的过错谈何容易！因此，欧洲议会和欧盟理事会第2004/35/CE号指令明确规定了附录Ⅲ经营者应当承当无过错责任的12种情形。除此之外的任何职业活动所导致的对受保护物种和自然栖息地的损害，以及由任何此类活动引发的损害的紧迫威胁，经营者只需承担过错责任。[1]

## 四、结论

我国《侵权责任法》第65条规定，应当采取扩大解释，即无论是由于环境污染还是生态破坏而导致损害他人的人身财产权益或环境权益的民事责任，出于对受害者权益保护和强化污染破坏环境者的责任等方面的考虑，都应当采取无过错归责原则[2]。相应地，环境侵权的含义为：因人的活动而污染或破坏生态环境，从而导致损害或可能损害他人的人身权、财产权或环境权益等的行为。

---

❶ 竺效博士从制度经济学的视角分析了这种生态环境损害无过错归责原则和过错归责原则二分法的合理性。竺效：《生态损害填补责任归责原则的两分法及其配套措施》，载《政治与法律》，2007年第3期，第90—92页。

❷ 2020年5月28日通过的《中华人民共和国民法典》第1229条解决了原《侵权责任法》第65条过于狭窄的规定。

环境侵害不完全等同于环境侵权，后者包含于前者之中，前者还应当包括纯环境损害或纯生态损害。对于纯环境损害或纯生态损害，学界曾努力尝试将其解释为环境权或纯经济损失来寻求侵权法的救济；但是，由于生态环境公益没有办法也不能够私化为个人的财产权利。所以，试图通过构建私权意义上的环境权（或生态权）理论去寻求侵权法的救济很难实现。由于生态环境属于社会公共利益，不是私益；而纯经济损失是指非因受害人的人身、财产权利受害而产生的纯粹金钱上的不利益，属于私益而非公益，所以生态环境损害与纯经济损失在根本属性上完全不同。因此，企图将环境生态损害纳入纯经济损失进行侵权法的救济是难以实现的。

生态环境的损害是环境生态本身的物理、化学或生物等性能的改变或物质性损伤，所采取的补救措施主要是清除和修复。而清除和修复等措施是要支付成本和费用的，那么，应当由谁来承担支付的责任？这是一个十分复杂和庞大的课题。笔者建议在制定环境责任法时，我国可以借鉴欧盟环境责任指令的规定，实行二元归责制度，即可以规定一定目录的企业、行业、场地、设施、装置等的所有者、经营者、持有者或占有者对其运营所致的生态环境损害承担无过错责任，除此以外的则承担过错责任。

# 我国环境侵权因果关系的证明责任

## 一、问题的提出

关于环境侵权因果关系的证明责任，2009年颁布的《中华人民共和国侵权责任法》第66条规定："因污染环境发生纠纷，污染者应当就法律规定的不承担责任或者减轻责任的情形及其行为与损害之间不存在因果关系承担举证责任。"❶ 我国学者对此条的理解存在不同的看法，多数民法学者主张其为因果关系推定，❷ 环境法学者则认为其是举证责任

❶ 类似的规定还有：《中华人民共和国水污染防治法》(2008) 第87条："因水污染引起的损害赔偿诉讼，由排污方就法律规定的免责事由及其行为与损害结果之间不存在因果关系承担举证责任。"《中华人民共和国固体废物污染环境防治法》(2004) 第86条："因固体废物污染环境引起的损害赔偿诉讼，由加害人就法律规定的免责事由及其行为与损害结果之间不存在因果关系承担举证责任。"《最高人民法院关于民事诉讼证据的若干规定》(法释〔2001〕33号) 第4条第1款第（三）项规定："因环境污染引起的损害赔偿诉讼，由加害人就法律规定的免责事由及其行为与损害结果之间不存在因果关系承担举证责任。"2020年5月28日通过的《中华人民共和国民法典》第1230条沿袭了《侵权责任法》第66条之规定。第1230条："因污染环境、破坏生态发生纠纷，行为人应当就法律规定的不承担责任或者减轻责任的情形及其行为与损害之间不存在因果关系承担举证责任。"

❷ 绝大多数著名民法学者，如梁慧星、王利明、杨立新、张新宝等均在民法典草案侵权行为部分或者侵权责任法草案中表达了因果关系推定的观点，尽管他们的观点在具体表述上可能存在一些差异。梁慧星先生领导起草的《中国民法典·侵权行为法编草案建议稿》第1549条第1款规定："因果关系由受害人证明。但法律规定应由加害人或者对损害负有赔偿义务的人证明因果关系不存在的，如加害人或者对损害负有赔偿义务的人不能证明因果关系不存在的，则推定因果关系存在。"该条文的位置在"侵权行为编"的"通则"项下，规定了因果关系推定的一般规则，不只是针对环境侵权这种特定的侵权类型。(参见梁慧星：《中国民法典草案建议稿附理由·侵权行为编、继承编》，法律出版社2004年版，第13页) 王利明教授组织起草的《中国民法典·侵权行为法编》草案建议稿，第1945条规定："因环境污染造成人身或者财产损害的，其污染行为与损害事实之间的因果关系可以实行推定。污染环境的行为人能够证明损害事实与污染行为没有因果关系的，行为人不承担民事责任。"(参见王利明：《中国民法典草案建议稿及说明》，中国法制出版社2004年版，第252页) 杨立新教授组织起草的《中

倒置。[1]这两种理解的分歧在于，环境侵权纠纷案件中受害人的证明责任范围存在差异：因果关系推定主张者认为受害人仍然需要就污染加害行为与损害之间的因果关系进行初步上证明；举证责任倒置倡导者却认为因果关系的举证责任完全由加害方或者污染方承担，也就是说受害人无须对基础事实、表见事实进行初步证明。对环境侵权因果关系的证明责任研究首先必须回应这一理论分歧，然后再去探讨环境侵权受害人与加害人之间应当如何具体分配证明责任。

## 二、举证责任（证明责任）倒置

首先需要澄清的是，举证责任这一概念在诉讼法学界已经有被“证明责任”取代的趋势，究其原因，“举证责任”一词常常让人们联想到提供证据的责任。[2]而证明责任的含义不仅包括主观具体的提供证据责任，还包括主观抽象的证明责任和客观证明责任。

---

（接上注）华人民共和国侵权责任法草案专家建议稿》第120条规定：“因环境污染造成他人人身或者财产损害的，其污染行为与损害事实之间的因果关系可以实行推定。污染环境的行为人能够证明损害事实与污染行为没有因果关系的，行为人不承担侵权责任。”（参见杨立新：《中华人民共和国侵权责任法草案建议稿及说明》，法律出版社2007年版，第244—245页）张新宝教授曾建议《侵权法二次审议稿》第69条规定“因环境污染发生纠纷，排污者应当就法律规定的免责事由及其行为与损害之间不存在因果关系承担举证责任”修改为“因污染环境发生纠纷，推定排污行为与损害之间存在因果关系；排污者能够证明不存在因果关系的，不承担赔偿责任。”他建议修改的理由为：“需要正确表述因果关系推定，故修改。”（参见张新宝：《侵权责任法立法研究》，中国人民大学出版社2009年版，第71页）

[1] 这方面的代表学者是西北大学的王社坤教授，他连续发表三篇论文《环境侵权因果关系推定理论的检讨》（《中国地质大学学报（社会科学版）》2009年第2期）、《环境侵权诉讼中的因果关系与举证责任》（《环境经济》2010年8月）、《环境侵权因果关系举证责任分配研究——兼论〈侵权责任法〉第66条的理解与适用》（《河北法学》2011年第2期）都主张举证责任倒置。早在2002年4月1日施行的《最高人民法院关于民事诉讼证据的若干规定》第4条就规定：“因环境污染引起的损害赔偿诉讼，由加害人就法律规定的免责事由及其行为与损害后果之间不存在因果关系承担举证责任。”当时也有环境法学者将其解释为举证责任倒置（参见王树义：《环境与自然资源法学案例教程》，知识产权出版社2004年版，第133页）。

[2] 下文除引证其他学者的表述外，笔者将直接使用“证明责任”而不再使用“举证责任”概念。

主观证明责任是指当事人为了避免败诉通过自己的活动对争议的事实进行证明的责任。❶ 它主要回答或解决哪一方当事人应当对具体的要件事实进行举证问题。❷ 在诉讼程序开始前确定谁应当证明什么时，主观证明责任表现为抽象的主观证明；在具体的诉讼程序中，问及此事应当由谁提供特定的证明时，则为具体的主观证明。❸ 在诉讼程序开始前或开始时，主观抽象的证明责任和主观具体的证明责任合二为一；只有在诉讼程序开始后，二者才出现分离。

客观证明责任是指当且仅当法官对事实问题的认定存在疑问时，对真伪不明的案件事实作出裁决的责任。❹ 一项争议的案件事实若处于真伪不明状态，❺ 必须具备下列条件❻：“（1）原告提出了有说服力的主张；（2）被告提出了实质性的反主张；（3）对争议的事实主张有证明的必要，在举证规则领域，自认的、不争议的和众所周知的事实不再需要证明；（4）用尽所有程序上许可的和可能的证明手段，法官仍不能获得心证；（5）口头辩论已经结束，上述第（3）项的证明需要和第（4）项的法官心证不足仍没有解决。”

客观证明责任所要解决的是，当法官对某项案件事实存在与否判断不明确或不清楚时，应当由哪方承担不利后果的问题。❼ 由于它涉及真伪不明情况下的风险承担，所以应当由立法者事先在实体法中设定损害的风险和责任的风险配置。从这个意义上说，客观证明责任是证明责任的主体。所以，证明责任的分配主要是客观证明责任规则的配置，它决定着主观抽象证明责任。而举证责任或者主观具体的提供证据责任并不是证明责任的核心，它会在具体的诉讼过程中随着案件审理的进展而在当事人之间来回转换。

---

❶ ［德］汉斯·普维庭：《现代证明责任问题》，吴越译，法律出版社2006年版，第35页。

❷ ［德］汉斯·普维庭：《现代证明责任问题》，吴越译，法律出版社2006年版，第10页。

❸ ［德］汉斯·普维庭：《现代证明责任问题》，吴越译，法律出版社2006年版，第14页。

❹ ［德］汉斯·普维庭：《现代证明责任问题》，吴越译，法律出版社2006年版，第21页。

❺ 从法官的角度，诉争案件事实经过证明会存在三种状态：对要件事实存在获得积极心证；对要件事实存在获得消极心证，既未对其存在也未对其不存在获得心证；对要件事实状态真伪不明。参见李浩：《民事证明责任研究》，法律出版社2003年版，第116页。

❻ ［德］汉斯·普维庭：《现代证明责任问题》，吴越译，法律出版社2006年版，第53—63页。

❼ ［德］汉斯·普维庭：《现代证明责任问题》，吴越译，法律出版社2006年版，第11页。

关于举证责任（证明责任）倒置，我国学者通常理解为“按照法律要件分类说在双方当事人之间分配证明责任后，对依此分配结果原本应当由一方当事人对某法律要件事实存在负证明责任，转由另一方当事人就不存在该事实负证明责任”。[1] 或者继续使用举证责任概念，认为举证责任倒置乃是“谁主张，谁举证”这一原则性规定的例外，[2] 即指“基于法律规定，将通常情况下本应由一方当事人负担的举证责任转由另一方当事人承担，当诉讼终结时，如果根据全案证据仍不能判定该事实的真伪，则由另一方当事人承担由此产生的败诉等不利的诉讼后果”。[3]

在大陆法系国家，证明责任倒置一般有三种含义：“(1) 提供证据责任的转移；(2) 相对于证明责任分配一般原则而言的例外规则，是法律上特别设定的由相对方承担证明责任的例外规定；(3) 通过法官的‘造法’行为改变法定的证明责任分配规则，确立新的证明责任分配规则。”[4] 第一种含义即为主观具体的证明责任转移。它在诉讼过程中经常发生，先是由负担证明责任的一方当事人提供证据证明自己所主张的案件事实，然后对方当事人提出反证、反驳等，以动摇法官的心证；并且，这种提供证据责任的转移在整个诉讼当中会来回重复多次发生。第二种含义是针对某些特殊案件类型，立法机关若按照一般证明责任分配规则可能会导致极为严重不公的后果时所作出的特别例外安排。我国学者通常理解的证明责任倒置或举证责任倒置即为此种含义。第三种含义在英美法系国家是比较常见的。在大陆法系国家，当法律没有明确规定某一案件类型的证明责任分配时，法官可以基于个案的具体情形裁量实行证明责任倒置。实际上，这种依靠法官或者法院“造法”性质证明责任倒置的处理规定与第二种含义之间没有太大的区别，因为第三种含义强调的是裁判者针对特殊案件情形的安排，第二种含义重在立法者就例外情形的特别加以规定，其实质基本上是一样的。

---

[1] 李浩：《民事证明责任研究》，法律出版社 2003 年版，第 164 页。

[2] 例如，举证责任倒置是指在民事诉讼中，当事人对其提出的主张，在案件事实真伪不明时不用自己承担结果责任（即事实真伪不明的风险负担责任），而由对方当事人承担结果责任。参见王学棉、周凤翱：《民事举证责任倒置浅析》，载《华北电力大学学报（社会科学版）》，2000 年第 1 期，第 46 页。

[3] 宋朝武：《民事证据法学》，高等教育出版社 2003 年版，第 77 页。

[4] 陈刚：《证明责任法研究》，中国人民大学出版社 2000 年版，第 246 页。

因此，笔者认为，所谓证明责任倒置即指立法者（有时也包括裁判者）基于一定的法律政策、价值取向和举证难易等，针对特殊案件类型或例外情形，就一般证明责任分配原则所作出的相应调整，让通常不负担证明责任但占有证据优势的一方当事人负担证明责任。实际上，证明责任倒置是立法者就特殊情形的证明责任配置，所以仍隶属证明责任分配。从立法者角度上看，只存在证明责任分配的原则或例外，并不存在所谓证明责任的正置或倒置。❶ 人们通常将实体法上的特殊证明责任分配称为“举证责任的转换或者倒置”，这是很不准确且容易引起误解的。因为根据具体的规范，证明责任已经由立法者事先设定好了，怎么能在诉讼中随意被“转换或者倒置”呢？除非我们表面上说的是“转换或者倒置”，而实际上是指立法者没有遵循证明责任分配的基本规则而作了特殊的分配。❷

这里有必要澄清另一个误解，即举证责任倒置意味着全部举证责任的倒置，原告由此卸下全部责任而由被告承担全部证明责任。❸ 这种观点看到了客观证明责任（即事实真伪不明时的风险负担责任）在证明责任中具有主导优势，将证明责任倒置（严格意义上是配置）给被告就应当由被告负担举证责任并不能承担举证的后果。但是，它忽视了证明责任中的主观具体证明责任可以而且应当在双方当事人之间进行转换，即使在证明责任分配一般规则中被告也不会因为原告负担证明责任而不承担任何提供证据的责任。在证明责任倒置的情形下，虽然提供证据的主观具体证明责任会受到客观证明责任配置给另一方当事人的影响，即由

---

❶ 证明责任能否倒置在我国诉讼法学界曾经有过争论，陈刚博士曾经尖锐地指出，在尚未确定证明责任分配标准“正置”的理论上热火朝天地谈论“举证责任倒置”纯属一种学术上的失误或不负责任的表现。参见陈刚：《证明责任法研究》，中国人民大学出版社2000年版，第244页。

❷ ［德］汉斯·普维庭：《现代证明责任问题》，吴越译，法律出版社2006年版，译序4。

❸ 这一主张通常是在证明责任倒置与因果关系推定加以比较时得出的，认为证明责任倒置时，作为受害方的原告卸下全部举证责任，无须对“表见事实”或者某些加害行为可能致害的基础事实进行证明，即受害方完全从因果关系的证明中解脱出来；而在因果关系推定下原告还需要对基础事实或表见事实进行证明或初步、低度证明。参见马栩生：《环境侵权视野下的因果关系推定》，载《河北法学》，2007年第3期，第116页；王社坤：《环境侵权因果关系举证责任分配研究——兼论〈侵权责任法〉第66条的理解与适用》，载《河北法学》，2011年第2期，第6页等。

负担证明责任的另一方当事人举证证明被倒置的案件事实，这是客观证明责任主导和决定主观证明责任的必然，但是并没有否定原告方当事人享有提供证据以证明和强化自己诉求的权利。因此，即使在证明责任倒置的情况下，提供证据的主观具体证明责任仍会在双方当事人之间转换。所以，那种证明责任倒置就“意味着原告由此卸下全部责任而由被告承担全部证明责任”的观点是值得商榷的，此时的原告仍有提供证据的主观具体证明责任。

我国学界存在的“举证责任转移”概念也值得分析。在笔者看来，证明责任（或举证责任）的转移只能是提供证据的主观具体证明责任（又称行为责任），客观证明责任（也称结果责任）在诉讼过程中不会发生转移或转换。在诉讼中，任何一方当事人都负有提供证据或者举证的义务，并且这种举证的义务会在当事人之间不断地发生转移；但是那种事实真伪不明的风险负担责任不会发生转移，也就是说，在诉讼程序即将结束时若仍不能够判断案件事实的真伪，那么，法官只能依照客观证明责任作出不利于负担此责任的当事人败诉的裁决。

## 三、因果关系推定

关于推定的含义，理解的角度不同，其含义会存在差异：（1）从事实之间的关系看，推定用以描述基础事实与推定事实之间的关联。（2）从与证明责任之间的关系看，推定至少会转移提供证据的责任，如《美国联邦证据法》第 301 条规定：“在所有民事诉讼中，除非国会制定的法律或本证据规则另有规定，推定只是课以当事人提供证据以反驳或满足该推定的责任，倘若没有履行说服义务则需承担风险的证明责任并没有转移给该当事人，该证明责任在整个审判过程中仍由原先承担此责任的当事人承担。”（3）从事实认定看，推定是法律对某种事实所作的认定，如《法国民法典》第 1349 条规定“推定为法律或审判员依已知的事实推论未知的事实所得的结果”。此时，应当允许当事人反驳或反证。（4）从动态看，推定就是由甲事实的存在，推演出乙事实存在的诉讼活动。（5）从证据法则看，推定是指由法律规定或者由法院按照经验法则，从已知的前提事实推断未知的结果事实存在，并允许当事人举证推

翻的一种证据法则。(6) 从证明方法看，推定是证明事实的一种方法。❶

笔者主张结合上述第二、第三和第五种角度的含义，赞同推定是与证明责任相关联的一种规则，是指“法律或习惯、经验所确定的根据一个事物的存在推导出另一事物存在的规则或规范”。❷ 其他角度的含义要么仅仅描述推定的现象，如第一种，要么仅仅描述了推定的过程或者方法，如第四种、第六种等。美国学者麦考密克认为，“至少在民事案件中，宁愿把一项推定解释为一个规则，而该项规则至少转移提供证据的责任。纵然法官在作出裁决时依靠先例或者制定法而不是个人经验，法官也可以从不容其他解释的证据中合理得出所要做的推论。在多数情况下，把任何其他的称谓运用于推论只会造成混乱”。❸ 依照上述定义，推定要求事实裁判者在主张推定的前提条件或推定的要件事实得到证明的情况下，就必须依照推定规则的要求得出相应的推定结论。

这种推定结论的先决条件或者理想的前提条件，不同于主张推定的要件或前提。❹ 形象地说，要得出某一法律效果或结论，当事人通常必须证明 a、b 和 c 先决条件的事实；但是在推定的情形下，推定的主张者不用主张、证明 a、b、c 这些先决条件，只需主张推定的要件事实 x 即可，而由对方当事人提供不具备 a 或 b 或 c 的反面证据进行反驳。从推定的主体看，推定的主张者不必证明原来的法律后果的前提条件而仅主张推定的要件，所以其证明责任得以减轻；从对方的角度来说，就是证明责任的转换或者分配，因为他必须对被推定的法律后果的先决条件进行反驳或提供反面证据证明。❺

英国律师罗纳德·沃克将推定划分为不可反驳的法律推定、可反驳

---

❶ 王学棉：《论推定的逻辑学基础》，载《政法论坛》，2004 年第 1 期，第 165—166 页。

❷ 赵信会：《民事推定及其适用机制研究》，法律出版社 2006 年版，第 30 页。

❸ ［美］麦考密克：《麦考密克论证据》，汤维建等译，中国政法大学出版社 2004 年版，第 661 页。

❹ 我国学者将推定的要件或前提条件称为基础事实，将法律后果的理想的先决条件称为推定事实（是否妥当值得商榷）参见叶自强：《民事证据研究》，法律出版社 2002 年版，第 98 页。

❺ ［德］莱奥·罗森贝克：《证明责任论》，庄敬华译，中国法制出版社 2002 年版，第 223—225 页。

的法律推定和可反驳的事实推定;[1] 并认为事实推定与法律推定的区别在于:在事实推定情形下,没有要求法庭适用推定的法律规则,而在法律推定情形下,法庭则必须适用推定。[2] 这被学者称为英美法系的三分法,并认为大陆法系采取两分法,即将推定分为法律推定与事实推定。[3] 尽管德国法上的推定包括法律推定[4]与事实推定,然而依据民事诉讼法第 292 条第 1 款的规定,法律推定又分为可反驳的推定和不可反驳的推定。所以,德国法上的推定种类与英美法上的并没有多大差异。[5]

在德国法上,不可反驳的推定则直接导致实体法的后果,如德国民法典第 1566 条规定夫妻分居一年或三年,那么法律就推定婚姻已经破裂。[6] 与不可反驳的法律推定的同样作用是具有法律上的拟制。二者的区别主要在于立法背景和目的不同:不可反驳的推定是基于推定的基础与事实跟现实生活原则上是一致的;而法律上的拟制意在获得某种类似性。在立法语言表述上,前者用“推定”,后者用“视为”。[7] 可反驳的法律推定是由主张推定的要件事实推断出推定结论或法律后果,而不需要主张方对作为法效果的理想前提条件事实进行一一证明;对方当事人可以对该推定提出反面证据进行反驳,但这种反面证据反驳不是反证而是本证,因为就对方当事人而言,它是证明责任的一种分配(俗称证明

---

[1] 英国学者 Cross 将推定分为结论性推定,即无法反驳其推定的事实;说服性推定,即凭借盖然性衡量能够运用足够证据来说服结论事实存在与否的推定;证据性推定,即根据某种证据是否遭驳回而在案件当事人之间分配法律证明负担责任的有关规则;临时性推定,即从某种战略角度来考虑采取反驳证据,以促使法院判定某种推定事实是否真实。参见沈达明:《英美证据法》,中信出版社 1996 年版,第 68—70 页。

[2] [英] 罗纳德·沃克:《英美证据法概述》,王莹文、李浩译,西南政法学院 1983 年版,第 66—67 页。

[3] 叶自强:《民事证据研究》,法律出版社 2002 年版,第 99—106 页。

[4] 值得一提的是,这里的法律推定是指法律上的事实推定。除此以外,法律推定还包括法律上的权利推定,如某人公然、和平、持续地自主占有动产或不动产达到一定年限就推定其为该动产或不动产的所有权人。

[5] 大陆法系将推定分为法律上的推定和事实上的推定,后者也称法院的推定或裁判上的推定、显而易见的推定或表见证明、非法律上的推定等。这种分类以法国、日本为代表。参见叶自强:《民事证据研究》,法律出版社 2002 年版,第 102 页。

[6] [德] 汉斯·普维庭:《现代证明责任问题》,吴越译,法律出版社 2006 年版,第 73 页。

[7] 《中华人民共和国继承法》第 25 条规定:“继承开始后,继承人放弃继承的,应当在遗产处理前,作出放弃继承的表示。没有表示的,视为接受继承。受遗赠人应当在知道受遗赠后两个月内,作出接受或者放弃受遗赠的表示。到期没有表示的,视为放弃受遗赠。”

责任的转换）。[1]

法律推定“不是虚构推定事实与客观事实是否相符问题，而仅仅是虚构不需要法官获得心证的要件事实在某一个诉讼中的存在”。[2] 法律推定所依据的规范渊源只能是法律或习惯，而源自经验规则的推定就不是法律推定。[3] 在德国，事实推定被认为是法律推定的遗留，作为一个法律现象是多余的；[4] 由于事实推定几乎改变了法律本身和法定的证明责任分配，所以在司法实践中要避免使用该概念。[5] 而在法国和日本，事实推定是指法律推定以外的推定，即裁判者在具体的诉讼中根据经验规则或自由心证原则并依据一定的证据所作出的前后一致的推定。[6] 我国学界对事实推定概念的认识存在争议，不少学者认为它本质上是一个推论问题，不宜由法律规定。[7] 也有学者赞同事实推定，并认为不管依据的是法律规定还是经验法则，凡是能够导致证明责任转移的推定均为法律推定；相反，仅具有转移提供证据的责任的推定均属于事实推定。[8]

在因果关系领域，王社坤教授认为，“根据是否在法律中作出明确规定，因果关系推定分为事实上的因果关系推定和法律上的因果关系推定两类”。[9] 笔者认为这种观点值得商榷，在作为责任构成要件之一的因果关系领域，应当只认可法律推定即仅指法律规定的因果关系推定的情形；而不应当承认或认可事实推定。其理由大致如下：首先，如前所述，事实推定概念本身存在着较大的争议，不少学者认为它是一个推论

---

[1] ［德］莱奥·罗森贝克：《证明责任论》，庄敬华译，中国法制出版社 2002 年版，第 210、218、223—229 页。

[2] ［德］汉斯·普维庭：《现代证明责任问题》，吴越译，法律出版社 2006 年版，第 73—75 页。

[3] ［德］莱奥·罗森贝克：《证明责任论》，庄敬华译，中国法制出版社 2002 年版，第 230 页。

[4] 德国也有一些学者赞同事实推定，参见赵信会：《民事推定及其适用机制研究》，法律出版社 2006 年版，第 93—96 页。

[5] ［德］汉斯·普维庭：《现代证明责任问题》，吴越译，法律出版社 2006 年版，第 75—85 页。

[6] 叶自强：《民事证据研究》，法律出版社 2002 年版，第 102—103 页。

[7] 叶自强：《民事证据研究》，法律出版社 2002 年版，第 106—108 页。

[8] 赵信会：《民事推定及其适用机制研究》，法律出版社 2006 年版，第 36、93—96 页。

[9] 王社坤：《环境侵权因果关系推定理论检讨》，载《中国地质大学学报（社会科学版）》，2009 年第 2 期，第 49 页。

而非推定问题，甚至在不少国家主张司法实践中应当避免使用该概念。其次，在我国司法实践中，事实上的推定实际上是指司法机关在办理案件时的逻辑推理；[1] 而推理与推定是有较大差异的。[2] 再次，纵使有些学者所主张仅具有转移提供证据的责任的推定均属于事实推定；然而，在诉讼过程中，提供证据的责任是随时可以在当事人之间转移的，以此来界定事实推定的特性或内涵没有任何意义。最后，因果关系的推定会导致当事人证明责任的重新分配和严重影响当事人的利益，为了防止法官滥用自由裁量权和随意地给加害人或被告强加过重的责任，最好的办法就是由法律来对因果关系的推定作出明确的规定，即法律推定因果关系或者法律规定因果关系推定。

至于因果关系推定的具体含义，王利明教授认为，它是指“在损害发生以后，数个行为人都有可能造成损害，但是不能确定谁是真正的行为人，或者在因果关系难以确定时，法律从公平正义和保护受害人的角度出发，推定行为人的行为与损害之间具有因果关系”。[3] 王教授也认为，因果关系的举证责任原则上由受害人承担，“但在特殊情形下，为了减轻受害人的举证责任，可以采取因果关系推定的形式；在采取因果关系推定形式时，受害人也仍然应当初步证明因果关系的存在，否则将难以确定被告”。[4]

为何要实行因果关系推定，其主要原因有两个：一方面，随着科技和经济的发展，产生许多新型损害，其影响范围广、受害人众多、专业性较强，损害本身具有累积性、持续性、技术性、复杂性等特点，受害人欠缺科学知识而难以举证致损的原因；另一方面，由于加害人往往控

---

[1] 叶自强：《民事证据研究》，法律出版社2002年版，第132页。

[2] 尽管推定规则是推理的基础和前提，但是推理与推定之间存在区别：（1）推定是普遍适用性规则；推理是事实裁判者在具体案件进行中的思维活动。（2）推定反映事实之间的规则联系，应用于事实认定过程；推理既可以应用于事实的认定，也可以应用于根据事实适用法律的活动。（3）推定反映的是经验或者法律要求实现的某种特定的价值取向；推理必须遵守逻辑法则，三段论逻辑推理的中项在大小前提中必须周延，否则推理的结论就不可靠。因此，法官在个案的推理过程中，既要遵守推定规则又要遵守逻辑法则，任何违反推定规则或者逻辑法则的推理都是不当行使裁量权的行为。参见赵信会：《民事推定及其适用机制研究》，法律出版社2006年版，第29—30页。

[3] 王利明：《侵权责任法研究（上）》，中国人民大学出版社2011年版，第375页。

[4] 王利明：《侵权责任法研究（上）》，中国人民大学出版社2011年版，第359—360页。

制了致损原因，致使受害人经常处于无证据状态。因而，一些国家在环境污染、产品致人损害、高度危险作业致人损害等案件中，采取了因果关系的推定办法，其根本目的就是使因果关系服务于归责的需要，从而保护受害人。所以，为了强化对受害人的保护，有必要通过因果关系推定的方式来确定责任。[1]

## 四、因果关系推定抑或举证责任倒置

关于我国《侵权责任法》第66条的规定，学者将其解读为举证责任倒置的理由如下：第一，从受害者利益保护目的来看，因果关系举证责任倒置比因果关系推定对受害人的保护程度更高。因为针对前者，加害人不仅要承担因果关系不存在的说服责任，而且还要承担首先提出证据证明因果关系不存在的责任；换言之，受害人不承担任何举证责任。而就后者而言，加害人要承担因果关系不存在的说服责任，但是受害人首先要承担提出证据的责任和基础事实的证明责任。[2] 第二，从逻辑推理看，因果关系推定的逻辑结构为A→B（A是基础事实，B为推定事实）；而我国立法表述（由加害人就其行为与损害结果之间不存在因果关系承担举证责任）的推理逻辑是not B→B。首先，在这一逻辑中不存在与推定事实不同的基础事实；其次，这一规定中不存在由基础事实到推定事实的逻辑推理。因此，我国立法中有关环境侵权因果关系的规定不是对因果关系推定的规定，而是“立法者对加害人没有完成其举证责任所导致举证不能的后果的规定，属于因果关系举证责任分配规范，即我国学者通常所谓的因果关系举证责任倒置”。[3] 最后，还有学者从污染企业掌握的信息、证据优势，污染企业与受害者之间的利益平衡，立法难易，司法依赖法官素质的高低，预防与惩戒污染，实质正义和受害者

---

[1] 王利明：《侵权责任法研究（上）》，中国人民大学出版社2011年版，第375—376页。

[2] 王社坤：《环境侵权因果关系推定理论检讨》，载《中国地质大学学报（社会科学版）》，2009年第2期，第51页。

[3] 王社坤：《环境侵权因果关系举证责任分配研究——兼论〈侵权责任法〉第66条的理解与适用》，载《河北法学》，2011年第2期，第8页。

保护等方面论述责任倒置优于因果关系推定。[1]

针对上述理由，笔者作出如下回应：

第一，证明责任完全倒置有时并不利于保护受害者。例如，在偶发性、季节性、瞬时性的农业环境污染案件中，污染原因复杂且容易消失，受害人若不及时采样举证，事后被告污染企业一定很容易鉴定得出原告的损害与其排污（尤其是废气污染）行为没有因果关系。[2]

第二，因果关系推定的逻辑应当是受害人先证明推定的要件，即常说的基础事实，然后就依照法律得出加害人的行为与受害人的损害之间具有因果关系的推定；加害人要反驳此推定就必须证明具有因果关系这一法律后果的理想先决条件不存在，即须证明加害人的行为与受害人的损害之间不具有因果关系的全部事实或主要事实。所以，单从立法表述，即“由加害人就其行为与损害结果之间不存在因果关系承担举证责任”并不能够得出不属于因果关系的推定；也不能够以此立法为举证责任分配规范而得出属于举证责任倒置，因为法律规定的因果关系推定同样涉及证明责任的分配。

第三，针对其他理由的简单回应：知识信息和掌握证据的不对称正是因果关系推定的理由；因果关系推定对法官的素质要求其实并非想象得那么高；在立法技术上，规定因果关系推定并不困难；[3] 相较于证明责任倒置，因果关系推定更有利于实现污染企业与受害者之间的利益平衡；如上所述，证明责任倒置有时对保护受害者和实现实质正义并非最优选择；通过因果关系证明责任倒置来加快认定排污者的责任，虽然从民事法律责任角度可以起到一定的预防与惩戒污染作用，但是这种无异于结果责任的制度安排会使法律的天平过分偏向于受害人一方，明显存

---

[1] 刘英明：《环境侵权证明责任倒置合理性论证》，载《北方法学》，2010 年第 2 期，第 108—110 页。

[2] 王伟、石春：《技术与法律交叉视野下的环境污染因果关系证明规则》，载《环境污染与防治》，2014 年第 1 期，第 93—94 页。

[3] 《侵权责任法》第 66 条的表述的确容易引起误解，但是，因果关系推定在立法术语表述上也能够做到科学简洁和易懂。例如，我国有学者如此表述“因污染环境引起的损害赔偿诉讼，受害人应当对污染行为与损害事实之间的因果关系存在进行初级盖然性证明。污染环境的行为人能够确实地从自然科学上证明因果关系不存在的，行为人不承担民事责任”。参见邹雄：《论环境侵权中因果关系的认定》，载《中国政法大学学报》，2010 年第 2 期，第 83 页。

在矫枉过正之嫌。

基于上述分析，笔者认为《侵权责任法》第66条的规定宜解释为因果关系推定。[1] 理由如下：

第一，从立法解释或历史解释看，我国《侵权责任法》第66条的规定主要来源于2002年4月1日施行的《最高人民法院关于民事诉讼证据的若干规定》第4条的规定，即“因环境污染引起的损害赔偿诉讼，由加害人就法律规定的免责事由及其行为与损害后果之间不存在因果关系承担举证责任”。学者认为“如果加害人能够证明其行为与被害人损害结果之间不存在因果关系，则可免除其环境侵权的民事责任，否则，即推定其加害行为与被害人损害结果之间存在因果关系。这是一种与日本的‘间接反证法’相似的因果关系推定法。遗憾的是没有规定高度盖然性的因果关系推定法和疫学因果关系推定法”。[2] 多数学者尽管没有就有关推定方法进行解释和说明，但都持因果关系推定的观点。而且，无论是《民法典·侵权行为法编》不同学者建议稿，还是历次《侵权责任法》草案或学者建议稿，都直接或间接地确认了环境侵权纠纷中的因果关系推定制度。

第二，从学理上，环境污染侵害具有长期性、潜伏性、多因性、复杂性、高科技性和当事人地位的不平等性等不同于普通侵权的特征，[3] 若让环境污染受害方承担污染行为与损害之间的因果关系举证责任，不仅几乎无法实现，而且会导致法律的天平不当地向污染方倾斜，不利于实现侵权法平衡保护受害者权益和行为自由的立法宗旨。因此，许多国家纷纷在环境侵权纠纷中抛弃了传统侵权法上的相当因果关系理论[4]，

[1] 此结论适用于《中华人民共和国民法典》第1230条。

[2] 杨素娟：《论环境侵权诉讼中的因果关系推定》，载《法学评论》，2003年第4期，第139页。

[3] 王明远：《环境侵权救济法律制度》，中国法制出版社2001年版，第13—19页；曹明德：《环境侵权法》，法律出版社2000年版，第30—34页等。

[4] 相当因果关系说，又称“充分原因说”。关于其含义，王伯琦先生认为：“无此行为，虽必不生此损害，有此行为，通常即足生此种损害者，是为有因果关系。无此行为，必不生此种损害，有此行为，通常亦不生此种损害者，即无因果关系。”参见王伯琦：《民法债编总论》，第77页，转引自王泽鉴：《侵权行为》，北京大学出版社2009年版，第186页。史尚宽先生认为：“相当条件为发生某结果所不可缺之条件，非为于特定情形偶然的引起损害，而为一般发生同种结果之有利条件。”参见史尚宽：《债法总论》，中国政法大学出版社2000年版，第167页。

改采各种因果关系推定理论方法，以减轻受害方的举证责任负担。例如，德国《环境责任法》第 6 条第 1 款规定："如果依照个案的具体情形，某一设备很有可能引起既有的损害，则推定该损害是由该设备造成的；至于该设备在个案具体情况下是否可能造成损害，则应当根据其营运流程、所使用的机器设备、所使用和排放物质的种类和浓度、气象因素、损害发生的时间和地点、损害的总体情况以及与损害发生相关的所有其他具体因素来判断。"❶ "从有利于受害人的角度出发，《环境责任法》第 6 条第 1 款规定了因果关系的推定。"❷

第三，从立法政策考虑，我国《侵权责任法》第 66 条没有采纳举证责任倒置制度。究其原因有二：其一，举证责任倒置可能导致并非真正的侵权人承担侵权责任。❸ 在举证责任倒置的情形下，环境污染方或者被告方须就其污染行为与损害结果不存在因果关系承担举证责任；但被告方举证证明因果关系不存在需达到何种证明程度是不明确的。因此，"实践中存在要求被告举出充分、直接的证据，并达到排除一切可能怀疑之程度的做法"。❹ 这样一来，显然让被告方承担了过重的证明责任，导致有些非侵权方承担了不应当承担的侵权责任。其二，举证责任倒置会过分加重企业负担。在立法过程中，对于环境侵权规定举证责任倒置存在争议。第十一届全国人大常委会第十一次会议第三次审议侵权责任法草案时，有委员提出"环境污染如果要污染者承担举证责任会很困难，现在环境污染事故仍处于高发期，规定由污染者承担举证责任务必慎重"。也有代表提出这"会造成对企业的不公平，可能会影响企业创新的积极性，阻碍企业发展"。❺ 在环境侵权纠纷中，若采取举证责任倒置，让企业承担过重的举证责任，就会过分地加重企业的负担，严重

---

❶ 王明远：《德国〈环境责任法〉的基本内容和特色介评》，载《重庆环境科学》，2000 年第 4 期，第 4 页。

❷ ［德］马克西米利安·福克斯：《侵权行为法》，齐晓琨译，法律出版社 2006 年版，第 298 页。

❸ 全国人大常委会法制工作委员会民法室：《侵权责任法立法背景与观点全集》，法律出版社 2010 年版，第 893 页。

❹ 参见最高人民法院（2006）民二提字第 5 号；同时，我国司法实践对所谓的举证责任倒置也采取了消极抵抗策略。参见胡学军：《环境侵权中的因果关系及其证明问题评析》，载《中国法学》，2013 年第 5 期，第 166 页。

❺ 陈丽平：《污染实行举证责任倒置有争论》，载《法制日报》，2009 年 11 月 21 日。

影响其市场决策的自由，从而阻碍我国社会经济的发展。

第四，相比较而言，因果关系推定更能实现侵权法的价值目标。从环境侵权的特殊性和双方当事人地位的不平等性看，我们在立法时，应当让法律的天平适当倾向于受害方权益的保护。但是，侵权法作为兼顾行为自由和受害人保护的法律，在保护受害方的权益同时，也不能对加害方太过苛责。与举证责任倒置不同，因果关系推定让受害方或原告方进行初步证明，然后转由侵害方或被告方进行反证，并要求达到十分高的证明标准才能推翻因果关系的推定。这种制度安排既有助于减轻原告方的举证责任，实现保护受害人权益的目标；又不至于过分地苛责企业，并能够尽量避免让非真正侵权人承担责任的危险，因此，因果关系推定比举证责任倒置更能实现侵权法的价值目标。

## 五、环境侵权因果关系证明责任的分配（代结论）

综上所述，举证责任倒置将会导致环境侵权因果关系完全倒置给加害方或排污方，受害人无须承担任何因果关系证明。这种类似于结果责任的解释，无疑过分地将法律的天平倾向于受害方，不适当地将证明责任风险过分强加给加害方。因此，笔者认为，《侵权责任法》第 66 条的规定不应当解释为举证责任倒置，应理解为因果关系推定。[1]

如同王社坤教授所说，依照因果关系推定的逻辑结构 A→B（A 是基础事实，B 为推定事实），受害人需要承担对基础事实的举证责任。[2]换句话说，在因果关系推定的制度安排下，受害人需要对因果关系的基础事实承担证明责任。这里的基础事实到底指的是什么，学界其实并没有给出明确的界定范围。

但是，它涉及证明责任分配的理论学说，主要有待证事实分类说、法律要件分类说和其他学说等。[3] 其中，在法律要件分类说中，罗森贝

---

[1] 此结论适用于《中华人民共和国民法典》第 1230 条。

[2] 王社坤：《环境侵权因果关系推定理论检讨》，载《中国地质大学学报（社会科学版）》，2009 年第 2 期，第 51 页。

[3] 李浩：《民事证明责任研究》，法律出版社 2003 年版，第 112—129 页。

克规范学说最为有影响力，也是长期居支配地位的通说。[1] 规范说的主要观点如下：当事人对有利于自己的法律规范所规定的要件事实承担证明责任；判断是否有利于自己的法律规范应当回归到实体法中去——从实体法律规范的性质出发，将实体法律分为权利产生的规范、权利消灭规范、权利妨碍规范和权利受限制规范；原告对权利产生的规范要件事实承担证明责任，被告对权利妨碍、受限制和消灭的规范负担证明责任。[2]

依照罗森贝克的规范说，环境侵权因果关系证明责任应当作出如下分配：（1）环境侵权的受害人首先必须证明加害人实施了环境侵权行为并造成了自己的人身、财产等方面损害的事实；（2）环境侵权的受害人应当提供证据证明加害行为与自己的损害结果之间有因果关系或者存在初步的因果关系。所谓“初步的因果关系”，是指加害行为与损害后果之间存在一定的因果联系，而不是指必然因果关系或因果之间的高度关联。受害人对因果关系的证明达到什么样的程度较为合适呢？或者说这种“初步”到底指代多大程度？学界对此存在不同看法。[3] 笔者认为，受害人的证明程度应当低于普通民事诉讼当事人的证明程度，即比盖然性占优势或较高盖然性的证明标准还要低一些。[4]（3）环境侵权的加害人承担反驳因果关系存在的法律推定，即承担加害行为与损害后果之间不存在因果关系的证明责任。该责任是指客观证明责任或者说服责任，而不是指具体的提供证据或主观证明责任。

---

[1] 李浩：《民事证明责任研究》，法律出版社2003年版，第115页。

[2] ［德］莱奥·罗森贝克：《证明责任论》，庄敬华译，中国法制出版社2002年版，第95—124页。

[3] 有学者认为，“初步证明”即对因果关系的证明达到“表示相当程度的盖然性”。参见马栩生：《环境侵权视野下的因果关系推定》，载《河北法学》，2007年第3期，第115页。也有学者认为是低标准证明因果关系。参见邹雄：《论环境侵权中因果关系的认定》，载《中国政法大学学报》，2010年第2期，第81页。

[4] 李浩教授等认为我国民事诉讼采取了较高程度的盖然性标准。参见李浩：《证明标准新探》，载《中国法学》，2002年第4期，第132页。但也有学者通过《民事诉讼法》第64条第3款“人民法院应当按照法定程序，全面地、客观地审查核实证据”等规定，解读我国民事诉讼证明标准仍然采取客观真实的“一元制”标准。参见吴杰：《民事诉讼证明标准理论研究》，法律出版社2007年版，第3页。也有学者认为，我国民事诉讼采取了内心确信的证明标准。参见吴泽勇：《“正义标尺”还是“乌托邦”——比较视野中的民事诉讼证明标准》，载《法学家》，2014年第3期，第148页。

# 企业环境守法的进展与问题分析

2015年1月1日新修订的《中华人民共和国环境保护法》（以下简称《环境保护法》）开始实施，它以更为严格的标准要求企业承担环境保护义务。企业环境守法状况直接关系着我国生态环境质量的改观，因此，研究企业环境守法的进展及其存在问题很有必要和价值。本书运用抽样调查、问卷调查及统计分析等方法，从PITI❶排名前10位城市、广东省和武汉市的国家重点监控企业（以下简称国控企业）、省市重点监控企业（以下简称省控企业）、市级重点监控企业（以下简称市控企业）数据库中随机抽取100家样本企业，❷然后就样本企业在环境信息公开、主要污染物减排、违法受罚、超标排放、未批先建等方面2015年的情况与2014年之间的差异进行比较分析，从而得出了企业环境守法情况的评估结论。由于研究样本数量的局限，这些分析、研究和评估的结论未必能全面、充分地反映全国各地的普遍情况，但可以在一定程度上反映新《环境保护法》在一定时期内的实施效果。

## 一、企业环境守法状况的调查分析

新修订的《环境保护法》将环境信息公开作为监控企业法定义务一

---

❶ PITI是指公众环境研究中心（IPE）与自然资源保护协会（NRDC）联合制作发布的污染源监管信息公开指数。

❷ 在所选取的100家样本企业中，温州市有10家、宁波市有10家、烟台市有7家、北京市有4家、青岛市有8家、连云港市有7家、南京市有9家、杭州市有8家、上海市有5家、济南市有6家、广东省有19家、武汉市有7家；国家重点监控企业有63家、省市重点监控企业有22家、市级重点监控企业有15家；废水类企业有25家、废气类企业有24家、污水处理厂类企业有17家、重金属类企业有14家、规模化畜禽养殖场（小区）类企业有7家、危险废物类企业有13家。

个重点，并规定了企业应当减少主要污染物排放。所以在此，我们主要是通过企业的环境信息公开和主要污染物排放情况去调查、探讨与分析企业环境守法状况。

## （一）在环境信息公开方面

依照2014年12月19日环境保护部发布的《企业事业单位环境信息公开办法》第9条规定，重点排污单位应当公开基础信息、排污信息、防治污染设施的建设和运行情况、建设项目环境影响评价及其他环境保护行政许可情况、突发环境事件应急预案、其他应当公开的环境信息等。同时，我们通过搜索和查阅各省、市环保厅局官网、企业自行监测信息公开平台等，发现企业环境信息公开主要包括企业的"基本信息""污染物排放信息""污防设施（防治污染设施的简称）建设运行""环境影响评价""突发环境事件应急预案""自行监测方案"六个方面。这六个方面与《企业事业单位环境信息公开办法》第9条的规定大致相当，加之不同企业在这六项公开事项上存在一定的差异，我们为了便于量化选取此六个方面作为企业环境信息公开的项数指标。

**表1　国控、省控、市控企业环境信息公开比较表❶**

| | 6 | 5 | 4 | 3 | 2 | 1 | 0 | 合计 |
|---|---|---|---|---|---|---|---|---|
| 国控公开个数 | 1 | 8 | 32 | 6 | 7 | 6 | 3 | 63 |
| 国控百分比 | 2% | 13% | 51% | 10% | 11% | 10% | 5% | |
| 省控公开个数 | 1 | 3 | 9 | 3 | 1 | 1 | 4 | 22 |
| 省控百分比 | 5% | 14% | 41% | 14% | 5% | 5% | 18% | |
| 市控公开个数 | 1 | 2 | 6 | 0 | 2 | 3 | 1 | 15 |
| 市控百分比 | 7% | 13% | 40% | 0% | 13% | 20% | 7% | |

从表1中，我们看到公开3项以上的国控企业数占总国控样本企业数的比重为76%，省控企业公开3项以上的企业数占其总数的比重为

❶ 说明：1. 国控、省控、市控公开个数是指样本企业在信息公开中分别公开6项、5项、4项、3项、2项、1项和0项的企业数；2. 国控、省控、市控百分比即为上述各项公开企业个数除以该类企业样本总数。

在此需要说明的是，研究数据主要来源于环保部官网、各省市环保厅局官网、各省市企业自行监测信息公开平台、各个企业的网站、公众环境研究中心（IPE）等，数据获取的日期若无特别说明或交代均在2016年1月31日之前。

74%，市控企业公开3项以上的企业所占比重为60%。据此，我们可以得出国控企业和省控企业在环境信息公开方面比市控企业做得要好一些。而公开4项以上的国控样本企业占其总数比重达到66%，省控企业为60%，能够验证国控企业较省控企业环境信息公开得要好。因此，我们不难得出，在环境信息公开方面，国控企业做得最好，省控企业次之，市控企业最差。究其原因，我们认为，国控企业比省控企业、省控企业比市控企业，一方面更有财力去自行或委托第三方监测，并将监测结果即环境信息进行公开；另一方面前者更具有环境保护意识和更注重企业自身的社会责任，去履行环境保护法所规定的信息公开义务。

那么，这是不是意味着在环境信息公开方面国控企业就做得很到位、表现得特别好呢？单就表1显然不能够得出此结论。于是，我们有必要对国控企业环境信息公开的具体情况再作以更为细致的研究分析（见表2）。

**表2　国控样本企业环境信息公开平均项数表**[1]

| | 北京市 | 南京市 | 连云港市 | 青岛市 | 烟台市 | 济南市 | 上海市 | 杭州市 | 宁波市 | 温州市 | 武汉市 | 广东省 | 合计 |
|---|---|---|---|---|---|---|---|---|---|---|---|---|---|
| 总项数 | 15 | 24 | 14 | 13 | 20 | 16 | 16 | 16 | 12 | 14 | 28 | 24 | 212 |
| 企业个数 | 4 | 6 | 4 | 6 | 5 | 4 | 5 | 6 | 5 | 5 | 7 | 6 | 63 |
| 平均项数 | 3.75 | 4 | 3.5 | 2.17 | 4 | 4 | 3.2 | 2.67 | 2.4 | 2.8 | 4 | 4 | 3.37 |

从整体看，除去广东省和武汉市，国控企业环境信息公开较好的依次为南京市、烟台市、济南市、北京市、连云港市、上海市、温州市、杭州市、宁波市、青岛市。这与公众环境研究中心（IPE）与自然资源保护协会（NRDC）联合制作发布的污染源监管信息公开指数（PITI）报告中前十名城市的排名略有出入，[2] 究其原因，PITI报告排名是综合性的，这里只是国控企业环境信息公开情况专项性的排名。

从公开平均项数看，我们发现所有国控样本企业环境信息公开平均项数为3.37项，尚未达到应当公开项数6项的60%。这表明，尽管国控企业相比于省控企业和市控企业环境信息公开做得要好，但实际上其

---

[1] 说明：1. 总项数为某省、市所有样本企业在信息公开6个项目上的公开情况总和；2. 平均项数为某省、市样本企业公开总项数除以该省、市企业样本数。

[2] PITI排名前10位城市分别是温州市、宁波市、烟台市、北京市、青岛市、连云港市、南京市、杭州市、上海市、济南市。

环境信息公开与环境保护法的要求还存在相当大的差距。国控企业尚且如此，省控企业、市控企业的环境信息公开更好不到哪里去。因此，我们不难得出，当前企业环境信息公开总体上存在公开很不全面、很不充分的问题。

在具体公开项目方面，经过研究我们发现，尽管样本企业在基本信息公开上做得很完善，但是在主要污染物排放数据信息公开上颇有不足。在污防设施建设运行方面，大部分企业做得较好。在应急预案和环境影响评价方面，通常很难在官网上查找到大部分企业的相关信息。企业的自行监测方案总体上公开得不错；但是，企业自行监测方案中的检测报告和年度报告公开得不够理想，不少企业根本就没有此类报告，尤其是缺乏企业数据公开的年度报告。

综上所述，尽管总体上国控企业在环境信息公开方面要好于省控企业，省控企业好于市控企业；但是，我国企业环境信息公开目前还普遍存在不够理想、很不全面的问题，同时也存在更新不及时的问题。

### （二）在主要污染物减排方面

“十二五”期间，我国实施排放总量控制的主要污染物为化学需氧量（COD）、氨氮（$NH_3$ 和 $NH_4^+$）、氮氧化物（$NO_X$）、二氧化硫（$SO_2$），“十三五”期间在此基础上增加了烟粉尘、挥发性有机物等。[1]考虑到2016年刚刚开始实施“十三五”计划，很难去研究烟粉尘、挥发性有机物等污染物的减排情况。因此，我们主要研究“十二五”计划规定的四类主要污染物的减排情况。

**表3　7/100家企业主要污染物排放量2014年、2015年比较表**[2] 单位：吨

| | COD | 氨氮 | 氮氧化物 | 二氧化硫 |
|---|---|---|---|---|
| 2014年 | 2066.76 | 69.87 | 1355.52 | 606.13 |
| 2015年 | 1513.65 | 102.18 | 856.10 | 437.54 |

[1] 可参见环境保护部2014年12月30日颁行的《建设项目主要污染物排放总量指标审核及管理暂行办法》（环发〔2014〕197号）。

[2] 在100家样本企业中，2014年和2015年主要污染物排放量数据都齐全的仅有7家企业。

从表3中我们不难发现，除氨氮外，与2014年相比，样本企业2015年在COD（化学需氧量）、氮氧化物、二氧化硫三种主要污染物排放总量方面都有较为明显的减少。这正符合我们调查之前的理论假设：若某企业2015年主要污染物排放量能够比2014年有明显减少，不论该企业的此种减排行为是主动还是被动，客观上都会带来改善我们共同环境质量的积极效果，并能够从某种程度上表明该企业的环境守法意识有所增强，也可说明新修订的《环境保护法》的实施对该企业的减排行为产生了一定的推动作用与积极影响。

虽然主要污染物排放量数据两年都齐全的样本企业仅有7家，数量比较有限，但能够从某种程度上反映出，新修订的《环境保护法》实施一年多以来，企业的确在主要污染物的减排和改善我们共同环境质量方面付出了努力，采取了行动，并取得了较好的社会效果。同时，我们在郑州市调研时调取了21家企业的主要污染物排放总量数据。经过比较分析得出，绝大多数企业无论是二氧化硫、氮氧化物的排放量，还是煤炭的消耗量，2015年相对都有不同程度的下降。[1] 这一实证调研结果，不仅可以在一定程度上弥补上述样本数量不足的缺陷，而且能够进一步佐证我们的理论假设与研究结论，即修订后的《环境保护法》的实施与企业主要污染物排放量减少之间存在正相关关系。

## 二、企业环境违法状况的调查分析

尽管企业有遵守环境保护法律、法规的义务，但现实中，企业环境违法现象也并非鲜见。所以，我们拟从反面观察、调查样本企业在违法受罚、超标排放等方面的状况，并对其进行比较分析，来研究企业环境守法的进展及其中存在的问题。

---

[1] 2016年1月10—11日，我们去郑州市调研。在郑州市环保局及各个职能处室和区县环境局负责人的大力支持下，以及总量处、政法处领导的帮助下，我们从郑州市环保局调取了21家样本企业2014年、2015年主要污染物排放总量数据，制作图表进行比较分析，得出此结论。

## （一）在违法受罚方面

从表4中[1]我们可以看到，除了规模化畜禽养殖类违法受罚企业数量两年保持不变以外，相对于2014年，2015年企业受到废水类、废气类污染排放处罚数量分别减少了3家和5家，违法受罚记录减少幅度最大的是废气类企业；而关于重金属和危险废物类污染的企业2015年违法受罚各增加了1家。这不难得出，我国2015年环境保护工作的重点主要在废气类、废水类行业领域。可喜的是，这两大污染类型的企业在遵守环境保护法和改善环境质量方面都采取了卓有成效的举措，并取得了较好的效果；同时，也表明新修订的《环境保护法》在督促企业守法、迈向环境友好型清洁生产方式上取得了一定成效。

**表4　2014年、2015年样本企业违法受罚污染类型分布比较表[2]**

| | 2014年 | 2014年违法企业比重 | 2015年 | 2015年违法企业比重 |
|---|---|---|---|---|
| 废水 | 6 | 31.58% | 3 | 25.00% |
| 废气 | 9 | 47.37% | 4 | 33.34% |
| 污水处理厂 | 1 | 5.26% | 0 | 0.00% |
| 重金属 | 2 | 10.52% | 3 | 25% |
| 规模化畜禽养殖 | 1 | 5.26% | 1 | 8.33% |
| 危险废物 | 0 | 0.00% | 1 | 8.33% |

[1] 在违法受罚企业信息方面，我们不仅查阅了各省、市环保厅局网站、各省、市企业自行监测信息公开平台网站，还主要查阅了公众环境研究中心（IPE）网站上的污染地图数据。

[2] 表4说明：1. 违法企业比重是指某污染类型企业受到违法受罚企业数除以该类型样本企业总数。

2. 2014年违法受罚信息中，有1条违法受罚信息关于废水排放污染的企业有4家，关于废气的企业有2家，关于重金属污染的企业有2家，关于污水处理的企业有1家；有2条违法受罚信息关于废水排放污染的企业有2家，关于废气的企业有2家，关于规模化畜禽养殖产生污染的企业有1家；有3条违法受罚信息关于废气排放污染的企业有2家；有6条违法受罚信息关于废气排放污染的企业有1家；有9条违法受罚信息关于废气排放污染的企业有2家。上述某类违法受罚信息企业家数加在一起即为上表该类企业2014年的数值。

3. 2015年违法受罚信息中，有1条违法受罚信息关于废水排放污染的企业有2家，关于废气的企业有2家，关于重金属污染的企业有3家，关于规模化畜禽养殖产生污染的企业有1家，关于危险废物的企业有1家；有4条违法受罚信息关于废水排放污染的企业有1家，关于废气排放污染的企业有1家；有8条违法受罚信息关于废气排放污染的企业有1家。上述某类违法受罚信息企业家数加在一起即为上表该类企业2015年的数值。

但是，我们也应当清醒地认识到，2015年废气类企业违法受罚比重依然较高。这说明影响民众身体健康与生活品质的空气污染的预防、减排与治理之路仍然任重道远。同时，我们也注意到，2015年重金属污染类和规模化畜禽养殖类企业违法受罚所占比重增大，且重金属类违法受罚企业数量并未减少。这表明重金属污染类和规模化畜禽养殖类企业的环境守法状况存在一定的问题，也意味着这两方面的污染防治形势目前还比较严峻。

### （二）超标排放方面

从样本企业超标排放污染类型分布图中（如图1），[1] 我们发现，与2014年相比，2015年除规模化畜禽养殖和危险废物类企业超标排放数保持不变外，其他四大污染类型超标排放企业数量均存在不同程度的减少。其中，废水类超标排放企业数量减少幅度最大，废气类超标排放企业和污水处理厂次之，重金属类超标排放企业数量变为0。2015

---

[1] 图1说明：1. 2014年超标排放信息中，有1条超标排放信息关于废水排放污染的有2家、关于污水处理的有1家、关于重金属污染的有1家；有2条超标排放信息关于废水排放污染的有1家、关于重金属污染的有1家；有3条超标排放信息关于废水排放污染的有1家，废气排放污染的有1家，污水处理厂1家；有4条超标排放信息关于废气排放污染的有1家；有6条超标排放信息关于废气排放污染的有2家；有7条超标排放信息关于废气排放污染的有1家；有8条超标排放信息关于规模化畜禽养殖产生污染的有1家；有9条超标排放信息关于废水排放污染的有1家、关于废气的有2家；有10条超标排放信息关于废水排放污染的有1家、污水处理厂有1家；有12条超标排放信息关于废水排放污染的有1家；有13条超标排放信息关于废水排放污染的有1家；有16条超标排放信息关于废水排放污染的有1家；有27条超标排放信息关于废气排放污染的有1家；有33条超标排放信息关于危险废物排放的1家；有36条超标排放信息关于废气排放污染的有1家；有43条超标排放信息关于废水排放污染的有1家；有54条超标排放信息关于废水排放污染的有1家；有80条超标排放信息关于污水处理的有1家；有89条超标排放信息关于污水处理的有1家；有107条超标排放信息关于废气排放污染的有1家；有316条超标排放信息关于污水处理的有1家；有377条超标排放信息关于废水排放污染的有1家；有1312条超标排放信息关于废气排放污染的有1家。上述某类超标排放信息企业家数加在一起即为图1该类企业2014年的数值。

2. 2015年超标排放信息中，有1条超标排放信息关于废水排放污染的有2家，关于废气排放污染的有2家，关于污水处理的有1家；关于规模化畜禽养殖产生的污染有1家，关于危险废物的有1家；有4条超标排放信息关于废水排放污染的有1家；有5条超标排放信息关于废气排放污染的有2家；有8条超标排放信息关于废气排放污染的有1家；有11条超标排放信息关于废水排放污染的有1家；有16条超标排放信息关于废水排放污染的有1家；有48条超标排放信息关于污水处理的有1家；有91条超标排放信息关于废气排放污染的有1家。上述某类超标排放信息企业家数加在一起即为图1该类企业2015年的数值。

年四大污染类型超标排放企业数量减少，一方面表明新修订的《环境保护法》实施带来了有益的影响，另一方面说明这些类型企业正在努力采取改进措施以保护我们共同的环境与生态，企业的环境守法状况趋好。

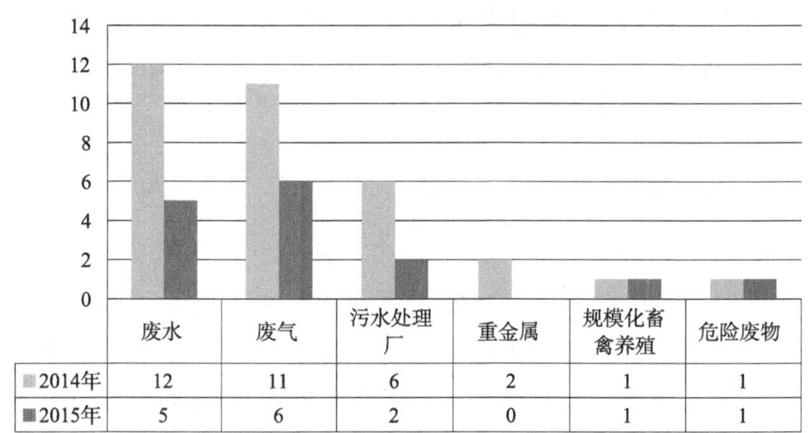


| | 废水 | 废气 | 污水处理厂 | 重金属 | 规模化畜禽养殖 | 危险废物 |
|---|---|---|---|---|---|---|
| 2014年 | 12 | 11 | 6 | 2 | 1 | 1 |
| 2015年 | 5 | 6 | 2 | 0 | 1 | 1 |

**图 1　2014 年、2015 年超排企业污染类型分布图**

为了更加形象地说明企业环境违法情况，我们将样本企业存在的违法受罚次数、超标排放次数、未批先建次数[1]三项指标制作成一个整体对比图，来进行比较分析。

根据图 2 中的数据，我们不难得到，相较于 2014 年，样本企业 2015 年在超标排放、未批先建上的违法次数、违法受罚数量都减少较多。但图 2 更为直观形象说明的是，样本企业 2015 年在超标排放方面的环境违法数量出现锐减。分析其背后可能的原因，一是由于当前众多重污染、高能耗、资源耗竭型企业在经济新常态下存在普遍的产能过剩或生产过剩，从而不得不采取停产、半停产措施，企业此种开工不足的状态大大减少了其超标排放出现的频率；二是由于各级环境保护部门在 2015 年 1 月 1 日之后严格执行《环境保护法》所规定的新标准、义务和

[1] 在未批先建方面，我们通过环境信息公开网络平台，只找到 2014 年北京市 1 家样本企业存在 3 条未批先建信息和广东省 1 家样本企业存在 2 条未批先建信息，2015 年没有找到任何一家样本企业存在未批先建信息。若假定这方面的信息公开披露完整、真实，那么 2015 年没有一家未批先建信息能够从侧面说明企业遵守环境法的状况变好了。

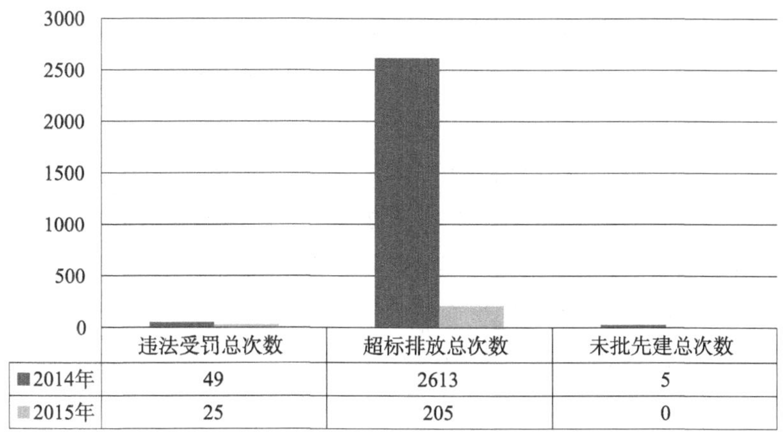


**图 2　2014 年、2015 年企业违法信息对比图**

处罚措施，震慑和迫使企业采取措施、进行技术革新，安装、运行最新环保设施与设备，从而根本上降低了超标排放出现的频率。

但是，我们必须清醒地认识到，2015 年样本企业超标排放次数相较于违法受罚和未批先建而言，数量依然较大。这说明，超标排放依然是当前我国企业环境违法的最主要表现。据此，我们可以得知，超标排放问题将是我国各级环境保护部门在今后相当长时期内监管工作的重中之重。

## 三、典型地区企业环境守法与违法的个案分析

为了更好地研究企业环境守法的进展与存在的问题，我们设计了包含 15 个问题的调查问卷，并于 2016 年 1 月 10—11 日前往河南省郑州市进行实地调研、现场访谈和发放匿名问卷。参与实证调研的共有 11 家企业代表，包括 7 家国家重点监控企业、2 家省级重点监控企业（其中有 1 家国控兼省控企业）、2 家市级重点监控企业。我们发放问卷 11 份，回收 11 份，刨除 2015 年新设立的 1 家企业，回收的有效问卷为 10 份。下面拟就匿名问卷调查情况来分析郑州地区企业环境守法与违法情况，期待能够印证上述抽样统计所得出的结论。

## （一）郑州市企业环境守法情况

1. 企业主要污染物排放数量方面

从表5中我们看到，与2014年相比，7家企业2015年主要污染物COD（化学需氧量）、氨氮、氮氧化物和二氧化硫的排放总量均有不同程度的减少，其中氮氧化物的减排数量最大，说明郑州市大气污染类企业减排力度最大。虽然郑州市空气污染依然严重，但是我们发现郑州市相关企业正在为改善环境而努力采取相应的措施，在环境守法上趋好，并取得了一定的效果。

**表5　企业主要污染物排放量2014年、2015年比较表❶**　　单位：吨

| 7家企业主要污染物排放总量变化 | | | | |
|---|---|---|---|---|
| | COD | 氨氮 | 氮氧化物 | 二氧化硫 |
| 2014年 | 5244.30 | 828.72 | 10995.51 | 2659.37 |
| 2015年 | 4886.75 | 567.55 | 4594.09 | 2402.44 |

**表6　企业主要污染物削减量2014年、2015年比较表**　　单位：吨

| 3家企业主要污染物削减量 | | |
|---|---|---|
| | COD | 氨氮 |
| 2014年 | 42691.1 | 3672.9 |
| 2015年 | 41333.9 | 3865.4 |

尽管这3家企业2015年在化学需氧量（COD）削减量上不及2014年，但2015年削减了4万多吨，也为改善环境尽了一份力；同时，氨氮的削减量在2015年有近两百吨的提升，这表明3家企业在改善和保护环境方面采取了强有力的措施，环境守法意识增强。

2. 企业守法意识等方面

在“随着新修订《环境保护法》颁布实施，环保部门执法越来越严格，与2014年相比，2015年贵单位如何应对”问题上，我们设置了三

❶ 说明：在调研问卷10家企业中，有3家企业提供了2014年、2015年主要污染物排放削减量数据。有7家企业提供的是主要污染物排放量数据。

个消极应对做法，即通过修改和编造数据应付各种督查、检查（A），加强与环保部门熟人、朋友的联络（B）和在环保部门要求下采取整改措施（C）；以及两个积极应对做法，即污防设施自觉开启、正常运行（D）和增加节能减排设备、设施与研发投入（E）。参与调研的10家企业具体选择情况如下：

**表7 企业环境守法意识情况表**

| 企业环境守法意识 | | | |
|---|---|---|---|
| | 消极应对（C） | 积极应对（D） | 积极应对（E） |
| 次数 | 3 | 6 | 8 |
| 百分比 | 18% | 35% | 47% |

从表7中我们发现，采取消极应对的企业仅占18%，而采取积极应对的企业占到82%。这说明，参与调研的企业环境守法意识较高。由于我们采取的是匿名问卷调查方式，加上精雕细琢的问题设计，所以该实证研究结论的真实性毋庸置疑，同时也能够大体上代表郑州市乃至全国各地的企业环境守法意识状况。

在“与2014年相比，贵单位2015年在处理主要污染物的方式上有何变化”问题上，参与调研的10家企业具体选择情况如下：

**表8 企业污染物处理方式情况表**

| 污染物处理方式变化情况 | | | | |
|---|---|---|---|---|
| | 没有变化 | 变化不大 | 显著变化 | 不清楚 |
| 次数 | 1 | 1 | 7 | 1 |

从表8中我们发现，10家企业中选择没有变化、变化不大、不清楚的分别占10%，总计达30%，说明还有不少企业处理、处置主要污染物的方式没有及时适应新修订的《环境保护法》。可喜的是，70%的企业选择了显著变化，说明新修订的《环境保护法》已经给绝大多数企业在处理主要污染物的方式上带来了积极的影响。

在“若遇到突发污染事件，贵单位会采取何种应对措施”问题上，参与调研的10家企业具体选择情况如下：

表9　企业应对突发污染事件情况表

| | 突发污染事件应对措施 | | |
|---|---|---|---|
| | 依应急预案执行 | 有应急预案，同时按政府要求执行 | 无应急预案，会按政府要求执行 |
| 次数 | 7 | 4 | 1 |

从表9中我们发现，只有1家企业选择无应急预案，其他企业均有应急预案并能够按照应急预案或同时按照政府要求来执行。这说明，绝大多数企业在应对环境污染突发事件上已经作了较为充分的准备，同时也说明它们能够积极遵守新修订的《环境保护法》的相关规定。

### （二）郑州市企业环境违法情况

关于是否受到过环保部门违法处罚及受处罚次数，10家企业中除1家企业在2014、2015年分别有2次、4次违法受罚外，其他9家企业都无违法受罚记录。关于主要污染物排放是否达标、是否存在未批先建，有1家企业选择未达标但未注明2014年、2015年的未达标次数，其他9家企业都选择达标；10家企业均不存在未批先建情况。上述情况一方面表明参与调研的10家企业在遵守环境保护法方面表现得很不错；另一方面再次印证了企业环境违法数量趋于减少的结论。

总体而言，郑州市相关企业能够遵守修订后的《环境保护法》的规定和要求，环境违法数量减少，在主要污染物排放总量等环境守法方面表现较好，环境守法意识较高。

## 四、结论

根据以上研究，我们可以得出以下结论：

一、随着新修订的《环境保护法》的颁布实施，绝大多数企业的环境保护意识增强了，环境守法情况趋好。相比较而言，国控企业无论是在遵守环境保护法方面还是在守法意识方面都表现得最好，其次是省控企业。

二、在环境信息公开方面，国控企业做得比省控企业好，省控企业做得比市控企业好。尽管新修订的《环境保护法》实施以来各类企业在环境信息公开方面均有所进步，但总体上环境信息公开还存在很不全面、不充分、更新不及时的问题，尤其是在主要污染物排放总量数据信息公开方面显得尤为不足。

三、在主要污染物排放方面，新修订的《环境保护法》的实施对企业主要污染物的减排起到积极的推动作用。企业为主要污染物的减排和改善我们共同的环境质量而付出了努力，采取了积极的行动并取得了较好的效果。

四、尽管绝大多数企业积极履行新修订的《环境保护法》所规定的义务，但现实中仍然存在不少环境违法现象，尤其是超标排放现象依然大量存在。据此可以断言，超标排放问题将会在相当长时期内持续存在。

五、虽然废水、废气类企业已经是近几年环境治理工作的重点，但是这些类型的企业违法情况并非鲜见。尤其是在超标排放方面，废水、废气类企业在今后相当长时期内仍然是环保执法整治工作的重中之重。

六、规模化畜禽养殖和重金属类企业环境守法状况存在一定的问题，污染防治形势目前不容乐观，应当引起重视。

# 企业环境守法状况：171家样本企业的实证分析

企业能否遵守环境法律、法规与规章，履行环境保护义务，是遏制并改善我国当前环境恶化现状的关键。因此，企业环境守法状况如何历来都是环境法制建设及其成功与否的重头戏。本书首先简要梳理《中华人民共和国环境保护法》（以下简称《环保法》）所规定的企业应当遵循的环境保护义务，然后拟选取《环保法》规定的企业重要环保义务作为评估指标，并指出选取样本企业的原则和选取的结果；其次就样本企业在所选取的主要评估指标在2014年、2015年、2016年的表现进行数据收集❶、对比分析与评价，并得出相应的结论；再次以绍兴市为例进行实证调研，分析企业的环境守法状况；最后得出本书拟研究的我国企业环境守法状况的结论。

## 一、企业环境守法评估的主要指标与样本企业

### （一）《环保法》规定企业的义务与评估指标选取

《环保法》规定了企业应当遵守环保设施的三同时义务（第41条、第63条第3项）、环境影响评价义务（第19条、第56条第1款、第63条第1项）、排污许可义务（第45条、第63条第2项）、禁止超标排放义务（第45条第2款、第68条第4项）、禁止非法方式排放的义务

❶ 数据主要来源于环保部官网、各省市环保厅局官网、各省市企业自行监测信息公开平台、各个企业的网站、公众环境研究中心（IPE）等网站。

（第 42 条第 4 项、第 63 条第 3 项）、制定突发环境事件应急预案的义务（第 47 条第 3 款）、排污企业建立环保责任制度的义务（第 42 条第 2 款）、重点排污企业安装使用监测设备和环境信息公开的义务（第 55 条、第 42 条第 3 款）、缴纳排污税费的义务（第 43 条）、清洁生产义务（第 40 条第 3 款、第 46 条）以及防止或防治、减少环境污染和生态破坏义务（第 6 条第 3 款、第 34 条、第 48 条、第 49 条第 2 款和第 3 款）等十数项强制性义务（见表 1）。

**表 1 《中华人民共和国环境保护法》规定的企业环保方面的义务**

| 义务类型 | 《环保法》规定 |
| --- | --- |
| 防止、减少环境污染和生态破坏义务 | 第 6 条第 2 款规定："企业事业单位和其他生产经营者应当防止、减少环境污染和生态破坏，对所造成的损害依法承担责任。"<br>第 34 条规定："国务院和沿海地方各级人民政府应当加强对海洋环境的保护。向海洋排放污染物、倾倒废弃物，进行海岸工程和海洋工程建设，应当符合法律法规规定和有关标准，防止和减少对海洋环境的污染损害。"<br>第 48 条规定："生产、储存、运输、销售、使用、处置化学物品和含有放射性物质的物品，应当遵守国家有关规定，防止污染环境。"<br>第 49 条第 2 款规定："禁止将不符合农用标准和环境保护标准的固体废物、废水施入农田。施用农药、化肥等农业投入品及进行灌溉，应当采取措施，防止重金属和其他有毒有害物质污染环境。"<br>第 49 条第 3 款规定："畜禽养殖场、养殖小区、定点屠宰企业等的选址、建设和管理应当符合有关法律法规规定。从事畜禽养殖和屠宰的单位和个人应当采取措施，对畜禽粪便、尸体和污水等废弃物进行科学处置，防止污染环境。" |
| 实施清洁生产义务 | 第 40 条第 3 款规定："企业应当优先使用清洁能源，采用资源利用率高、污染物排放量少的工艺、设备以及废弃物综合利用技术和污染物无害化处理技术，减少污染物的产生。"<br>第 46 条第 1 款规定："国家对严重污染环境的工艺、设备和产品实行淘汰制度。任何单位和个人不得生产、销售或者转移、使用严重污染环境的工艺、设备和产品。"<br>第 46 条第 2 款规定："禁止引进不符合我国环境保护规定的技术、设备、材料和产品。" |
| 环保设施的三同时义务 | 第 41 条规定："建设项目中防治污染的设施，应当与主体工程同时设计、同时施工、同时投产使用。防治污染的设施应当符合经批准的环境影响评价文件的要求，不得擅自拆除或者闲置。" |

续表

| 义务类型 | 《环保法》规定 |
| --- | --- |
| 排污企业的防治对环境污染、危害的义务 | 第42条第1款规定："排放污染物的企业事业单位和其他生产经营者，应当采取措施，防治在生产建设或者其他活动中产生的废气、废水、废渣、医疗废物、粉尘、恶臭气体、放射性物质以及噪声、振动、光辐射、电磁辐射等对环境的污染和危害。" |
| 排污企业建立环保责任制度的义务 | 第42条第2款规定："排放污染物的企业事业单位，应当建立环境保护责任制度，明确单位负责人和相关人员的责任。" |
| 重点排污企业安装使用监测设备的义务 | 第42条第3款规定："重点排污单位应当按照国家有关规定和监测规范安装使用监测设备，保证监测设备正常运行，保存原始监测记录。" |
| 排污企业禁止违法排放义务 | 第42条第4款规定："严禁通过暗管、渗井、渗坑、灌注或者篡改、伪造监测数据，或者不正常运行防治污染设施等逃避监管的方式违法排放污染物。" |
| 排污企业达标排放、缴纳排污费的义务 | 第43条第1款规定："排放污染物的企业事业单位和其他生产经营者，应当按照国家有关规定缴纳排污费。排污费应当全部专项用于环境污染防治，任何单位和个人不得截留、挤占或者挪作他用。"<br>第43条第2款规定："依照法律规定征收环境保护税的，不再征收排污费。"<br>第45条第2款规定："实行排污许可管理的企业事业单位和其他生产经营者应当按照排污许可证的要求排放污染物；未取得排污许可证的，不得排放污染物。" |
| 制定突发环境事件应急预案的义务 | 第47条第3款规定："企业事业单位应当按照国家有关规定制定突发环境事件应急预案，报环境保护主管部门和有关部门备案。在发生或者可能发生突发环境事件时，企业事业单位应当立即采取措施处理，及时通报可能受到危害的单位和居民，并向环境保护主管部门和有关部门报告。" |
| 重点排污企业公开排污信息的义务 | 第55条规定："重点排污单位应当如实向社会公开其主要污染物的名称、排放方式、排放浓度和总量、超标排放情况，以及防治污染设施的建设和运行情况，接受社会监督。" |
| 环评义务 | 第19条第1款规定："编制有关开发利用规划，建设对环境有影响的项目，应当依法进行环境影响评价。"<br>第19条第2款规定："未依法进行环境影响评价的开发利用规划，不得组织实施；未依法进行环境影响评价的建设项目，不得开工建设。"<br>第56条第1款规定："对依法应当编制环境影响报告书的建设项目，建设单位应当在编制时向可能受影响的公众说明情况，充分征求意见。" |

上述企业环境保护方面的义务，大体上可以分为违法排放的禁止义务、易于监测的强制义务和不易于监测的倡导义务三类。

企业违法排放的禁止义务，又包括是否存在超标排放，是否存在不开启环保设施、环保设施运行不正常情况，重点监控企业是否存在篡改、伪造监测数据，是否存在通过暗管、渗井、渗坑、灌注等方式排放污染物。这些禁止性义务一旦违反即为严重违法，属于需要重点关注的义务类型，也是评估企业是否较好地遵守环保法的主要依据之一，可以作为企业环境违法评估的一个方面。

易于监测的强制义务，是指能够通过相关政府信息、企业环境信息公开查询到的，或者现场便于监测到的义务，包括环保设施的三同时义务，排污企业建立环保责任制度的义务，重点排污企业安装使用监测设备和环境信息公开的义务，排污企业达标排放、缴纳排污费或环境保护税的义务，制定突发环境事件应急预案的义务，环评义务。这些易于监测到的义务是评估企业环境守法的重要依据。

不易于监测的倡导义务，是指难以通过相关政府信息、企业环境信息公开查询的义务，通常是政府对企业行为的一种倡导，主要包括清洁生产义务以及防止或防治、减少环境污染和生态破坏义务。这种不易于监测的倡导义务不同于一般意义上的倡导义务，因为若企业确实违反了此类义务需要承担一定的法律责任。但是，由于此类义务在实践中通常不能强制要求企业去履行，所以很难评估这些义务的履行情况，我们暂不去评估企业是否遵守了此类义务。

于是，我们拟从企业环境守法与环境违法两个层面对企业遵守环保法的情况进行评估。在具体评估指标上，我们主要选取企业环境信息公开、主要污染物排放量、超标排放、未批先建、违法处罚及其履行等民众关注、各级环保部门重点执法和政府着力解决的方面的环保义务作为评估指标。在类型化研究上，本书将主要污染物排放、环境信息公开等义务放在企业环境守法层面去考察，并将超标排放、未批先建、违法处罚等纳入企业环境违法层面进行分析。

## （二）评估样本企业的选取

2016年，我们随机[1]从PITI[2]排名前10位城市、广东省和武汉市的国家重点监控企业（以下简称国控企业）、省市重点监控企业（以下简称省控企业）和市级重点监控企业（以下简称市控企业）数据库中抽取100家样本企业进行研究。[3]

为了保持评估的连续性，2017年，我们在总体上保留了2016年评估时所选取的国控样本企业名单的基础上，再结合2016年国家重点监控企业名录进行调整。调整的原则与方法如下：一、保留那些仍在2016年国家重点监控企业名录中的去年所选取的国控样本企业；二、从2016年更改或新增的国家重点监控企业中随机选取新增或更改的国控样本企业。通过这种方法，我们删除了不在2016年国家重点监控企业名录的21家样本企业，更改或新增20家企业，从而将2015年排名前10位城市的49家国控企业纳入我们的评估范围。由于2016年省控企业名录变化较大，所以最后只保留了2016年评估时所选取的1家省控样本企业，其他均为新增的样本企业。市控企业名录2016年虽然也有较大变化，

---

[1] 在统计学中，作为专门随机试验结果的随机数具有我们想要的随机公平效果，即它所产生的后面的那个数与前面的那个数之间毫无关系。产生随机数有多种不同的方法，它们被称为随机数发生器。在这里，我们选择了Excel生产随机数的方法。它能够通过选择对象的随机性来保证选取的样本之间相互没有影响。具体操作方法如下：首先，我们将排名前10位城市国控企业、省控企业、市控企业分别按照废水、废气、污水处理厂、重金属、规模化畜禽养殖场、危险废物等类型分别建立数据库。其次，分别纵向放在excel表中，并将它们从1号开始进行编号。然后，我们就运用excel随机数发生器，在单元格中输入=RANDBETWEEN（范围下限整数，范围上限整数），回车后单元格即返回了一个随机数字。例如，北京市有10家废气类国控企业，我们将其从1号编到10号纵向放入Excel表中，在空白单元格中输入=RANDBETWEEN（1，10），敲回车键若得到数字3，即指向编号是3的北京市丰台区华电（北京）热电有限公司，我们就可以把该企业确定为北京市国控废气类样本企业和评估对象。最后，依照此种方法，2015年我们随机选择了排名前10位城市的六大污染类型共计50家国控企业和16家省控企业、8家市控企业。参见王灿发主编：《新〈环境保护法〉实施情况评估报告》，中国政法大学出版社2016年版，第156—161页。

[2] PITI是指公众环境研究中心（IPE）与自然资源保护协会（NRDC）联合制作发布的污染源监管信息公开指数报告。2015年度报告评价了包括4个直辖市和主要环保重点城市在内的120个城市的污染源监管信息公开状况，具有相当强的说服力。

[3] 王灿发：《新〈环境保护法〉实施情况评估报告》，中国政法大学出版社2016年版，第156—161页。

但由于目前公布的市控企业名录有限，所以我们保留了2016年所选取的8家市控样本企业。

由于2016年PITI报告公布的排名前10位城市与2015年相比有所变化，❶ 所以，今年我们将2016年新晋前10位的4个城市，即广州市、嘉兴市、绍兴市、苏州市也纳入评估考察的范围。考虑到西部地区的代表性问题，我们又将2016年PITI排名和比分均跃升幅度最大的代表省广东、云南、新疆省会城市或首府即乌鲁木齐市和昆明市也纳入评估范围。❷ 因此，加上2015年排名前10位城市和武汉市、郑州市，2017年我们评估所涉及的城市达18个。

这次评估研究，我们随机从广州市、嘉兴市、绍兴市、苏州市、武汉市、郑州市、乌鲁木齐市、昆明市等城市中的国控企业、省控企业、市控企业数据库中选取了相应的样本企业；加上2016年评估时从2015年排名前10位城市中遴选所保留下来的样本企业，最终选取了90家国控样本企业、58家省控样本企业和23家市控样本企业，共计171家样本企业（具体情况见表2～表4）。

**表2　选取样本企业类型和城市分布**　　单位：家

| | 废水 | 废气 | 污水处理厂 | 重金属 | 规模化畜禽养殖 | 危险废物 | 合计 |
|---|---|---|---|---|---|---|---|
| 北京 | 2 | 2 | 2 | 2 | 0 | 2 | 10 |
| 上海 | 1 | 1 | 1 | 1 | 1 | 0 | 5 |
| 杭州 | 2 | 2 | 2 | 2 | 1 | 2 | 11 |
| 宁波 | 4 | 3 | 2 | 3 | 1 | 2 | 15 |
| 温州 | 4 | 3 | 3 | 2 | 1 | 2 | 15 |
| 南京 | 1 | 1 | 1 | 1 | 1 | 1 | 6 |
| 连云港 | 1 | 1 | 1 | 0 | 0 | 1 | 4 |
| 济南 | 2 | 1 | 1 | 0 | 0 | 3 | 7 |
| 青岛 | 3 | 3 | 3 | 2 | 0 | 2 | 13 |
| 烟台 | 2 | 2 | 1 | 2 | 0 | 1 | 8 |
| 武汉 | 1 | 1 | 1 | 1 | 1 | 1 | 6 |
| 广州 | 2 | 2 | 2 | 2 | 2 | 2 | 12 |

❶ PITI报告公布的2015年排名前10位城市为：温州、宁波、烟台、北京、青岛、连云港、南京、杭州、上海、济南；2016年排名前10位城市为：北京、杭州、青岛、宁波、温州、广州、嘉兴、济南、绍兴、苏州。

❷ 广东省省会广州PITI排名已进入前10位，并已纳入我们的评估考察范围。

续表

| | 废水 | 废气 | 污水处理厂 | 重金属 | 规模化畜禽养殖 | 危险废物 | 合计 |
|---|---|---|---|---|---|---|---|
| 郑州 | 2 | 2 | 1 | 1 | 0 | 2 | 8 |
| 嘉兴 | 3 | 3 | 2 | 3 | 1 | 2 | 14 |
| 绍兴 | 3 | 3 | 2 | 3 | 1 | 3 | 15 |
| 昆明 | 1 | 1 | 1 | 1 | 0 | 1 | 5 |
| 乌鲁木齐 | 2 | 2 | 2 | 1 | 0 | 2 | 9 |
| 苏州 | 3 | 1 | 2 | 1 | 0 | 1 | 8 |
| 合计 | 39 | 34 | 30 | 28 | 10 | 30 | 171 |

**表 3 选取样本企业省份分布表** 单位：家

| | 废水 | 废气 | 污水处理厂 | 重金属 | 规模化畜禽养殖 | 危险废物 | 合计 |
|---|---|---|---|---|---|---|---|
| 北京 | 2 | 2 | 2 | 2 | 0 | 2 | 10 |
| 上海 | 1 | 1 | 1 | 1 | 1 | 0 | 5 |
| 浙江 | 16 | 14 | 11 | 13 | 5 | 11 | 70 |
| 江苏 | 5 | 3 | 4 | 2 | 1 | 3 | 18 |
| 山东 | 7 | 6 | 5 | 4 | 0 | 6 | 28 |
| 河南 | 2 | 2 | 1 | 1 | 0 | 2 | 8 |
| 湖北 | 1 | 1 | 1 | 1 | 1 | 1 | 6 |
| 广东 | 2 | 2 | 2 | 2 | 2 | 2 | 12 |
| 云南 | 1 | 1 | 1 | 1 | 0 | 1 | 5 |
| 新疆 | 2 | 2 | 2 | 1 | 0 | 2 | 9 |
| 合计 | 39 | 34 | 30 | 28 | 10 | 30 | 171 |

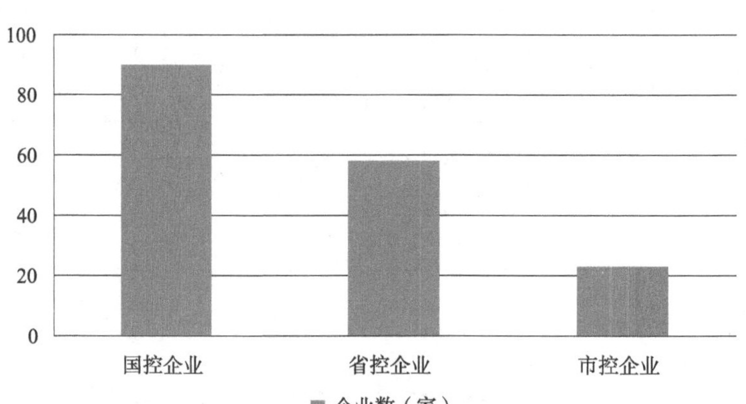


**图 1 样本企业国控、省控、市控分布**

表4　选取样本企业污染类型分布表❶

| 污染类型 | 企业/家 | 百分比 |
|---|---|---|
| 废水 | 39 | 23% |
| 废气 | 34 | 20% |
| 污水处理厂 | 30 | 17% |
| 重金属 | 28 | 16% |
| 规模化畜禽养殖 | 10 | 6% |
| 危险废物 | 30 | 18% |
| 合计 | 171 | 100% |

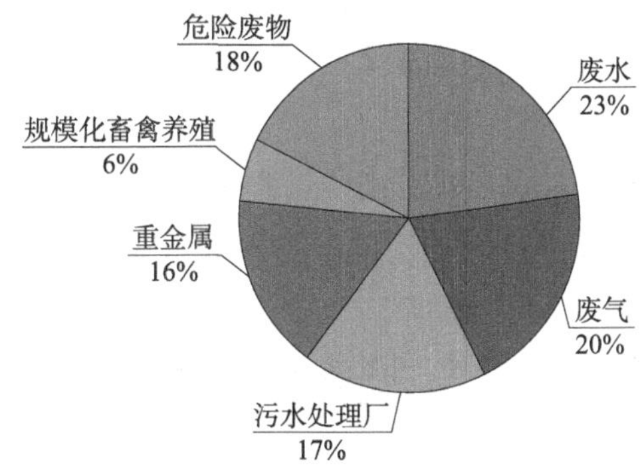


图2　样本企业污染类型分布图

## 二、企业在环境信息公开等方面守法状况的实证分析

### （一）环境信息公开方面

2014年12月19日，环境保护部颁布的《企业事业单位环境信息公开办法》第9条规定："重点排污单位应当公开下列信息：（一）基础信息，包括单位名称、组织机构代码、法定代表人、生产地址、联系方

❶ 样本企业污染类型分布表能够比较真实地反映出当前我国重点监控企业（包括国控企业、省控企业、市控企业）名录中不同污染类型企业的分布状况。

式，以及生产经营和管理服务的主要内容、产品及规模；（二）排污信息，包括主要污染物及特征污染物的名称、排放方式、排放口数量和分布情况、排放浓度和总量、超标情况，以及执行的污染物排放标准、核定的排放总量；（三）防治污染设施的建设和运行情况；（四）建设项目环境影响评价及其他环境保护行政许可情况；（五）突发环境事件应急预案；（六）其他应当公开的环境信息。列入国家重点监控企业名单的重点排污单位还应当公开其环境自行监测方案。”

依此规定，国控、省控、市控企业负有公开企业的“基本信息”“污染物排放信息”“防治污染设施（以下简称污防设施）建设运行”“环境影响评价”“突发环境事件应急预案”5项环境信息义务；此外，国控企业还负有公开“自行监测方案”环境信息义务。当然，省控、市控企业自愿公开其“自行监测方案”信息也是《企业事业单位环境信息公开办法》所鼓励的行为。

我们通过各省市环保厅局官网、各省企业自行监测信息公开平台等渠道，搜索到171家国控、省控、市控样本企业2015年、2016年环境信息公开情况（见表5）。

**表5　国控、省控、市控企业环境信息公开比较表❶**

| | | 6 | 5 | 4 | 3 | 2 | 1 | 0 |
|---|---|---|---|---|---|---|---|---|
| 2015年 | 国控百分比 | 2% | 13% | 51% | 10% | 11% | 10% | 5% |
| | 省控百分比 | 5% | 14% | 41% | 14% | 5% | 5% | 18% |
| | 市控百分比 | 7% | 13% | 40% | 0% | 13% | 20% | 7% |
| 2016年 | 国控百分比 | 8% | 23% | 18% | 28% | 12% | 7% | 4% |
| | 省控百分比 | 3% | 5% | 2% | 38% | 14% | 21% | 17% |
| | 市控百分比 | 0% | 22% | 4% | 22% | 9% | 35% | 9% |

根据表5，我们先看国控企业的情况：2015年公开3项以上的国控

❶ 说明：1.“6、5、4、3、2、1、0”是指国控、省控、市控样本企业在“基本信息”“污染物排放信息”“污防设施建设运行”“环境影响评价”“突发环境事件应急预案”“自行监测方案”6项公开指标情况，即指样本企业在信息公开中分别公开6项、5项、4项、3项、2项、1项和0项的企业情况；2. 国控、省控、市控百分比是指分别公开6项、5项、4项、3项、2项、1项和0项的企业个数除以该类企业样本总数。

企业数占总国控样本企业数的比重为76%，[1] 2016年公开3项以上的国控企业数占总国控样本企业数的比重为77%；[2] 再看省控企业：2015年公开3项以上的省控企业数占其总数的比重为74%，[3] 2016年公开3项以上的省控企业数占其总数的比重为48%；[4] 然后再看市控企业：2015年市控企业公开3项以上的企业所占比重为60%，[5] 2016年市控企业公开3项以上的企业所占比重为48%。[6]

由此数据我们可以得出，在环境信息公开方面，国控企业不论是2015年还是2016年较省控企业、市控企业都要好；国控企业2016年环境信息公开要略好于2015年；省控企业、市控企业2016年环境信息公开不如2015年，究其原因主要在于绝大多数省控企业、市控企业尚未公开其2016年的环境信息。总体上，我们得出如下结论：国控企业比省控企业、省控企业比市控企业在环境信息公开方面做得要好。

如上所述，国控企业负有公开包括“自行监测方案”在内的6项信息的义务，省控企业、市控企业负有公开5项信息的义务。但我们调查发现，公开6项信息的国控企业2015年、2016年分别仅占样本企业总数的2%、8%，公开5项信息的省控企业2015年、2016年分别只占样本企业总数的14%、5%，公开5项信息的市控企业2015年、2016年分别占样本企业总数的13%、22%。因此，不论是省控企业、市控企业，还是国控企业，都普遍存在环境信息公开不完整问题。

依据图3，我们可以对18个城市国控样本企业环境信息公开平均项

---

[1] 如表5所示，2015年国控企业公开3项以上占比76%＝公开6项的2%＋公开5项的13%＋公开4项的51%＋公开3项的10%。

[2] 如表5所示，2016年国控企业公开3项以上占比77%＝公开6项的8%＋公开5项的23%＋公开4项的18%＋公开3项的28%。

[3] 如表5所示，2015年省控企业公开3项以上占比74%＝公开6项的5%＋公开5项的14%＋公开4项的41%＋公开3项的14%。

[4] 如表5所示，2016年省控企业公开3项以上占比48%＝公开6项的3%＋公开5项的5%＋公开4项的2%＋公开3项的38%。

[5] 如表5所示，2015年市控企业公开3项以上占比60%＝公开6项的7%＋公开5项的13%＋公开4项的40%＋公开3项的0%。

[6] 如表5所示，2016年市控企业公开3项以上占比48%＝公开6项的0%＋公开5项的22%＋公开4项的4%＋公开3项的22%。

数进行大体排名：南京、苏州、北京、青岛、绍兴、连云港、烟台、武汉、乌鲁木齐、济南、杭州、昆明、上海、郑州、温州、嘉兴、宁波、广州。这说明，北京、江浙、山东等国控企业环境信息公开做得相对要好一些，中西部地区目前在迎头改进。

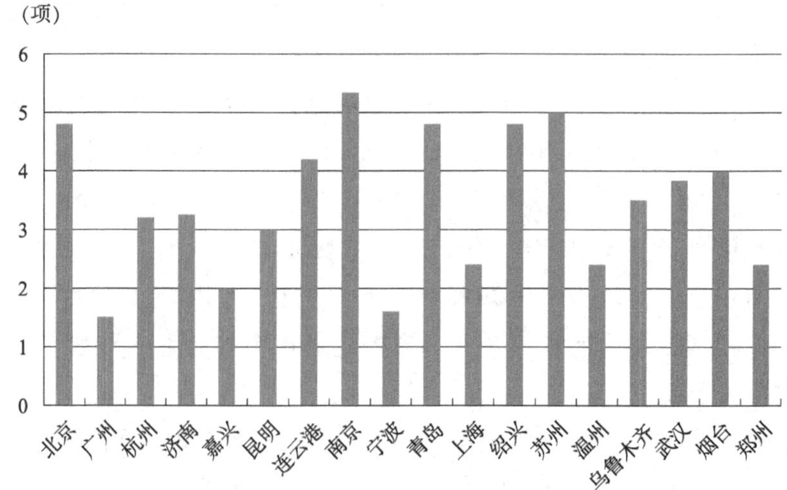


**图3　18市国控样本企业环境信息公开平均项数**

从图4我们看到，绍兴、郑州、青岛、济南、宁波的省控企业环境信息公开做得要好于其他城市。《企业事业单位环境信息公开办法》第9

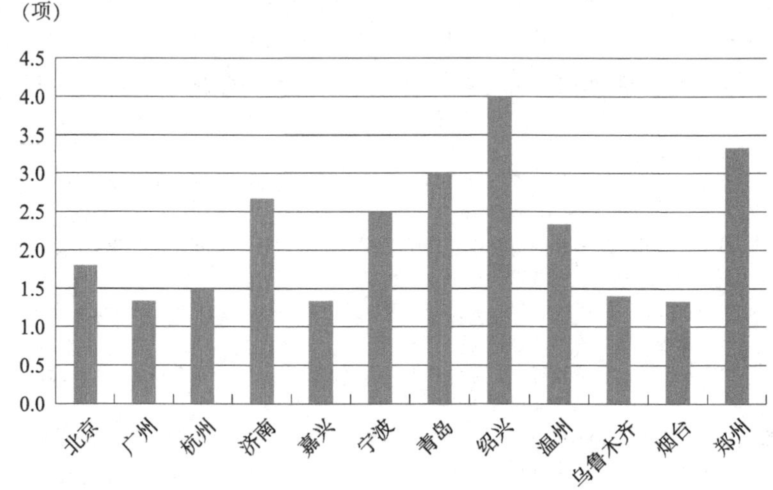


**图4　12市省控样本企业环境信息公开平均项数**

条要求省控企业应当公开5项环境信息，12个城市的省控企业环境信息公开平均项数均未达到此要求，7个城市平均公开项数还未达到要求的一半，表明省控企业在环境信息公开方面存在较为明显的欠缺。

所选取的市控样本企业环境信息公开情况如图5所示。由于所选取的市控企业均位于环境信息公开做得比较好的江浙、山东等地区，所以其公开情况总体上看似乎还不错。但是，相对于应公开5项环境信息的要求，这些城市的市控样本企业在环境信息公开方面还存在较大的差距：超半数以上的市控样本企业仅有企业的基本信息，主要污染物排放等方面的信息公开尤为不足。

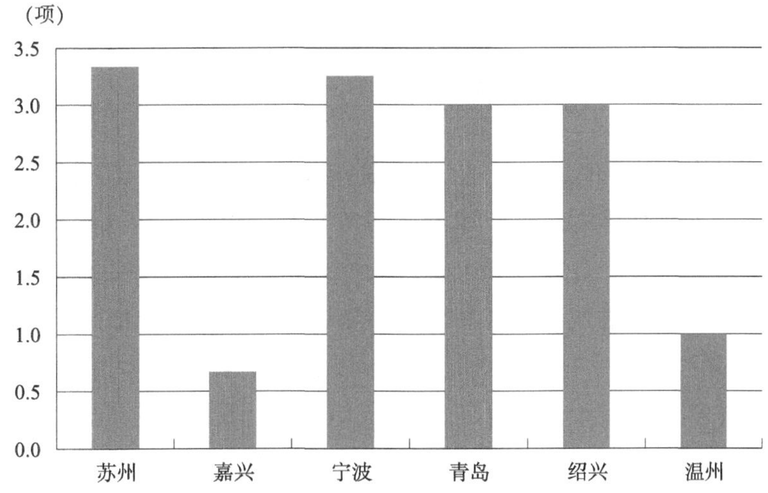


**图5　6市市控样本企业环境信息公开平均项数**

## （二）主要污染物排放方面

“十二五”期间，我国实施排放总量控制的主要污染物为化学需氧量（COD）、氨氮（$NH_3$ 和 $NH_4$）、二氧化硫（$SO_2$）、氮氧化物（$NO_X$），“十三五”期间在此基础上增加了烟粉尘、挥发性有机物等。[1] 由于2015年是“十二五”规划收官之年，2016年是“十三五”规划开局之年，我

[1] 可参见环境保护部2014年12月30日颁行的《建设项目主要污染物排放总量指标审核及管理暂行办法》（环发〔2014〕197号）。

们评估研究重心是《环保法》修订实施两年来的企业守法状况，所以，我们除了考察样本企业在“十二五”期间总量控制的化学需氧量、氨氮、二氧化硫、氮氧化物等主要污染物指标外，还将“十三五”规划要求控制的烟尘排放情况纳入调查研究范围。也就是说，我们主要调查样本企业分别在2014年、2015年、2016年5种主要污染物排放总量情况，并分析其可能的变化趋势。

**表6　62/171家企业主要污染物排放量2014年、2015年、2016年比较**

单位：吨

| | 化学需氧量 | 氨氮 | 氮氧化物 | 烟尘 | 二氧化硫 |
|---|---|---|---|---|---|
| 2014年 | 37194.54 | 1375.59 | 148229.35 | 15872.49 | 48839.88 |
| 2015年 | 29111.41 | 1816.88 | 18837.53 | 1763.39 | 12154.32 |
| 2016年 | 7369.6 | 213.94 | 5970.17 | 92 | 3207.99 |

从表6、图6中我们看到，化学需氧量、二氧化硫、氮氧化物、烟尘等主要污染物排放总量2015年、2016年[1]与2014年相比均有明显的减少，说明我国企业在空气主要污染物减排方面已经采取了切实的行动，并取得较好的成效。这一实证研究结论与环境保护部部长陈吉宁2017年3月9日下午在第十二届全国人大五次会议新闻中心回答中外记者提问的陈述不谋而合。[2] 虽然在华北等空气严重污染地区的冬季，人

❶ 2016年的主要污染物排放数据目前存在欠缺、不完整问题，但不影响问题的分析。

❷ 中国日报和中国日报网记者提问：“老百姓都希望天天看到像今天这样的蓝天白云，但是我们经常会遇到一些重污染天气。《大气十条》出台实施已经3年多了，请问秋冬季节重污染大气频频出现的原因是什么？目前我们治理的路子对不对？什么时候能够看到重污染天气状况能够有所好转？谢谢。”陈吉宁部长回答；“国际上一般有一个通用的办法，不是简单地今年和去年比，而是用3年滑动平均法进行评价，这种方法是用更长一个时期，尽可能把气象的波动因素给剔除掉……我把这3年的情况在这里给大家看一下。2016年，北京市PM2.5平均浓度为73微克/立方米，比2013年下降18%。2016年，京津冀、长三角、珠三角，这是我们三个控制PM2.5的重点地区，平均浓度分别为71微克/立方米、46微克/立方米、32微克/立方米，与2013年相比，分别下降33.0%、31.3%、31.9%。另外还有一组数据，2016年74个重点城市，去年PM2.5平均浓度是50微克/立方米，比2013年下降30.6%。大家可以看，除了北京之外，所有控制PM2.5的地区，在过去的3年里都减少了30%以上。随着这30%的减少，优良天气的比例在上升，重污染天气发生的频次在明显降低……如果从3年来的情况看，我们的变化是实实在在的，是显著的……3年时间取得这样的成绩，充分说明我们当前大气治理的方向和举措是对的，是有效的。”参见http：//www.gov.cn/zhuanti/2017lh/live/0309e.htm。访问日期2017年3月10日。

们对空气质量的改善尤其是雾霾减轻似乎从感官上没有太大好转的体验。但是，不论是国控企业，还是省控企业、市控企业，近3年来都采取了有力举措以减少大气主要污染物的排放量，空气质量根本改善的良好期待有望实现。

从图6中不难发现：2015年氨氮排放量与2014年相比，虽有增加但增加幅度不大；2016年则有较为明显的减少。尽管2016年数据存在缺失或不完整问题，但大体不会影响如下结论：我国企业在水体主要污染物排放数量方面已经采取了有效的控制和减排措施，水污染恶化状态基本得到控制。

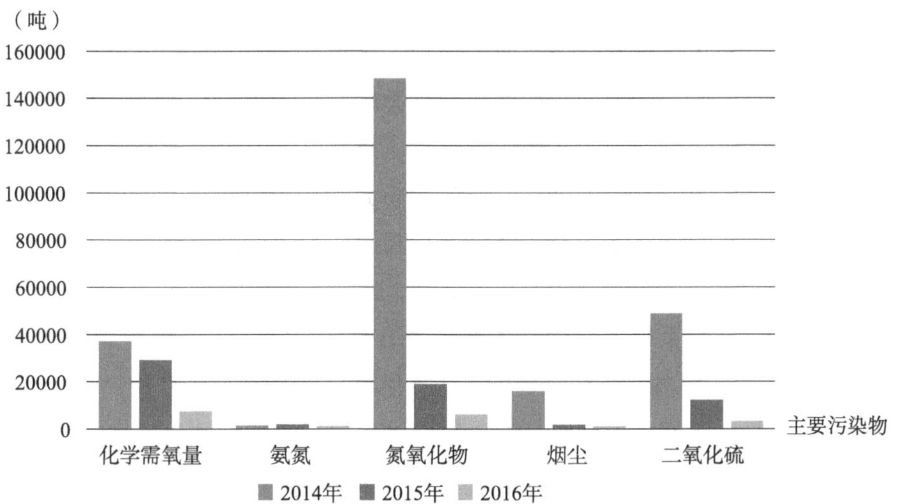


**图6　62/171家企业主要污染物排放量3年比较**

当然，我们也看到在171家样本企业中只有62家企业公开了主要污染物排放信息，纵使2016年多数省控、市控企业到本书写作完成之际尚没有公开其环境信息，单就2015年而言，只有不到1/3样本企业公开其主要污染物排放信息，说明样本企业在环境信息公开方面存在不及时问题，同时再一次印证所有类型样本企业均存在环境信息公开不完整、不全面问题。

## （三）小结及原因分析

在环境信息公开方面，国控企业比省控企业、省控企业比市控企业做得要好；但不论何种类型的企业，都普遍存在环境信息公开不完整、不及时问题。尽管样本企业在主要污染物排放信息公开方面存在明显不足与问题，但是我们也欣喜地发现，我国重点监控企业在主要污染物排放总量控制方面已经采取了切实有效的行动，并取得了一定的减排效果。这必将为我们共同环境质量的改善带来长期、持久的积极影响。

分析我国企业当前普遍存在的环境信息公开不完整、不及时问题，究其原因，我们认为主要有以下几点：

第一，企业趋利避害的本性很难积极主动、及时地公开、更新相关的环境信息。目前的环境信息公开工作主要是以环保部门监督企业单位公开为主，难以体现企业单位的主动性。而从企业自身角度来说，由于环境信息公开缺乏相应的操作细则，企业对哪些环境信息应当公开存在模糊认识，担心因公开的环境信息导致被行政机关追责而选择能不公开就不公开、能不更新就不更新，消极被动的心态十分明显。所以，我们建议环保部门考虑制定企业环境信息公开操作流程与内容指南，以便企业积极主动地公开应当公开的环境信息。

第二，环保系统内部各业务部门各自为政，诸多工作欠协调沟通、常有互相打架现象，表现在环境信息公开的平台太多，每个平台对需要公开的环境信息要求不同且存在重复建设现象，企业疲于应付各个平台的环境信息填报要求。这种多平台建设不仅浪费资源、人力和物力，而且使企业怨声载道，是一项吃力不讨好的工作。因此，我们建议全面整合目前不同企业环境信息公布的各个平台，由环保部门设立专职部门负责统筹环境信息公开工作和统一公开平台建设。

第三，尽管《企业事业单位环境信息公开办法》第 16 条规定，企业没有按照规定的内容、方式和时限公开或者公开内容不真实、弄虚作假的，可以由县级以上环境保护主管部门根据《环保法》的规定责令公开，处 3 万元以下罚款，并予以公告；但是，由于该规定原则性太强，缺乏操作性，环保部门在执法过程中很难明确具体的执法边界，难以拿捏分寸，再加上环保执法队伍规模、能力及执法条件的限制，所以环境信息公开方面的违法、违规执法实际上很难开展。这也是目前企业环境信息公开不完整、不及时的重要原因。

因此，我们建议早日制定《环境保护主管部门实施企业环境信息公开查处、处罚办法》，以责任追究来倒逼企业及时、完整、真实地公开相关环境信息。

## 三、企业在超标排放等方面违法状况的实证分析

### （一）超标排放方面

由于超标排放是当前企业环境违法的最主要现象，所以我们首先重点探讨和分析样本企业在超标排放方面的具体情况。

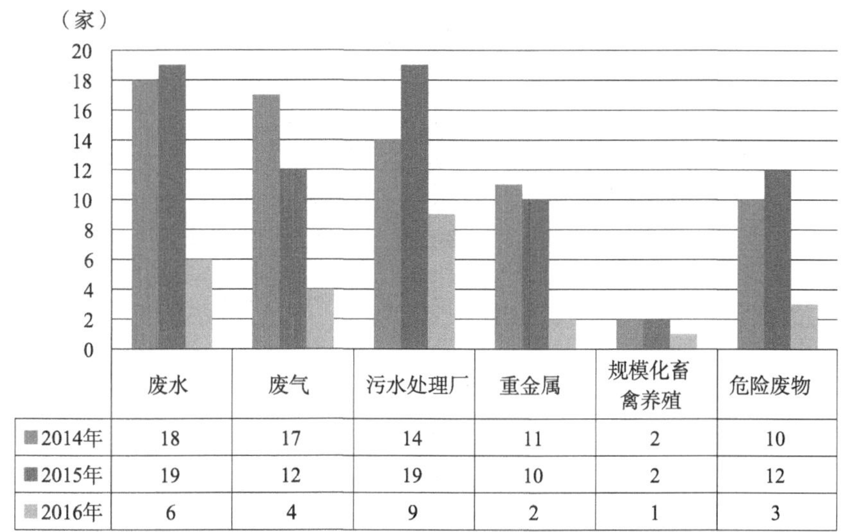


| | 废水 | 废气 | 污水处理厂 | 重金属 | 规模化畜禽养殖 | 危险废物 |
|---|---|---|---|---|---|---|
| 2014年 | 18 | 17 | 14 | 11 | 2 | 10 |
| 2015年 | 19 | 12 | 19 | 10 | 2 | 12 |
| 2016年 | 6 | 4 | 9 | 2 | 1 | 3 |

**图7　样本企业超标排放污染类型分布**

从污染类型来看，与2014年相比，2015年、2016年废气、重金属污染类型企业均在不同程度上减少了超标排放；规模化畜禽养殖污染类型企业超标排放企业数较少且有减少趋势；废水、污水处理厂、危险废物污染类型企业2015年超标排放企业数略有增加，2016年都有明显减少。从中不难得出，2015年、2016年我国废气类型企业超标排放减少最为明显。

从不同污染类型企业占比来看,[1] 2015 年废水、废气、污水处理厂、重金属、规模化畜禽养殖、危险废物 6 种污染类型超标排放企业分别为 19、12、19、10、2、12；涉水、涉气污染类型企业，是超标排放的“重灾区”，超标排放形势仍然十分严峻。2016 年废水、废气、污水处理厂、重金属、规模化畜禽养殖、危险废物 6 种污染类型超标排放企业分别为 6、4、9、2、1、3；尽管 2016 年的数据存在一定的欠缺，但依然能够发现：与其他类型相比，涉水、涉气污染类型企业超标排放问题较为严重。

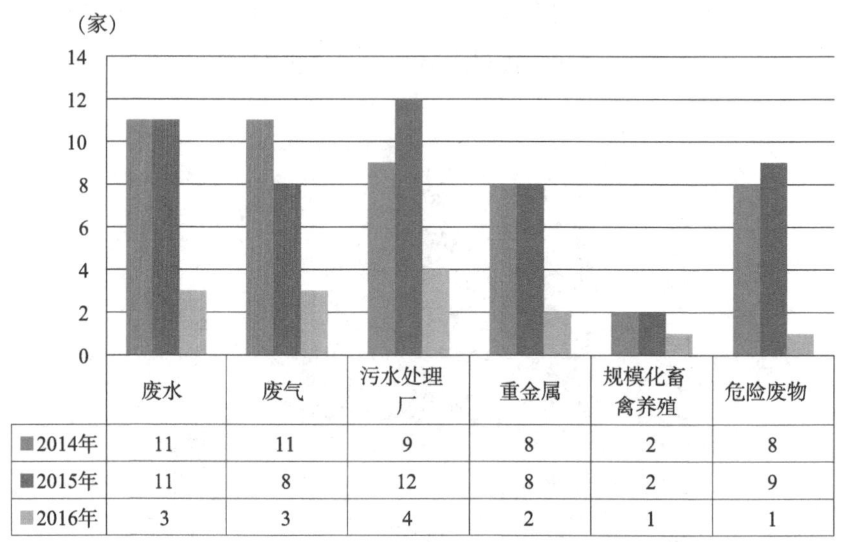


| | 废水 | 废气 | 污水处理厂 | 重金属 | 规模化畜禽养殖 | 危险废物 |
|---|---|---|---|---|---|---|
| 2014年 | 11 | 11 | 9 | 8 | 2 | 8 |
| 2015年 | 11 | 8 | 12 | 8 | 2 | 9 |
| 2016年 | 3 | 3 | 4 | 2 | 1 | 1 |

**图 8　国控样本企业超标排放污染类型分布**

在 90 家国控样本企业中，与 2014 年相比，废气污染类型国控企业 2015 年、2016 年超标排放企业数有明显减少；污水处理厂、危险废物污染类型企业 2015 年超标排放企业数量稍有增加；其他类型污染企业超标排放企业数 2015 年与 2014 年持平，2016 年降幅明显。

[1] 某一污染类型企业超标排放企业数量除以全部样本企业数量即为该污染类型企业占比。

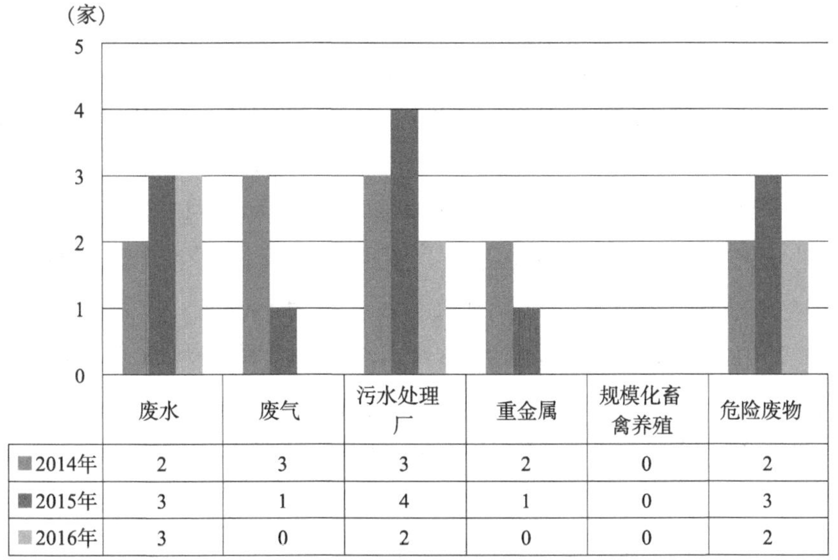


| | 废水 | 废气 | 污水处理厂 | 重金属 | 规模化畜禽养殖 | 危险废物 |
|---|---|---|---|---|---|---|
| 2014年 | 2 | 3 | 3 | 2 | 0 | 2 |
| 2015年 | 3 | 1 | 4 | 1 | 0 | 3 |
| 2016年 | 3 | 0 | 2 | 0 | 0 | 2 |

**图 9　省控样本企业超标排放污染类型分布**

在 58 家省控样本企业中，与 2014 年相比，2015 年、2016 年废气、重金属污染类型企业超标排放企业数有所减少，其中废气污染类型减少幅度最大；废水、污水处理厂和危险废物污染类型企业 2015 年超标排放略有增加，废水类型企业 2016 年与 2015 年持平，废气、危险废物污染类型企业 2016 年超标排放略有下降。

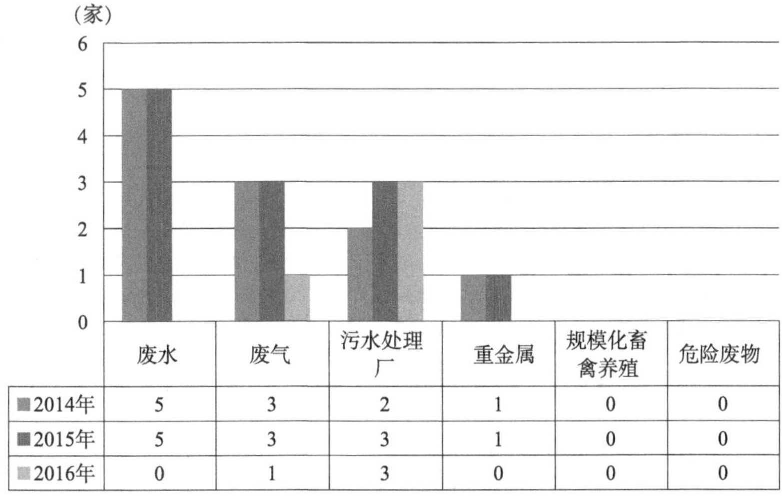


| | 废水 | 废气 | 污水处理厂 | 重金属 | 规模化畜禽养殖 | 危险废物 |
|---|---|---|---|---|---|---|
| 2014年 | 5 | 3 | 2 | 1 | 0 | 0 |
| 2015年 | 5 | 3 | 3 | 1 | 0 | 0 |
| 2016年 | 0 | 1 | 3 | 0 | 0 | 0 |

**图 10　市控样本企业超标排放污染类型分布**

在23家市控样本企业中，除污水处理厂在2015年超标排放略有增加外，其他污染类型企业2015年超标排放与2014年大体持平；2016年污水处理厂超标排放与2015年持平，废气污染类型企业2016年超标排放略有下降，其他污染类型企业数据存在一定的缺失。

若综合图8、图9、图10，从超标排放企业数占该类样本企业总数的比例来看，国控样本企业中，2014年超标排放企业数为49个，样本企业总数为90个，超标排放企业占比为54.4%；省控样本企业中，2014年超标排放企业数为12个，样本企业总数为58个，超标排放企业占比为20.7%；市控样本企业中，2014年超标排放企业数为11个，样本企业总数为23个，超标排放企业占比为47.8%。国控样本企业中，2015年超标排放企业数为50个，样本企业总数为90个，超标排放企业占比为55.6%；省控样本企业中，2015年超标排放企业数为12个，样本企业总数为58个，超标排放企业占比为20.7%；市控样本企业中，2015年超标排放企业数为12个，样本企业总数为23个，二者的比例为52.2%。由于2016年数据存在较大缺失，所以不再分析。综合2014年和2015年的情况，我们不难得出：国控样本企业超标排放方面的问题最为严重，市控样本企业次之，最后是省控样本企业。[1]

综上所述，国控企业、省控企业和市控企业在《环保法》修订实施两年以来，废气污染类型企业超标排放企业数减少幅度最大，减排效果也最为显著，其他污染类型企业存在不降反升现象。涉水（包括

---

[1] 在超标排放方面，为什么国控样本企业最为严重，市控样本企业次之，最后是省控样本企业？难道是由于我们选取的样本数量吗？恐怕不是，因为虽然国控企业样本数最多，但数量次多的是省控企业而非市控企业；更何况，从统计规律上看，样本数量越多往往越能代表该类群体。如同上述所言，我们采用excel随机数发生器方式抽取样本，这种样本选取的随机性就意味着其选取的科学性和代表性。那么，到底是什么因素促成这样的结论呢？或许是由于我国国控企业规模体量本来就大、平时超标排放的数量也不少；市控企业体量虽小但一般规模不大，污防设施建设与运营跟国控企业和省控企业相比要差一些，所以其超标排放数量比例超过省控企业。或者是因为国控企业超标排放本来就是大户，市控企业平时违规超标排放习以为常，随着环保执法力度的加强，这两类企业难免中枪或者说它们中枪的概率要远大于省控企业。或许是由于自动监测、手工监测不同以及网上记录小时超标、日超标统计口径差异引起的。或者是由于我们所选取的样本企业数量过小，不能完全代表全部的国控、省控、市控企业。若是后一原因，此实证研究的结论就不足挂齿，甚至是谬误。

废水、污水处理厂）、涉气（废气）污染类型企业依然是超标排放大户。因此，我国目前企业超标排放问题依然形势严峻。究其原因，我们认为主要有：首先，自2013年9月国务院发布《大气污染防治行动计划》以来，全国各地推行清洁空气行动，2015年修订的《大气污染防治法》规定了“总量控制强化责任、控车减煤源头治理和重点处罚不设上限”等有力制度，以及近年来人民群众要求对这种“观感明显的污染”进行根治的强烈愿望，给废气污染类型企业带来无形和有形的外部压力，迫使它们采取更加清洁的生产方式，从而使该污染类型企业超标排放减幅最大，减排效果也最为显著；其次，其他污染类型企业由于没有像废气污染类型企业那么大的外部压力，又欠缺内在约束机制，[1] 所以存在超标排放不降反升现象；再次，由于涉水、涉气污染类型企业体量大、规模大，所以在今后相当长时期内依然是超标排放大户；最后，30多年经济发展带来的环境问题，主要是污染物排放超过环境容量问题，短时间内难以消解。因此，治理环境污染物超标将会是一项长期、艰巨的任务。

### （二）违法受罚方面

环保部门对企业的环境违法行为进行处罚数量差异，或者说企业违法受罚数量差异，能够在一定程度上反映不同类型企业在遵守《环保法》所规定的义务、履行有关责任方面的意愿、表现、状态上的差异。

**表7　2014年、2015年、2016年企业违法受罚污染类型分布比较** 单位：家

| | 废水 | 废气 | 污水处理厂 | 重金属 | 规模化畜禽养殖 | 危险废物 |
|---|---|---|---|---|---|---|
| 2014年 | 15 | 20 | 12 | 12 | 4 | 9 |
| 2015年 | 20 | 19 | 13 | 11 | 2 | 14 |
| 2016年 | 7 | 5 | 2 | 8 | 0 | 7 |

[1] 这反映出环境污染的负外部性问题。关于外部性理论可参见童光法：《外来物种入侵的民事责任承担——一种基于“外部性”视角的分析》，载《北方法学》，2010年第5期，第62—63页。

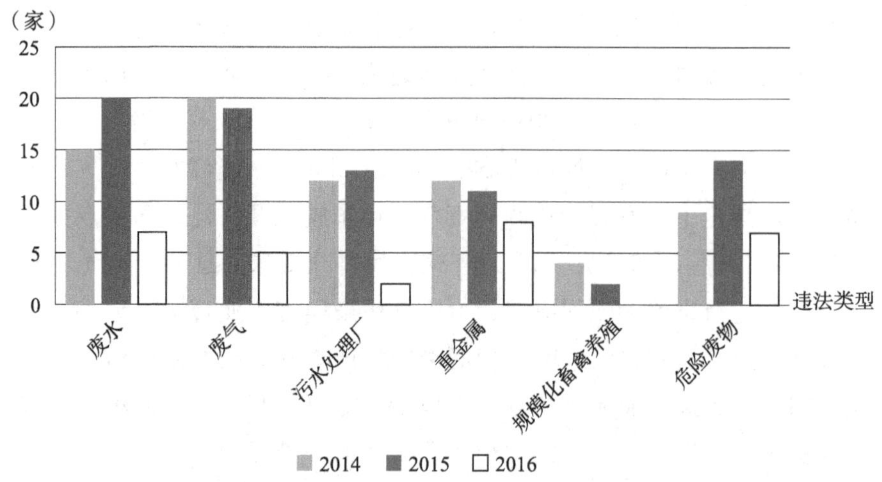


**图 11　样本企业违法受罚 2014—2016 年比较分布**

从表 7、图 11 中我们看到，废水、污水处理厂、危险废物污染类型企业 2015 年违法受罚数量与 2014 年相比都有所上升；废气、重金属污染类型企业违法受罚数量与 2014 年相比虽有所减少，但受罚数量依然不低。结合图 7，我们可以发现涉气、涉水、危险废物、重金属污染类型企业超标排放数量多，其违法受罚数量也多；由此可以得出，企业的违法受罚与超标排放之间存在正相关关系。我们发现：虽然企业可能会因为未批先建、未及时缴纳排污费、偷排漏排、未及时公开环境信息等违法原因而受到处罚，但目前主要的违法受罚原因还是超标排放。

样本企业中，2014 年、2015 年受到违法处罚企业数分别为 72 家、79 家。涉水、涉气污染类型企业中，2014 年、2015 年受到违法处罚企业数分别为 47 家、52 家，占样本总数的比例分别为 65. 3% 和 65. 8%。尽管 2016 年样本企业数据存在一定的缺失，但似乎也可以推知 2016 年涉气、涉水等污染类型企业违法受罚数量应该也不会少。可以得知，涉水、涉气污染类型企业是我国目前环境行政执法部门重点盯防和处罚对象。

如图 12 所示，国控样本企业 2014 年、2015 年、2016 年违法受罚企业数分别为 50 家、54 家、19 家，占国控样本企业总数的比例分别为 55. 6%、60%、21. 1%；如图 13 所示，省控样本企业 2014 年、2015 年、2016 年违法受罚企业数分别为 13 家、12 家、6 家，占省控样本企业总数的比例分别为22.4%、20.7%、10.3%；如图14所示，市控样本企业2014年、2015年、2016年违法受罚企业数分别为9家、13家、4家，占市控样本企业总数的比例分别为39.1%、56.5%、17.4%。我们经过研究发现，国控样本企业2014年、2015年、2016年违法受罚占比最高，市控样本企业2014年、2015年、2016年违法受罚占比次之，省控样本企业2014年、2015年、2016年违法受罚占比最低。

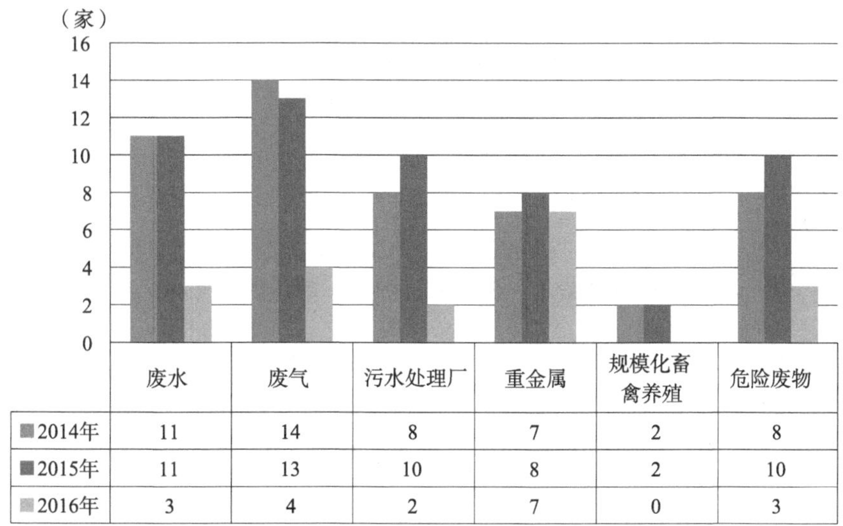


| | 废水 | 废气 | 污水处理厂 | 重金属 | 规模化畜禽养殖 | 危险废物 |
|---|---|---|---|---|---|---|
| 2014年 | 11 | 14 | 8 | 7 | 2 | 8 |
| 2015年 | 11 | 13 | 10 | 8 | 2 | 10 |
| 2016年 | 3 | 4 | 2 | 7 | 0 | 3 |

**图12　国控样本企业违法受罚2014—2016年比较分布**

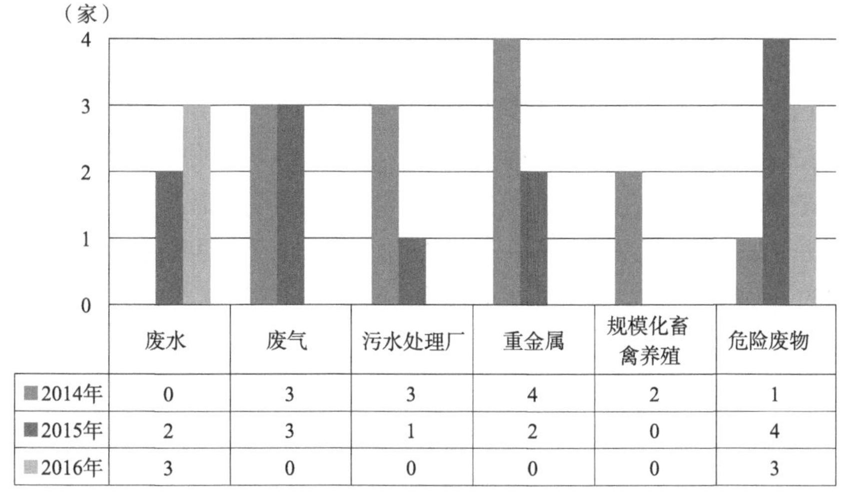


| | 废水 | 废气 | 污水处理厂 | 重金属 | 规模化畜禽养殖 | 危险废物 |
|---|---|---|---|---|---|---|
| 2014年 | 0 | 3 | 3 | 4 | 2 | 1 |
| 2015年 | 2 | 3 | 1 | 2 | 0 | 4 |
| 2016年 | 3 | 0 | 0 | 0 | 0 | 3 |

**图13　省控样本企业违法受罚2014—2016年比较分布**

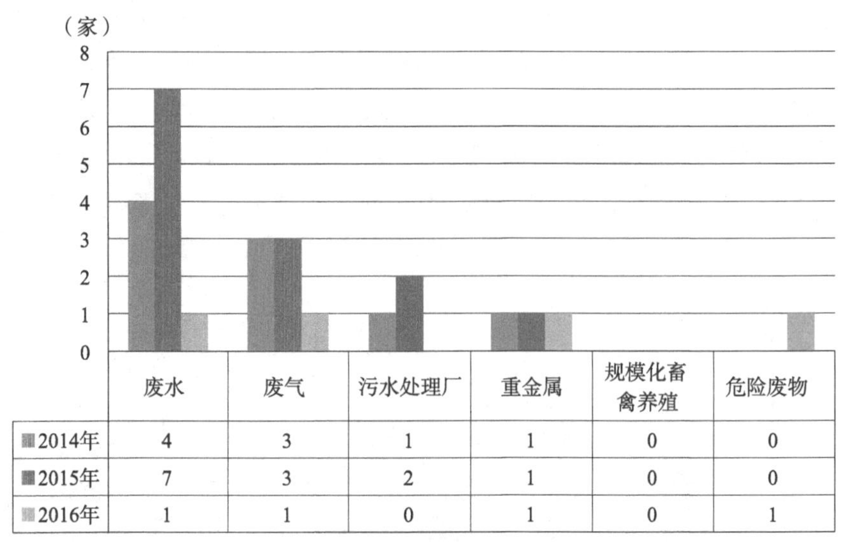


| | 废水 | 废气 | 污水处理厂 | 重金属 | 规模化畜禽养殖 | 危险废物 |
|---|---|---|---|---|---|---|
| 2014年 | 4 | 3 | 1 | 1 | 0 | 0 |
| 2015年 | 7 | 3 | 2 | 1 | 0 | 0 |
| 2016年 | 1 | 1 | 0 | 1 | 0 | 1 |

**图 14　市控样本企业违法受罚 2014—2016 年比较分布**

这一研究结论与前述的“国控样本企业超标排放方面的问题最为严重，市控样本企业次之，最后是省控样本企业”结论之间存在一定的相关性。国控样本企业超标排放占比最高，违法受罚占比也最高，市控企业次之，最后是省控企业。它再次印证和说明了目前违法受罚与超标排放之间具有正相关性。

## （三）小结

从图 15 可以看出，2015 年企业超标排放次数虽然比 2014 年有大幅度下降，但受罚次数却不降反升；2016 年企业超标排放与违法受罚都有较大幅度的降低。通过图 16 可以看出，在 171 样本企业中，受处罚的企业占所有超标排放企业的比重在 2014—2016 年有明显的上升。这一方面说明违法受罚与超标排放存在正相关性，另一方面说明我国环境行政执法的力度趋于严格，超标排放等环境违法逐步得到追究。[1]

[1] 同时，也说明企业已经知道环境保护法律规定不再只是一纸空文，环保执法日趋严格，企业会逐步主动减少超标排放等环境违法行为，从而真正体现违法处罚与环境质量的改善呈正相关性。

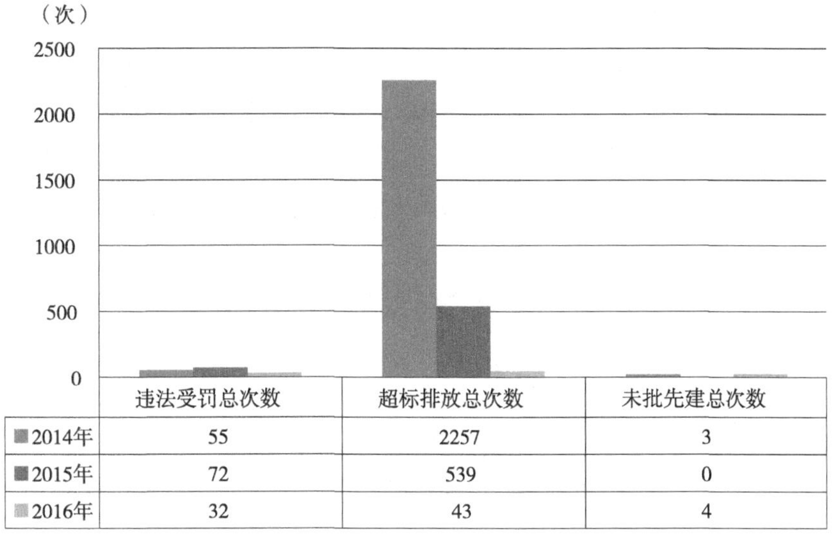


| | 违法受罚总次数 | 超标排放总次数 | 未批先建总次数 |
|---|---|---|---|
| 2014年 | 55 | 2257 | 3 |
| 2015年 | 72 | 539 | 0 |
| 2016年 | 32 | 43 | 4 |

**图 15　171 家样本企业违法信息 2014—2016 年比较**❶

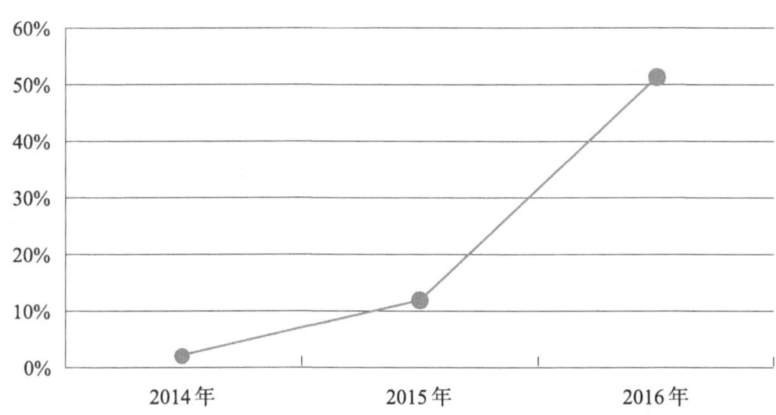


**图 16　171 家样本企业中受处罚企业占所有排污超标企业的比重的三年变化**

---

❶ 2014 年 11 月国务院办公厅印发《关于加强环境监管执法的通知》，要求全国各地于 2016 年年底前全面清理违法违规建设项目并完成整改任务。2016 年 5 月，环保部印发《关于进一步做好环保违法违规建设项目清理工作的通知》（环办环监〔2016〕46 号），要求各地确保违建项目自 2017 年 1 月 1 日起“清零”。这种老环保法执法效能而产生的历史遗留问题由于本次的清理整改得以解决，为新环保法严格执法奠定了基础。所以，这里评估样本企业近三年在未批先建方面的违法问题已经意义不大。全国 30 个省级行政区（西藏除外）共清理出 62.4 万个未批先建、批建不符、未验先投等违建项目，参见 www. lvwang. org. cn. 访问日期 2017 年 3 月 10 日。

在环境违法方面，我们调查研究可以得出如下结论：尽管废气污染类型企业超标排放企业数减少且减排效果取得了显著成效，但其他污染类型企业超标排放形势依然严峻；超标排放是当前我国企业违法受罚的最主要原因，企业违法受罚与其超标排放之间存在正相关关系；涉水、涉气污染类型企业是我国目前环境行政执法部门重点盯防和处罚对象。

## 四、绍兴地区企业环境守法状况的个案分析

2017 年 1 月 10 日—11 日，我们前往浙江省绍兴市进行实地调研，参与调研的有 21 家企业，主要为印染、化工、电镀等行业的国控企业、省控企业、市控企业和绍兴市环保局及其区县分局分管政策、法规以及环境执法一线的负责人员。

### （一）绍兴市企业环境守法情况

1. 企业在环境信息公开方面

绍兴市环保部门根据国控、省控和市控的层级以及废水、废气、重金属、规模化畜禽养殖、污水处理厂和危险废物的污染类型分类，每年分 3 批（2015 年至 2016 年共公布 6 批）在绍兴市环境保护局门户网站（www. sxepb. gov. cn）以及绍兴市重点排污单位环境信息公开平台上公布重点监控企业名单。❶ 我们通过该平台随机抽样选取了 11 家企业，包括 3 家国控企业、4 家省控企业、4 家市控企业，涵盖重金属、废水、废气、危险废物 4 种污染类型企业。

从图 17 我们可以看到，国控企业环境信息公开 3 项以上的占国控样本企业总数的比重达到 100%，❷ 省控企业公开 3 项以上的占其样本企业总数的 100%，❸ 市控企业公开 3 项以上的占其样本企业总数的 50%。

---

❶ 具体名单详见绍兴市重点排污单位环境信息公开平台“重点排污单位”板块，网址：http：//qyxxgk. sxepb. gov. cn/Business/EntPublic/Basic/documentList. aspx？ c =2。

❷ 在我们统计的国控企业中，6 项信息中最多的是在应急预案和企业自行检测方案方面未公开具体信息。

❸ 由于未强制要求省控企业公开自行监测方案，所以在我们的统计中，省控企业 5 项信息中都欠缺企业的应急预案。

据此我们可以发现，从市控企业到国控企业环境信息的公开情况是依次变好的。相较于国控和省控企业，市控企业在环境信息公开方面做得较差。有一半的市控企业仅有企业的基本信息，另一半企业在污染物排放情况方面的数据公开得十分模糊，不具有调查分析价值。

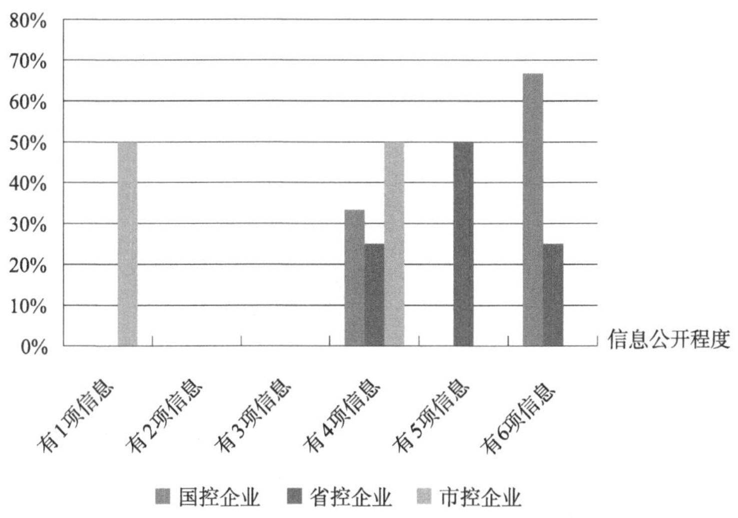


**图 17　随机抽取绍兴 11 家企业环境信息公开比较**

同时，我们也对 11 家企业 2014—2016 年主要污染物排放数据进行调取，发现仅有 4 家企业能够连续公开相关信息，且均为国控、省控企业，占样本企业总数的比例为 36%。基于此，我们很难对《环保法》修订实施两年来该地区主要污染物排放情况做出一个客观、完整的评价。但是，至少可以从侧面反映出企业在环境信息公开的及时性、完整性方面的确做得还不够，仍需改进。这些调研结论再次印证了我们前面对 171 家样本企业调查分析的结论。

2. 企业环境守法意识等方面

在调研问卷中，关于“新《环境保护法》颁布实施两年来，环保部门执法越来越严格，近三年贵单位都采取了哪些应对举措”问题，我们设置了三个消极应对做法，即通过修改和编造数据应付各种督查、检查（A），加强与环保部门熟人、朋友的联络（B）和在环保部门要求下采取整改措施（C）；以及两个积极应对做法，即污染物防治设备设施自觉开启、正常运行（D）和增加节能减排设备、设施和研发投入（E）。参与调研的有21家企业，有效回收问卷涉及19家企业，它们具体选择情况如下：

**表8　企业环境守法意识情况表**

| | 消极应对（C） | 积极应对（D） | 积极应对（E） |
|---|---|---|---|
| 次数（次） | 6 | 16 | 16 |

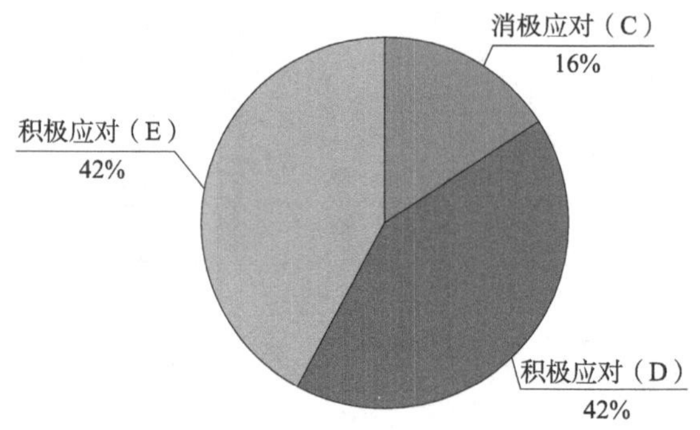


**图18　绍兴市近两年企业环境守法意识情况**

我们发现，消极应对的占16%，而积极应对的占84%。这表明，参与调研的19家企业能够积极应对《环保法》修订后的严格要求，环境守法意识较高。

关于“近三年来贵单位在处理主要污染物的方式上与上一年相比有何变化”问题，参与调研的19家企业具体选择情况如下：

**表9　企业污染物处理方式对比**　　单位：家

| | 没有变化 | 没太大变化 | 有变化 | 有显著变化 |
|---|---|---|---|---|
| 2015年与2014年相比 | 1 | 3 | 6 | 9 |
| 2016年与2015年相比 | 2 | 2 | 3 | 11 |

我们发现，2016年与2015年相比、2015年与2014年相比19家企业中选择没有变化和没有太大变化的均为4家，仅占调研企业的21%；选择有变化的分别为3家、6家，占调研企业的16%、32%；选择有显著变化的分别为11家、9家，占调研企业的58%、47%。这说明，参与调研企业2016年比2015年、2015年比2014年在处理主要污染物的方

式上态度更为积极，也表明《环保法》修订实施两年来已经给多数企业在处理主要污染物的方式上带来了积极的影响。

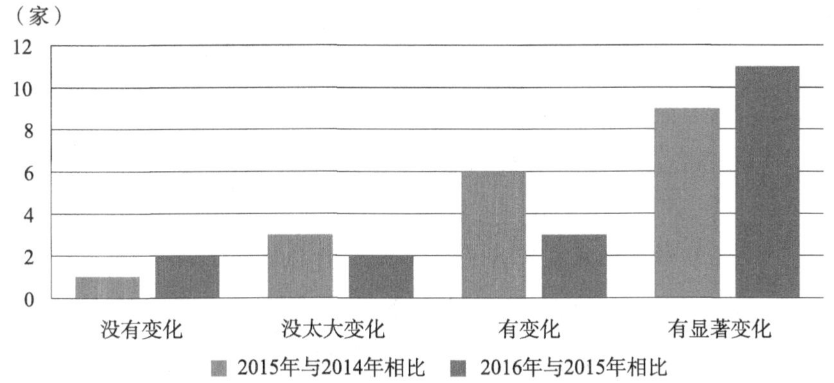


**图 19　绍兴市企业 2014—2016 年污染物处理方式对比**

在“若遇到突发污染事件，贵单位近三年通常会采取何种应对措施”问题上，参与调研的 19 家企业具体选择情况如表 10。

**表 10　企业应对突发污染事件情况**　　单位：家

| | 依应急预案执行 | 有应急预案，同时按政府要求执行 |
|---|---|---|
| 2014 年 | 7 | 12 |
| 2015 年 | 8 | 11 |
| 2016 年 | 8 | 11 |

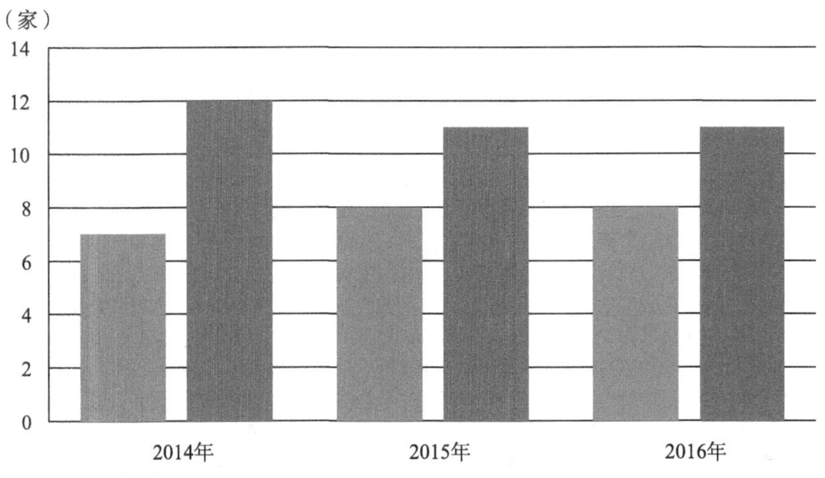


**图 20　绍兴市企业 2014—2016 年突发污染事件应对措施对比**

我们发现，19 家企业在突发污染事件应对措施上，在 2014—2016 年均选择了依应急预案执行和有应急预案并同时按照政府要求来执行。这说明，调研企业在应对环境突发事件上都已经作了较为充分的准备，同时也说明它们能够积极遵守《环保法》和《企业事业单位环境信息公开办法》的相关规定。

## （二）绍兴市企业违法受罚及其履行处罚情况

### 1. 企业环境违法类型及其受罚情况

从图 21 我们可以看到，绍兴市企业环境违法行为最主要是超标排放，包括超标排放污水，约占 37%，超标排放大气污染物，约占 8%，共约占 45%；[1] 其次是未按规定设置排污口，约占 22%；未经环境影响评价擅自开工建设与未经验收擅自投产使用，约占 10%；不正常运行（使用）污染治理设施的，约占 8%；污水通过雨水口外排，约占 6%；其他约占 9%。[2] 针对企业的上述环境违法行为，绍兴市各级环境保护及执法部门坚决贯彻和严格执行《环保法》，成为浙江省环保执法处罚最严的地级市。[3]

从表 11 我们看到，不论是企业违法受罚案件数、罚款金额、责令停产停业件数乃至行政拘留人数，2016 年与 2015 年、2015 年与 2014 年相比，都有明显的上升。绍兴市环保部门加大环境违法行为的行政处罚力度，能够倒逼企业进行环境保护设施设备等的投入和转型升级，从而一定程度上改善了当地的生态环境质量。

---

[1] 这再次印证了前面通过样本企业研究分析得出的超标排放是目前我国企业环境违法最为重要的行为类型，也是我国环境执法和监管的重心。

[2] 在绍兴市，近三年其他环境违法行为主要有：弄虚作假，焚烧产生有毒、有害烟尘和恶臭气体的物质，在人口集聚区焚烧工业垃圾，未制订应急方案，未及时启动相应的应急预案，未及时上报水污染事故，危险废物处置不规范，未按国家规定申报登记危险废物，危险废物未采取无害化处置措施，未设置危险废物识别标志，在运输中丢弃遗撒固体废物，将废酸委托给无资质的单位处置，逃避监管方式排放污染物，未经批准擅自闲置废气处理设施，未采取措施防止排放恶臭气体，生产中使用石油焦代替天然气作为燃料等。

[3] 随着新环保法的实施，绍兴市行政处罚力度持续加大。2014 年处罚企业违法案件 944 件，罚款 4073.68 万元，责令停产停业 236 家，行政拘留 0 人。2015 年处罚企业违法案件 1402 件，罚款 5959.5 万元，责令停产停业 370 家，行政拘留 35 人。2016 年处罚企业违法案件 1659 件，罚款 9118.4 万元。同时，2016 年绍兴市公安机关行政拘留 75 起 103 人，刑事移送 35 起 77 人，责令停产停业 370 家，成为浙江省处罚金额最高的地级市。

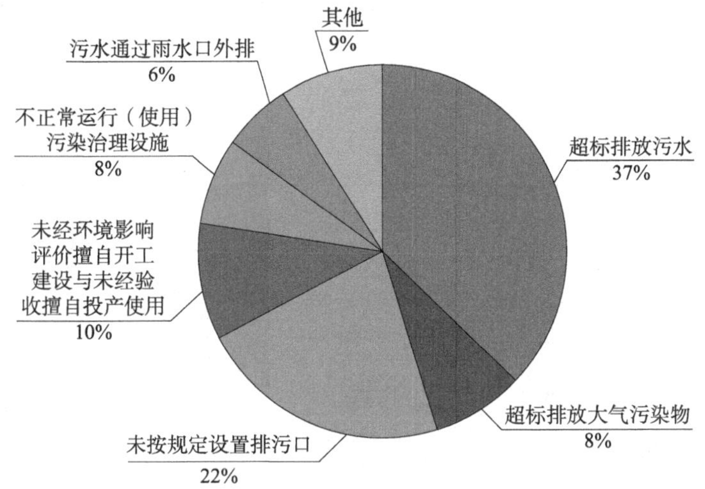


**图 21　绍兴市 2014—2016 年企业环境违法行为类型**

**表 11　绍兴市 2014—2016 年环境违法处罚总体情况**

| | 2014 年 | 2015 年 | 2016 年 |
|---|---|---|---|
| 企业违法案件数量（件） | 944 | 1402 | 1659 |
| 处罚金额（万元） | 4073. 68 | 5959. 5 | 9118. 4 |
| 责令停产停业（家） | 236 | 370 | 370 |
| 行政拘留（人） | 0 | 35 | 103 |

2. 企业履行环境违法处罚情况

从图 22 我们看到，绍兴市企业 2015 年自觉履行行政处罚的占 72%，2016 年占 73%，上升了一个百分点。这说明绝大多数企业能够认真履行环保部门所作出的行政处罚决定。对企业未及时自行履行处罚决定的，绍兴市环保部门通过催告、督察促使企业去履行，也基本实现了履行；对经催告、督察仍未履行的，则依法申请法院强制执行。[1] 申请

[1] 绍兴市环保部门申请法院强制执行的案件，2015 年有 36 件，2016 年有 110 件，分别占当年案件总数的 2. 6% 和 6. 6%。2016 年相比于 2015 年有大幅度上升。在申请法院强制执行的案件中，2015 年执行了 9 件，2016 年执行了 71 件，执行率分别为 25% 和 65%。2016 年的执行率大幅上升 40 个百分点。据统计，未执行案件 2015 年为 351 件，2016 年为 338 件，分别占当年案件总数的 25% 和 20%。未执行数统计有一个结转的关系，即接近年末作出的处罚案件将会在第二年完成执行。因此实际执行不了的数量要小得多。

法院执行后仍未执行的，2015 年为 25 件，2016 年为 39 件；未执行的案件分别占当年案件数的 1.8% 和 2.4%。

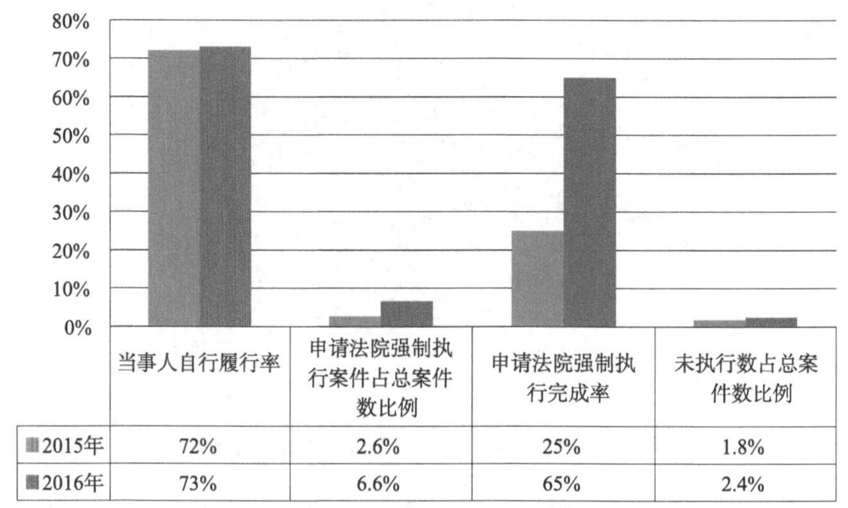


| | 当事人自行履行率 | 申请法院强制执行案件占总案件数比例 | 申请法院强制执行完成率 | 未执行数占总案件数比例 |
|---|---|---|---|---|
| 2015年 | 72% | 2.6% | 25% | 1.8% |
| 2016年 | 73% | 6.6% | 65% | 2.4% |

**图 22　绍兴市 2015—2016 年环境违法处罚履行情况**

少数企业未履行或未及时履行环保部门作出的行政处罚决定，究其原因主要有：

第一，由于经济下行给企业带来较多的困难，企业生存的压力较大，个别企业存在资金拆东墙补西墙现象，能拖则拖；有的企业处于破产重组状态，行政处罚执行牵涉到重组方的利益博弈而导致无法执行。

第二，的确存在部分企业履行意识不强问题。这类企业不重视行政处罚，尤其是对缴纳罚款很不积极，采取能拖则拖甚至形成老赖现象。

第三，有些行政处罚本身存在难以执行问题。绍兴市存在污染的企业大多为小型的“散户”企业，新环保法及其配套措施对处罚的程序的规定虽然详细、明确，但是由于办公人员和经费等客观原因，执法一线的办案人员普遍反映相关程序烦琐，耗时较长，不利于达成预期的案件处理效果。例如，环保部门作出停产关闭某家企业决定时并处罚款，由于该企业关闭后停止生产、企业负责人失去联系，该罚款的处罚决定就难以执行。

第四，若企业未按时履行处罚决定，依照《中华人民共和国行政处罚法》第五十一条和《中华人民共和国行政强制法》第十二条和第四十五条的规定，环保部门可以加收罚款或滞纳金。但是，我们在浙江省一线环保部门调研时发现，当环保部门向法院申请强制执行时，法院通常不会为此而要求延迟履行处罚决定的企业履行加收的罚款或滞纳金，从某种程度上纵容了违法企业。因此，为了改进企业未履行或未及时履行处罚决定，需要强化不同处罚决定之间的协调作用和不同权力部门之间的沟通。

### （三）小结

《环保法》修订实施两年来，绍兴市企业在处理主要污染物的方式、应对环境突发事件、环境守法意识等方面具有较为积极的态度或较强意识。虽然绍兴市环保部门搭建了信息公开平台，但是企业环境信息公开依然存在着不及时、不完整问题。超标排放在环境违法行为类型上表现最为突出。绝大多数企业都能够自觉履行环保部门所作出的行政处罚决定。少数企业因为没有履行能力或履行意识不强，或者由于环保部门与法院沟通协调不够，而未履行或未按时履行处罚决定。

## 五、结论

根据上述的抽样调查、数据收集分析和实地调研，我们可以得出以下结论：[1]

一、《环保法》修订实施两年来，绝大多数企业在处理主要污染物的方式、应对环境突发事件、环境守法意识等方面具有较为积极的态度或较强意识。

二、在环境信息公开方面，国控企业比省控企业、省控企业比市控企业做得要好；但不论何种类型的企业，都普遍存在环境信息公开不完整、不及时问题。

三、在主要污染物排放方面，尽管存在明显的公开不足问题，但是我们欣喜地发现，我国企业在主要污染物排放数量方面已经采取了切实

[1] 童光法：《企业环境守法的进展与问题分析》，载《中国高校社会科学》，2016 年第 4 期，第 139 页。

有效的行动，并取得了一定的减排效果。这必将为我们共同环境质量的改善带来长期的、持久的积极影响。

四、在环境违法方面，尽管废气类型污染企业超标排放企业数减少且减排效果取得了显著成效，但其他污染类型企业超标排放形势依然严峻；国控企业超标排放方面的问题最为严重，市控企业次之，最后是省控企业；超标排放是当前我国企业违法受罚的最主要原因，国控企业违法受到处罚占比最高，市控企业次之，最后是省控企业；企业违法受罚与其超标排放之间存在正相关关系；涉水、涉气污染类型企业是我国目前环境行政执法部门重点盯防和处罚对象。

五、在履行违法处罚方面，绝大多数企业都能够自觉履行环保部门所作出的行政处罚决定。少数企业因为没有履行能力或履行意识不强，或者由于环保部门与法院沟通协调不够，而未履行或未按时履行处罚决定。

当然，本研究结论可能存在如下疑点：第一，本研究尽管选取了 18 个城市，但这 18 个城市能否代表全国大体情况存在一定的疑点；第二，尽管选择了 171 家样本企业并进行了实地调研数据分析，但还是会存在样本企业无法真实地反映我国企业总体情况的问题；第三，我们选择了 90 家国控企业、58 家省控企业、23 家市控企业，这些企业随机选取的比例并不一定能够代表真实的企业数量占比情况；第四，研究的主要信息来源于环保部官网、各省市环保厅局官网、各省市企业自行监测信息公开平台、各个企业的网站、公众环境研究中心（IPE）等网站，[1] 所以我们研究结论的可靠性、可信性受制于这些网站上公开的企业环境数据信息的真实性；第五，由于研究时间限制，2016 年国控企业、省控企业、市控企业数据尚未完全上传到有关网络平台，所以该年数据存在不少缺失，进而影响到研究进程与结论的客观性；第六，由于研究人员的能力、时间与精力上的限制，可能会存在数据的收集、录入或校对工作上的偏差，从而影响了本研究报告结论的客观性等。

---

[1] 《企业事业单位环境信息公开办法》第十条规定：重点排污单位应当采取下列方式公开环境信息：企业门户网站、企业事业单位环境信息公开平台、当地报刊等便于公众知晓的方式。企业若采取当地报刊等其他方式公开环境信息，会影响到样本企业数据来源的全面与客观性。在此，我们建议优先通过企业门户网站、企业事业单位环境信息公开平台等互联网方式公开环境信息，以便于查找。

# 北京市森林生态补偿法政策实践及其问题剖析

## 一、问题的提出

生态补偿概念为我国特有概念，在国际上与之相关的概念通常称为环境服务费用或生态系统服务付费（PES）。生态系统服务付费意义上的生态补偿，“是指生态系统服务功能的受益者向生态系统服务功能的提供者支付费用”；❶ 我国通常意义上的生态补偿概念，“是指在综合考虑生态保护成本、发展机会成本和生态服务价值的基础上，采用行政、市场等方式，由生态保护受益者或生态损害加害者通过向生态保护者或因生态损害而受损者以支付金钱、物质或提供其他非物质利益等方式，弥补其成本支出以及其他相关损失的行为”。❷ 国内外生态补偿概念在“补什么”“补给谁”“怎么补”等方面均存在较大差异。国内通常意义上的生态补偿概念强调补偿的是“成本支出与有关损失”，补给“生态保护者和受损者”，补偿标准是“生态保护成本、发展机会成本和生态服务价值”；而国际上生态系统服务付费意义的生态补偿强调补偿的是“生态系统服务”，补给“生态系统服务的提供者”，补偿标准为“生态系统服务价值”。北京市人民政府于2004年8月17日发布了《关于建立山区生态林补偿机制的通知》，标志着北京市森林生态补偿制度开始

❶ 曹明德：《对建立生态补偿法律机制的再思考》，载《中国地质大学学报（社会科学版）》2010年第5期，第29页。

❷ 汪劲：《论生态补偿的概念——以〈生态补偿条例草案〉的立法解释为背景》，载《中国地质大学学报（社会科学版）》2014年第1期，第7页。

正式实施。自森林生态补偿实施以来，北京市有关森林生态补偿方面的法政策也经历过几次调整。每次调整后的森林生态补偿法政策在“补什么”“补给谁”“怎么补”等方面有何特点，其与国内外生态补偿内涵之间是否存在差异，以及实践中的状况与问题等值得研究与探讨。

## 二、北京市森林生态补偿法政策及其剖析

### （一）北京市森林生态补偿法政策沿革与分析

2004 年 8 月 17 日，北京市人民政府《关于建立山区生态林补偿机制的通知》规定：“山区生态林补偿范围是，经区划界定的山区集体所有的生态林，总面积为 60.8 万公顷（912 万亩），月人均补偿 400 元，补偿人数全市近 4 万人。补偿年限从 2004 年开始，暂定到 2010 年。”这一森林生态补偿法政策主要解决的是山区生态林管护问题。[1] 也就是说，通过给全北京市 4 万左右管护人员月均 400 元这一补偿机制，来支付山区生态林的保护者（即管护人员）所付出的保护成本或者劳务成本。这种成本付出主要是指管护人员在林木抚育、森林防火、监测病虫害和森林资源保护等方面所作出的努力和体力、时间的付出。但管护人员又与雇工不同，后者不仅需要双方签订劳动合同，而且需要满足劳动法律所规定的劳动条件、工作时间、最低工资等强制性要求。因此，2004 年北京市实施的森林生态补偿法政策主要补的是“劳力与时间成本支出”，补给了山区生态林管理人员或森林保护者，只补偿一定的生态保护成本，没有考虑森林生态服务价值。

2004 年 10 月，原密云县人民政府《山区生态林补偿机制办法》规定：生态林补偿范围不包括“经济林、用材林、退耕还林、沟谷杨树和镇域规划开发用地范围的林地”，管护人员及管护地块的确定方法即“由村委会统一组织本集体经济组织成员自愿报名，召开村民大会或村

---

[1] 北京市人民政府《关于建立山区生态林补偿机制的通知》（京政发〔2004〕25 号）明确规定了补偿资金的用途，即“以山区生态林所在乡镇为单位，按一定条件配置生态林管护人员，补偿资金由乡镇财政以直补方式发给管护人员”。参见首都之窗 http：//zhengce. beijing. gov. cn/zfwj/25/26/421256/11914/index. html，最后访问日期 2017 年 12 月 30 日。

民代表会议选用管护人员，从具有管护资格的人员中，采取抽签方式确定管护人员及管护地块”、管护考核、生态林所属关系处置等内容。❶ 2004年11月，原延庆县人民政府《关于印发山区生态林补偿机制实施办法的通知》决定成立“以县长为组长的生态林补偿机制工作领导小组”，负责组织领导生态补偿工作；规定了生态补偿资金筹集、使用与管理和管护内容、技术标准等内容。❷ 原密云县、延庆县出台的山区生态林补偿机制或管护补偿机制实施办法主要考虑如何落实北京市人民政府《关于建立山区生态林补偿机制的通知》具体要求，也没有考虑森林生态服务价值。

2009年，北京市园林绿化局、财政局、农村工作委员会《关于完善本市山区生态林补偿机制的通知》规定：“从2009年7月1日开始，山区生态林管护员补偿标准由原来的平均每月400元提高到440元，今后每三年提高10%”“生态林管护员都要投保人身意外伤害保险”“每村要从生态林管护员中选拔1～2名专职村级林务员，专门负责本村生态林管护的管理工作”等。❸ 虽然该通知提高了管护人员的补偿标准，但仍然没有考虑森林生态服务价值。经过五年森林生态补偿实践，北京市森林生态补偿机制似乎越来越向雇工靠拢，尤其是规定“每村选拔1～2名专职村级林务员”制度，将管护人员分为专职林务员和兼职护林员，类似于固定工作与临时工作，使得森林生态补偿机制走向或采取了劳务合同形式。

2010年6月25日，北京市人民政府《建立山区生态公益林生态效益促进发展机制的通知》明确了森林生态补偿实施范围为“经区划界定的山区集体所有的生态公益林，总面积约为67.4万公顷（1010.95万亩）”；并决定从2010年开始建立山区生态公益林生态效益促进发展资金，包括24元/（年·亩）的生态补偿资金和16元/（年·亩）的森林健

---

❶ 参见首都之窗 http：//zfxxgk. beijing. gov. cn/11S000/gfxwj22/2008 - 05/04/content _ 123772. shtml，最后访问日期2017年12月30日。

❷ 参见首都之窗 http：//zfxxgk. beijing. gov. cn/11T000/gfxwj22/2008 - 12/18/content _ 134108. shtml，最后访问日期2017年12月30日。

❸ 参见首都之窗 http：//zfxxgk. beijing. gov. cn/110038/qtwj22/2009 - 08/11/content _ 196831. shtml，最后访问日期2017年12月30日。

康经营管理资金。[1] 这两类资金都是针对山区集体所有的生态公益林，生态补偿资金发放给完成集体林权制度改革的乡村，并按股份分配给集体经济组织成员；森林健康经营管理资金用于山区生态公益林的林木抚育、资源保护，生态用水保障、作业道路修建等林业建设。细分上述两类资金，尤其是设立针对集体所有的已经完成股份制林权改革的生态补偿资金，标志着北京市开始认真考虑森林生态服务价值并对产权明晰的林权人给予了一定的生态补偿。虽然森林健康经营管理资金也体现了森林资源的保护、抚育等生态保护内涵，但由于它的设立更多的是为了林业管理与建设，所以它更类似于管护，带有雇工色彩或项目建设内容。这种意义上的森林健康经营管理资金尽管也属于生态保护与建设意义上的生态补偿，但毕竟与直接体现生态服务价值的生态补偿资金有别。

2012 年 7 月 13 日，《北京市海淀区人民政府关于建立海淀区集体生态林补偿机制的意见》规定了集体生态林补偿范围、标准、资金管理、管护等内容。该意见扩大了森林生态补偿的范围，既包括山区集体生态林和平原集体生态林，又包括生态林、绿化林和改造达到生态林标准的集体苗圃地、经济林地；[2] 该意见还界定了集体生态林补偿机制的内涵，即对生态林占用的农村集体土地和从事生态林管护的人员给予一定补偿和补助，包括生态林管护补助和占地补偿[3]两部分，也没有体现森林生态服务价值。

2016 年 11 月 7 日，《北京市园林绿化局、北京市农村工作委员会、北京市财政局关于调整山区生态公益林生态效益促进发展机制有关政

---

[1] 参见首都之窗 http://zhengce.beijing.gov.cn/zfwj/25/26/421256/12188/index.html，最后访问日期 2017 年 12 月 30 日。

[2] 《北京市海淀区人民政府关于建立海淀区集体生态林补偿机制的意见》（海行规发〔2012〕8 号）规定生态林补偿的范围主要包括："城市（第一道）绿化隔离地区生态林，第二道绿化隔离地区生态林、速生生态林、绿色通道永久性绿化带；改造后达到生态林标准的集体苗圃地、经济林地；陆续流转的集体生态林；由集体管护的国有林地（仅享受管护补助）。"参见北大法宝 http://www.pkulaw.cn/fulltext_form.aspx? Db = lar&Gid = 2eb6b642e23201ba63f6fa4abd07588bbdfb&keyword = 北京市海淀区人民政府关于建立海淀区集体生态林&EncodingName = &Search_Mode = accurate&Search_IsTitle = 0，最后访问日期 2017 年 12 月 31 日。

[3] 生态林占地补偿又包括平原生态林占地补偿和山区生态林占地补偿。这类似于美国土地休耕保护项目（Conservation Reserve Program，简称 CRP）补偿，只不过北京市不是进行土地休耕，而是直接改变了土地的用途，即由耕地或其他农用地变更为林地。

策的通知》决定对71.8万公顷（1077万亩）山区集体所有的生态公益林提高补偿标准，即从2017年起将每年每亩40元补偿标准提高到70元：总资金的60%即每年每亩42元为生态补偿资金，40%即每年每亩28元为森林健康经营管理资金；以后每五年调整一次。[1] 尽管2017年以后集体所有的公益林生态补偿标准有所提高，但补偿标准在多大程度上考虑生态保护成本、发展机会成本和体现生态服务价值，尚不十分明确。

### （二）小结与问题思考

总而言之，2009年及其之前的北京市森林生态补偿法政策主要补的是“劳力与时间成本支出”、补给了山区生态林管理人员或森林保护者、只补偿一定的生态保护成本，没有考虑森林生态服务价值。2010年以后的北京市森林生态补偿法政策有较大变化，建立的山区生态公益林生态效益促进发展资金包括生态补偿资金和森林健康经营管理资金。前者发放给完成集体林权制度改革的乡村，并按股份分配给集体经济组织成员；后者主要用于山区生态公益林林木抚育、资源保护，生态用水保障、作业道路修建等林业建设。森林健康经营管理资金类似于2009年之前的主要用于森林管护人员开销的生态补偿机制资金；而生态补偿资金的设立从某种意义上彰显北京市开始重视森林生态服务价值并对产权明晰的林权人给予了一定的生态补偿。

于是，2010年以后的森林生态补偿法政策补偿的是“一定的森林生态系统服务和森林建设保护成本”，补给“产权明晰的林权人和森林建设者与保护者”，补偿标准不仅考虑森林生态保护建设成本也考虑一定的森林生态服务价值。因此，北京市2010年之后的森林生态补偿与国内通常意义上的生态补偿概念内涵逐步靠拢。

但是，北京市森林生态补偿资金只针对山区集体所有的生态公益林，发放给完成集体林权制度改革的乡村，并按股份分配给集体经济组

---

[1] 参见北京市园林绿化局网站 http：//www.bjyl.gov.cn/zwgk/fgwj/gfxwj/201611/t20161122_186099.shtml，最后访问日期2017年12月31日。

织成员，又存在如下不足：（1）没有将个人所有的森林[1]纳入补偿范围；（2）没有将未完成林权改革的集体所有森林纳入补偿范围；（3）没有将国家所有的非国家级公益林纳入补偿范围；（4）没有将平原地区生态公益林纳入补偿范围；（5）也根本没有考虑到非生态公益的森林[2]获得补偿的可能性。

## 三、北京市森林生态补偿实践及问题分析

北京市2004年开始实施森林生态补偿，该法政策实施现状怎样、成效如何、实践中是否存在一些问题等，乃是分析研究北京市森林生态补偿法政策不可或缺的重要环节，同时也是考验生态补偿法政策实施成效的关键。为了真实反映北京市森林生态补偿法政策实践与可能存在的问题，笔者分别就北京市森林生态补偿和森林管护所涉及的问题设计了两份不同内容的问卷，并前往北京市东北部和西北部生态林分布比较集中的山区乡村即密云区北庄镇、延庆区大庄科乡和延庆区永宁镇东灰岭村（简称“两乡一村”）进行实证调研，与乡村干部、村民、林场工作人员和林业站工作人员等进行了座谈、访谈与问卷调研。

### （一）“一乡一村”森林生态补偿实践及分析

在森林生态补偿方面，我们于2016年10月30日至12月7日，集中调研了延庆区大庄科乡和延庆区永宁镇东灰岭村（简称“一乡一村”），采取发放问卷的方式进行调研。问卷主要涉及的问题有每个乡村具体情况，包括乡村的面积、人口、生态公益林面积、退耕还林与平原造林面积等，以及森林生态补偿方式、补偿标准及其变化情况、补偿资金及其发放等，未包含男女性别与文化程度信息。我们在大庄科乡发放80份问卷，回收有效问卷77份；在东灰岭村发放25份问卷，回收有效问卷20份。我们将97份有效问卷录入SPSS，下面就生态补偿方式、具

---

[1] 此处的“森林”主要是指生态林或公益林，本文若无特别说明的亦同。

[2] 纵使是经济林、用材林、薪炭林等非生态公益林，也能够提供森林生态服务价值，所以讨论在一定条件下对其给予一定的生态服务价值补偿也符合客观科学规律。

体形式、补偿标准及其期待、补偿资金机制等方面的数据加以分析，并分别阐释说明其结论。

生态补偿方式大体有行政补偿与市场补偿两种，北京市森林生态补偿主要为行政补偿，在具体补偿形式方面，可体现为项目投入、政策倾斜、资金补助、粮食等实物补偿、智力支持等。在回收的 97 份有效问卷当中，有 62 份选择了现金、33 份选择了粮食、1 份选择了培训，还有 1 份没做选择。虽然现金补偿方式最为便捷、方便、省时省力，但是粮食补助方式也占到三分之一。这一方面说明粮食补助深受老百姓欢迎，另一方面也说明北京山区或郊区农村粮食种植结构存在一定问题或者说乡村自产粮食存在难以自给自足现象。尽管培训能够体现生态补偿从“输血”到“造血”功能的转变，但是目前所占比例明显过低，并不是实践中采取的主要补偿方式。这说明农民培训市场需求目前似乎并不大。当然，如果能够科学设计出针对北京农民自身特点的培训内容，采取灵活多样、丰富多彩、生动有趣的培训形式，培训时间也符合农村实际，那么这种培训式生态补偿方式应该是大有前途、大有可为的。[1]

在补偿标准方面，高达 87.1% 的受访者选择补偿标准每月 1000 元以下，其中有 22.6% 的受访者选择每月 100 元；选择 1000—2000 元之间的占 9.7%；超过 2000 元的只占 3.2%（见图 1）。由此可见，尽管北京市自 2017 年将生态林补偿标准由每亩 40 元提高到 70 元，但是村民获得的森林生态补偿资金并不多，补偿标准整体上也并不很高。补偿标准直接关系到生态补偿效果的好坏。理想化的生态补偿标准计算应当以生态系统服务价值作为依据，但由于生态系统服务价值的核算常常十分困难且存在争议，所以我国生态补偿实践中常采取生态环境保护成本、发展机会成本及受偿意愿为主进行核算。[2] 在调研时，我们还特意设计了一个有关山区农民受偿意愿方面的问题。从获得的调研数据来看，受访者期待合理的补偿标准每月 200 元的占到近 30%，期待 4000 元及以上的占 4.17%，其他多数集中在 2000 元到 3000 元。由此看来，北京山区

---

[1] “造血”式生态补偿实践操作起来虽然有一定难度，但很有必要；政府在制定生态补偿政策时应当考虑如何具体落实问题，尤其是培训内容与方式如何落地问题。

[2] 郑海霞：《北京市对周边水源区生态补偿机制与协调对策研究》，知识产权出版社 2013 年版，第 64—65 页。

农民对生态林受偿需求并非想象中的那么高。

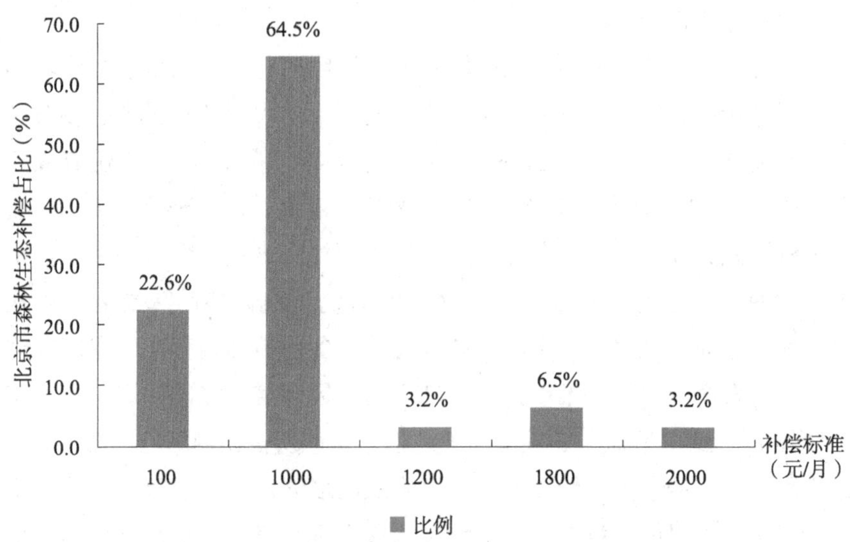


**图1　目前北京市森林生态补偿情况**

尽管目前北京市森林生态补偿标准并不很高，但从我们问卷调查中却发现村民对此满意度并不低。97 份有效调研问卷中，选择对目前生态补偿标准满意的人占总受访者人数的 69%，不满意的仅占 17%，还有 14% 的受访者持模棱两可即“不好说”的态度。为什么会出现这种现象呢？究其原因，笔者认为：第一，相比较其他省市，北京市森林生态补偿标准还是挺高的，北京市农民区域比较优势和幸福感都还不错；第二，尽管实际的补偿标准无法真正体现森林生态服务价值，但由于山区农民可能不理解森林自身生态服务价值，所以政府给予一定数额的生态环境保护资金补助已经让他们感受到实惠；第三，政府给予生态林补偿资金让农民从山区集体所有森林股份改制后收到实实在在的林权收益。

在森林生态补偿标准等政策获知途径方面，村委会张贴公告或者告示是最主要的途径，占 87%；其次是通过网上查询获取相关信息，占 8%；村干部开会告知的占 5%（见图 2）。尽管通过网上查询获得相关补偿信息的比例仍然不是很高，但毕竟超过了通过村干部开会告知这一传统获取信息的方式。随着农村无线网络的覆盖，尤其是移动互联网络的普及，我们相信北京市未来农村获取诸如生态补偿等政策信息将主要

依靠网络。❶

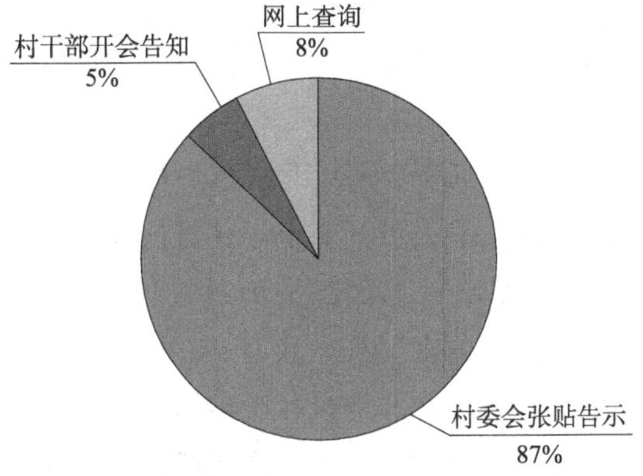


**图 2　受访者对森林生态补偿标准等政策知晓途径**

在森林生态补偿资金机制方面，目前北京市森林生态补偿资金主要采取按月、按季度或按年度发放，也有采取半年发放的；发放的形式主要以现金发放为主，通常直接打入补偿对象银行卡账户中，从而减少中间环节，经济合理且避免腐败滋生。在补偿资金来源方面，受访者选择来源于政府财政投入的占 69%，选择来源于社会资本的占 31%。由是观之，尽管北京市森林生态补偿资金最主要的来源还是政府财政投入，但社会资本已经介入并占有一席之地，说明社会资本已经关注并着手北京市生态环境保护公益事业，这有助于推动北京市整体生态环境改善和可持续发展。

## （二）"两乡镇"森林管护实践及分析

在森林管护方面，我们于 2016 年 10 月 30 日至 12 月 7 日，集中调研了密云区北庄镇、延庆区大庄科乡（简称"两乡镇"），主要采取发放问卷的方式进行调研。问卷主要涉及的问题有每个乡村具体情况，包括乡村的面积、人口、生态公益林面积、退耕还林与平原造林面积和管护人员数量等，以及管护人员的选取方式、管护人员的年龄性别和文化程度、管护人员报酬及其他收入来源情况等信息。我们在北庄镇发放 120

❶ 其实，当前政府公开信息最主要的形式也是通过互联网络，即通过官方网站公开相关信息。

份问卷，回收有效问卷107份；在大庄科乡发放60份问卷，回收有效问卷52份。我们将159份有效问卷录入SPSS，下面从管护人员选择方式、年龄构成、文化教育程度、报酬情况等层面的数据加以分析，并分别阐释其结论。

森林的管护工作非常重要，所以北京市森林生态补偿政策将相当大比例的资金投入到森林管护人员开支上。在管护人员的选取方面，57%的受访者选择“随机抓阄”参加，位于第二位的是村民轮流参加占22%，选择自愿报名参加的占17%，还有4%的人选择其他方式（见图3）。由此看来，村民轮流参加和随机抓阄参加是北京森林补偿实践中确定管护人员的最主要两种形式。这不仅体现了村民自治，而且也有助于实现管护员岗位在全体村民之间公平合理配置。

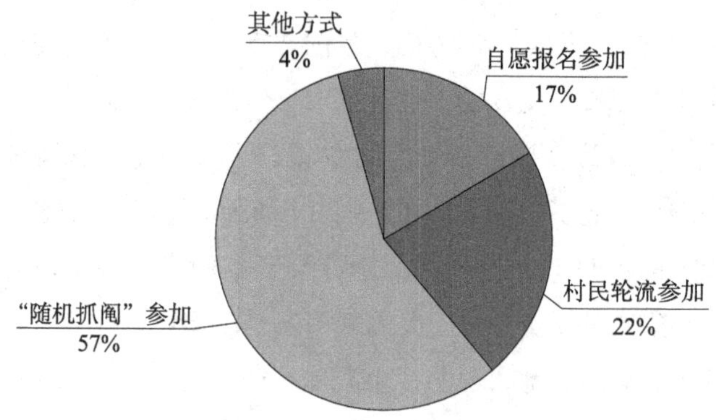


**图3　受访森林管护员工作获取途径**

在159名受访的管护员中，有89名男性和63名女性，尚有7名没有对男女性别作出选择；男性占比58.6%、女性占比41.4%，男性高于女性符合森林管护的客观要求，尤其对于偏远山区的生态林，由男性管护更为合理和富有成效。在受访管护员中，有2名未选择年龄，选择41岁以上的有147人，占93.6%；40岁以下的有10人，占6.3%，其中30岁以下的有4人，占2.5%（见图4）。由此可见，管护员队伍高龄化是当前北京市森林管护工作中存在的普遍问题。

在管护员文化教育背景方面，受访的159名管护员中有7名没有填写教育状况，除1名大专、5名高中或中专外，其他均为初中或小学文化程度。其中，小学文化的有60人，占39.5%；初中文化的有86人，

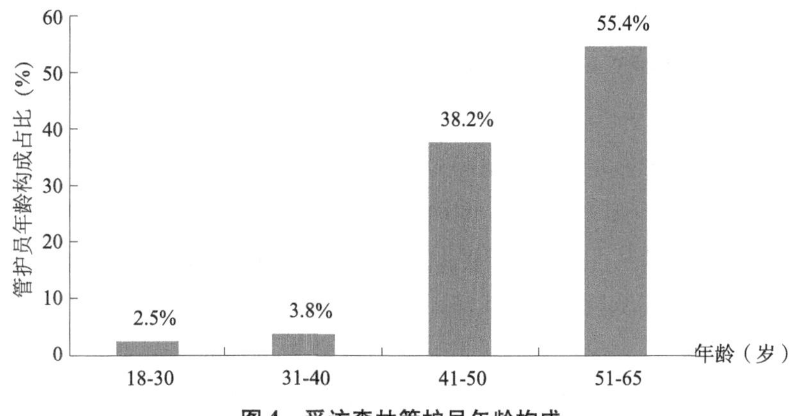


**图4　受访森林管护员年龄构成**

占56.6%，二者共占96.1%（见图5）。初中、小学教育程度的管护员占绝大多数，符合北京市山区农村的社会现状。由是观之，如何提高整个乡村文化教育水平，不仅关系着森林管护水平与效率的提高，而且关系到北京市乡村建设和城乡一体化进程。因此，这应当引起北京市决策部门尤其是市农委、农业局等部门重视和关注。

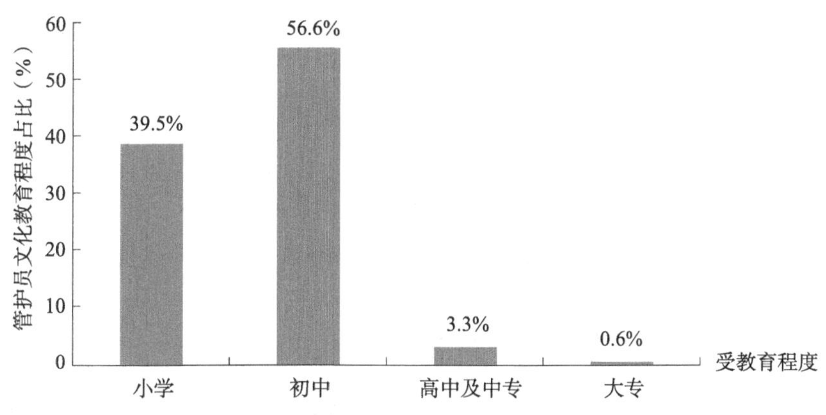


**图5　受访森林管护员文化教育程度**

在获得报酬方面，管护员从森林管护工作获得的报酬通常并不高，每月1000元以下的占83.2%，其中500元以下的占15.5%；1000～2000元的占12.2%，2000元以上的占4.5%（见图6）。[1] 管护员报酬收

[1] 北京市管护人员的报酬绝大多数是按月（占94.3%）发放，也有按季度或按年发放的；直接汇入管护人员的银行卡账户中（占92.5%）或者支付现金。

入总体偏低[1]且存在较大差距，如何提高管护员报酬收入应当是稳定管护员队伍、激励管护热情和提高管护效果的重要措施。当然，管护员通常有其主业，即种植或养殖业，可从主业获得更多的收益。当问及管护员除了管护报酬外是否还有其他收入来源时，选择有其他收入来源的占91.7%。至于其他收入情况，80%选择来源于种植收入，3%选择养殖收入，17%选择其他收入。随着北京市农业政策调整，减少畜牧养殖及其带来的农业环境污染已是大势所趋。因此，绝大部分管护员将传统种植作为其他收入来源符合目前的北京市农业政策。因地制宜，探索如何将森林管护和种植、养殖相结合，发展林间经济，或许是符合山区农村发展的较好模式，值得进一步探讨。

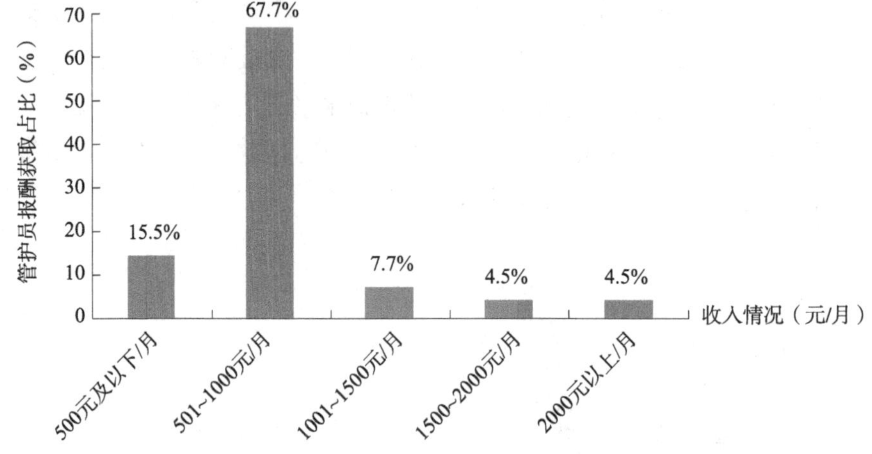


**图6　受访森林管护员报酬获取情况**

## （三）北京市森林生态补偿实践存在问题分析

综合上述实证调研，我们可以得出当前北京市森林生态补偿法政策机制存在如下问题：[2]

---

❶　管护人员的平均报酬尚达不到北京市最低工资标准。参见2016年7月8日《关于调整北京市2016年最低工资标准的通知》（京人社劳发〔2016〕128号）规定："我市最低工资标准由每小时不低于9.89元、每月不低于1720元，调整到每小时不低于10.86元、每月不低于1890元。"

❷　秦玉才、汪劲：《中国生态补偿立法路在前方》，北京大学出版社2013年版，第94—110页。

1. 补偿主体与受偿主体单一

生态补偿通常有双方主体：一方主体为生态保护的受益者和生态损害的加害者，另一方主体是生态环境保护者或建设者和受损者。北京市森林生态服务的补偿主体主要是政府，目前没有包括其他森林生态服务的受益者，也没有包括破坏或损害北京市生态环境的加害者，从而显得补偿主体过于单一。北京市森林生态服务的受偿主体目前主要是森林管护人员和完成股份制改革的集体所有森林的林权人，没有包括其他森林生态环境的保护者与建设者，也没有包括因保护森林生态环境而丧失发展机会的受损者，所以受偿主体也过于单一。

2. 补偿对象范围狭窄

北京市森林生态补偿政策目前仅限于山区集体所有的生态林，不包括个人所有的林木、集体所有的非生态林和国有林[1]，也不包括平原地区的森林，平原造林也没有涵盖在内[2]，补偿范围过于狭窄。其实，无论山区还是平原，无论国有、集体所有还是个人所有，只要是生态林都应当获得同等的生态补偿待遇。

3. 补偿标准偏低

北京市森林生态补偿标准从2004年到2016年虽然进行了三次调整，但还是存在偏低问题。目前，绝大多数村民所得补偿每月在1000元以下，还有近五分之一的补偿在每月100元左右。偏低的补偿标准既不能很好地调动生态环境保护者与建设者的积极性，也不能够真正体现森林生态系统服务价值。尽管如何科学计算森林生态系统服务价值目前是一

---

[1] 2010年10月27日，北京市财政局和园林绿化局印发《北京市财政局、北京市园林绿化局关于印发〈中央财政森林生态效益补偿基金管理办法实施细则〉的通知》（京财农〔2010〕2207号）规定了国家所有的国家级公益林依照中央财政森林生态效益补偿基金管理办法执行，集体所有的国家级公益林管护补助标准按照北京市山区生态林补偿机制的管护标准执行。

[2] 平原造林有另一套征地补偿政策，即2012年4月2日北京市人民政府《关于2012年实施平原地区20万亩造林工程的意见》（京政发〔2012〕12号文）规定："北京市平原造林征地补偿标准为：每年给予生态涵养发展区补助1000元/亩，其他地区补助1500元/亩，补助期限暂定到2028年；至于地上物（包括青苗、构筑物和设施等）的补偿标准、范围和补偿费用，则由各区县根据实际情况自行确定。"但是，平原造林实施之后的平原地区森林又基本上属于公益林或生态林，与山区集体生态公益林并没有什么差异；再者，2028年之后的平原造林政策走向目前不明，是否应当纳入统一的生态公益林补偿政策机制之中有待立法予以明示。

个难题，但是，补偿标准不能够满足生态环境保护者、建设者的期待与需求本身就从某种程度上说明其存在一定的问题。

4. 补偿方式存在缺陷

北京市森林生态补偿方式主要采取的是现金方式，其次是粮食补助。虽然现金补偿方式最为便捷、方便、省时省力，但是这种“输血”型补偿方式显然存在一定的缺陷，即无法给受偿对象提供发展机会、发展技能服务等更持久的“授人以渔”补偿方式。

5. 补偿资金来源渠道有限

北京市森林生态补偿资金主要来源于政府财政投入，补偿资金来源渠道有限。这种主要依赖政府财政投入的补偿资金来源一旦遇到财政资金紧张时就显得难以持续。

6. 森林管护方面存在一定的问题

目前，北京市森林管护人员普遍存在年龄偏大现象，且整体文化教育程度不高。同时，管护人员对森林进行管护所获得的报酬也存在偏低问题。

当然，上述问卷调研所反映出来的这些问题可能由于样本数据不足或者代表性不够而引起人们的质疑，但笔者认为，在北京市森林生态补偿总体布局下的“两乡一村”应该能够反映全市概况，而且笔者前往门头沟和平谷等区与村干部和村民座谈、访谈，交流中也应证了这些共性问题的确存在。

笔者认为，北京市森林生态补偿所存在的上述问题背后还存在一个法律制度支持不足问题。目前，北京市森林生态补偿只有一些规范性文件，不仅存在效力层次过低问题，而且存在暂时性、不稳定性问题。所以，北京市森林生态补偿法律制度建构上的不足是当前存在各种生态补偿问题的基础性、本源性问题。

## 四、北京市森林生态补偿法政策制度之完善

如上所述，北京市森林生态补偿目前仅限于山区集体所有的生态公益林，存在范围过窄的问题；而截至 2015 年年底，北京市已经完成了

平原地区造林110多万亩，为改善北京市生态环境作出了重要贡献。[1]从法政策层面商讨如何解决面积巨大、涉及众多村民利益的平原造林，是一件十分有意义的事情。笔者认为，可以考虑借鉴美国土地休耕保护项目（Conservation Reserve Program，简称CRP）补偿制度，[2]将平原造林征地转化为一种限制土地使用的约定地役权，由北京市政府与各个土地承包经营户签订10～15年的约定地役权合同，指定该土地只能用于造林和已完成造林的森林养护工作；等到约定地役权期限届满后，逐步将平原造林转化为股份制的集体所有森林，纳入森林生态补偿范畴。

因此，在宏观层面，北京市森林生态补偿范围应当既包括山区生态公益林，又包括平原地区生态公益林；而且，无论是已完成还是未完成集体所有林权制度改革的森林，以及个人所有的生态林，都应当纳入北京市森林生态补偿范畴。至于国家所有的森林，包括国家森林公园和国有林场，建议不纳入北京市森林生态补偿范围之中，应当由国家财政拨款或转移支付来维持国家森林公园或国有林场等国家所有森林的日常运营管理与补偿政策落实。至于非生态公益林，即经济林、用材林、薪炭林，若北京市政府为了改善生态环境而采取限制其经营的政策，那么也应当纳入森林生态补偿范围；反之，由于其提供的森林生态服务价值具有更大的不确定性和难以估算性，所以可以暂不纳入森林生态补偿范围。

在确定北京市森林生态补偿范围之后，具体应当从如下几个方面来完善北京市森林生态补偿相关制度：

1. 扩大生态补偿主体和受偿主体范围

北京市森林生态服务的补偿主体主要是政府，目前没有将其他森林生态服务的受益者以及破坏北京市森林生态环境的加害者涵盖进来，显得补偿主体过于单一。将破坏北京市森林生态环境的加害者扩大到补偿主体中来较为容易，可以通过现行的生态环境损害公益诉讼等机制予以

---

[1] 北京市原市长王安顺2016年政府工作报告或“回顾十二五——北京‘三农’发展成就”新闻发布会，http://shipin.beijing.gov.cn/index.php?option=com_content&id=7794，最后访问日期2017年7月12日。

[2] 农业部课题组：《2014年美国农业法案的主要内容及其对我国的启示》，载《农产品市场周刊》2014年第19期，第53页。

解决，并将赔偿金或罚金作为森林生态补偿资金或基金来源之一。

如何将补偿主体扩大到所有享受森林生态服务的受益者？理想的方案是所有享受美好环境的北京市居民都应当支付相应的森林生态系统服务费用，但如何计算森林生态系统服务价值以及如何让所有居民分担相关费用却存在操作上的困难。所以，现实的方案是通过在北京市各个领域消费中征收一定数额的生态环境保护税费，以代替居民支付森林生态系统服务费用。

目前北京市森林生态服务的受偿主体主要是森林管护人员和完成股份制改革的集体所有森林的林权人，没有包括因保护森林生态环境而丧失发展机会的受损者和其他森林生态环境的保护者与建设者，受偿主体过于单一。因此，建议应当将受偿主体范围进行适当的扩大，将所有生态公益林的所有者，无论个人所有者还是集体所有者，均纳入到受偿主体中来；其他森林生态环境保护者与建设者也应当纳入进来。[1]

2. 适当提高生态补偿标准

北京市森林生态补偿标准虽然经历过三次调整，但还是存在偏低问题。尽管科学计算森林生态系统服务价值并据此确定其补偿标准存在相当大的困难，但是，我们可以通过补偿主体的补偿意愿、补偿能力和受偿主体的现实需求进行权衡确定。从实证调研数据来看，山区农村受访者期待每月生态补偿数额集中在2000～3000元。据此，北京市政府在制定森林生态补偿标准时可以考虑受偿主体这一现实需求。

3. 完善生态补偿方式

目前北京市森林生态补偿主要采取现金方式，也有相当比例是给予粮食补助。虽然现金补偿方式最为便捷、方便、省时省力，但是，给森林生态涵养区及所在地居民多提供培训机会、工作岗位、项目、政策倾斜等补偿方式会更有助于构建生态补偿长效机制。尤其是通过职业技能培训为农民提供发展机会、发展技能服务，让郊区农民通过这些生态补偿项目机制真正实现自主创业、再就业等，从而可以从根本上改变农村

---

[1] 因禁止或限制发展而丧失发展机会的区域（如密云、延庆等重点生态功能区）及其居民若涉及森林生态补偿，也应当纳入受偿主体范围。

落后、农民贫穷的现状。

4. 拓展生态补偿资金来源渠道

北京市森林生态补偿资金目前主要来源于政府财政投入，社会资本投入比例较低，资金来源渠道有限。建议设立北京市生态补偿专项基金，[1] 将政府每年财政投入的生态补偿资金、社会资本投入的资金都纳入此专项基金之中，并接受社会各界、各阶层有识之士的捐款，从而使生态补偿专项基金成为滚动的、可持续的、长久存续的资金池，在必要时登记为非营利法人。

5. 提高森林抚育、管护水平

目前北京市森林抚育、管护主要靠管护人员队伍实施，但管护人员普遍存在年龄偏大现象，且整体文化教育程度不高，以及后续队伍难以保障等问题。因此，可以考虑成立专业的管护公司，由管护公司招聘、培训相对专业的管护人员；管护公司可以从北京市生态补偿基金处中标某某森林小班管护项目，并依照约定履行相应的森林专业抚育、管护职责。

总之，北京市森林生态补偿法政策调整与制度完善需要在科学确立补偿范围的基础上，进一步完善上述一系列相关补偿制度与机制。当然，不论是政策调整还是制度完善，都依赖于北京市人大常委会或市人民政府顶层立法设计与建构。

[1] 此处的北京市生态补偿专项基金不仅局限于森林领域，还包括其他领域。